AF523996

Borussia Dortmund in der Zeit des Nationalsozialismus

Zu den Autoren:

Dr. Rolf Fischer, Historiker und freier Mitarbeiter der Dortmunder NS-Gedenkstätte „Steinwache“, forscht und publiziert zu den Themen jüdische Geschichte, Antisemitismus und Holocaust. 2015 veröffentlichte er das Gedenkbuch „Verfolgung und Vernichtung. Die Dortmunder Opfer der Shoah“.

Katharina Wojatzek, M. A., studierte an der Ruhr-Universität Bochum Geschichte. Sie ist wissenschaftliche Mitarbeiterin des Stadtarchivs Dortmund und arbeitet an ihrer Dissertation zum Thema „Arisierung“ in Dortmund.

Wissenschaftlicher Beirat:

Dr. Veronika Springmann, Leiterin des Sportmuseums Berlin.
Dr. Andreas Kahrs, Geschäftsführer der what matters gGmbH.
Dr. Joachim Schröder, Leiter des Erinnerungsortes Alter Schlachthof Düsseldorf.

Rolf Fischer · Katharina Wojatzek

Borussia Dortmund in der Zeit des Nationalsozialismus 1933–1945

M | METROPOL

Umschlagabbildungen:
oben: Die Mannschaft, die 1936 den Aufstieg in die erstklassige Gauliga Westfalen schaffte. *BORUSSEUM, Archiv*
unten: Der Vorstand des BVB 1939, Foto anlässlich des Vereinsjubiläums 1939. *30 Jahre B.V. Borussia 09 e. V. Dortmund*
Rückseite: August Lenz vor dem Anstoß eines Spiels des BVB gegen den FC Schalke 04 in Gelsenkirchen während des Krieges, wahrscheinlich 1942. *Institut für Stadtgeschichte, Gelsenkirchen*

ISBN: 978-3-86331-733-1

Ansbacher Straße 70
10777 Berlin
https://metropol-verlag.de/

Einbandgestaltung und Satz: Andreas Hollender, Köln
Druck: AALEXX Druck Produktion, Großburgwedel

Inhalt

Geleitwort 7

Einleitung 9

I. Dortmund, der Fußball und der BVB vor 1933 21

II. Sport – eine Komponente der NS-Herrschaftspraxis 33
1. Die Nazis an der Macht 39
2. Die Zerschlagung der Arbeitersportvereine 42
3. Die Gleichschaltung der „bürgerlichen" Vereine 48
4. Auflösung des Westdeutschen Spiel-Verbands (WSV) 54
5. Die Gleichschaltung des DFB 58
6. Der Griff der HJ nach der Fußballjugend und die Gründung des NSRL 62

III. Keimzelle, Heimat und Revier des BVB – das Hoesch-Viertel 67
1. Topografie und demografische Entwicklung 67
2. Polen im Hoesch-Viertel 70
3. Lebens- und Arbeitsbedingungen im Viertel 73
4. Der Borsigplatz 81
5. Die politischen Verhältnisse 83
6. Straßenkämpfe zwischen Rot und Braun 93

IV. Borussia Dortmund 1933–1945 – Auf Linie gebracht und durchgemogelt 99
1. Wechsel in der Vereinsführung 1933/34 103
2. Machtdemonstration im Hoesch-Viertel 109

3. Einführung der Einheitssatzung 1935 112
4. Das 30-jährige Vereinsjubiläum 1939 117
5. Rundbrief für die Borussen an der Front 1942 129
6. Einblicke ins Innere des Vereins – Ehemalige berichten 130
7. Jüdische Mitglieder beim BVB? 139
8. BVB-Mitglieder in NS-Institutionen 146
9. BVB-Spieler in der Wehrmacht 155
10. BVB-Mitglieder im Widerstand 161

V. Sportliche Entwicklung 1933–1945 – Etablierung im Oberhaus 181

VI. Gleichschaltung und Nazifizierung – Fußballvereine im Vergleich 205

Fazit 223

Epilog – Retuschierter Rückblick auf die eigene Geschichte 231

Anhang – BVB-Spieler der 1. Mannschaft 1933–1945 239
Quellen- und Literaturverzeichnis 243
Personenverzeichnis 253

Geleitwort

von Dr. Reinhold Lunow, Präsident von Borussia Dortmund

Das vorliegende Buch ist nicht nur für mich von großer Bedeutung. Es erzählt die Geschichte unseres Vereins in der Zeit des Nationalsozialismus. Diese Geschichte tragen viele Institutionen unserer Gesellschaft mit sich. Jede davon muss ihren eigenen Umgang finden. Für uns bei Borussia Dortmund ist der Blick in die Vergangenheit kein Selbstzweck. Die Beschäftigung mit der NS-Geschichte ermöglicht es uns, die Bedeutung von Menschenrechten und demokratischen Werten zu erkennen und diese zu schützen. Sie hilft uns, aus historischen Fehlern zu lernen und wiederholte Muster zu identifizieren, um ähnliche Gefahren in der Zukunft zu vermeiden. Eine tiefgehende Analyse fördert zudem kritisches Denken und schärft unser Bewusstsein für die Erscheinungsformen von Antisemitismus, Rassismus und Diskriminierung heute.

Borussia Dortmund war kein Verein voller überzeugter Nationalsozialisten. Aber der Verein hat sich gut arrangiert mit den neuen Machthabern. Rassistisches und antisemitisches Gedankengut haben sich auch in unserem Verein breitgemacht. Nur wenige haben sich aktiv gegen das Regime eingesetzt, und einige, wie Heinrich Czerkus, haben dies sogar mit dem Leben bezahlt.

Wenn wir heute auf die Geschichte unseres Vereins zurückblicken, so geht es nicht mehr um Fragen von Schuld, sondern um Verantwortung, die aus unserer Geschichte erwächst. Sie verpflichtet uns, aktiv gegen Diskriminierung vorzugehen und eine inklusive Gesellschaft zu fördern. Durch die Erinnerung an die Opfer des Nationalsozialismus entwickeln wir Empathie und Verständnis, was zu einer toleranteren und solidarischeren Gesellschaft beiträgt.

Bei Borussia Dortmund zeigen wir seit vielen Jahren ein besonderes Engagement für die Erinnerung an den Holocaust, im Einsatz gegen

Antisemitismus und für die jüdische Gemeinschaft in Deutschland und weltweit. Für mich als ehemaligem Schatzmeister und heutigem Präsidenten des Vereins ist die jährliche Veranstaltung zum „Tag gegen das Vergessen" im BORUSSEUM eine Herzensangelegenheit. Gleiches gilt für die unabhängige Erforschung unserer Vereinsgeschichte, deren Ergebnis in diesem Buch nun vorliegt.

Um einen ersten Beitrag zur Beleuchtung unserer Vergangenheit hat sich bereits vor vielen Jahren Gerd Kolbe verdient gemacht. Ihm ist es zu verdanken, dass vieles an Material gesichert werden konnte, er erkannte die Zeichen der Zeit und machte zahlreiche Interviews mit Menschen, die heute lange nicht mehr unter uns sind. Dafür gebührt ihm unser Dank. Die Forschung zum Nationalsozialismus hat sich seitdem weiterentwickelt. Deswegen war es uns wichtig, eine neue Studie in Auftrag zu geben und die nun verfügbaren Quellen einzubeziehen. Ich danke Rolf Fischer und Katharina Wojatzek für ihre sorgfältige Arbeit an diesem Buch. Dem wissenschaftlichen Beirat, bestehend aus Dr. Veronika Springmann, Dr. Andreas Kahrs und Dr. Joachim Schröder, danke ich für die objektive Beurteilung der Arbeit. Ein weiterer Dank gilt Daniel Lörcher für die Projektleitung sowie den Leiterinnen des BORUSSEUM, Sarah Hartwich und Melanie Wanczura, für die Unterstützung bei der Umsetzung des Projektes.

Ich wünsche der Publikation viele Leserinnen und Leser und freue mich, dass wir mit dieser neuen Geschichte von Borussia Dortmund im Nationalsozialismus nun auch unsere vielen Erinnerungsaktivitäten und Workshops mit neuem Material versorgen können. Fast 80 Jahre nach dem Ende des Zweiten Weltkriegs fragen viele Menschen mit Blick auf den Nationalsozialismus: „Was hat das mit mir zu tun?" Wir können entgegnen, dass es auch unsere Geschichte, die Geschichte von Borussia Dortmund, ist. Mit dem vorliegenden Buch ist sie einer breiten Öffentlichkeit zugänglich.

Einleitung

In den letzten zwei Jahrzehnten ist eine Reihe historischer Studien zur Geschichte von Fußballvereinen in der Zeit des Nationalsozialismus erschienen. Auch die Geschichte ihres Dachverbandes, des Deutschen Fußball-Bundes (DFB), in den Jahren der NS-Herrschaft ist dargestellt, analysiert und viel diskutiert worden. Bücher zur Sozial- und Kulturgeschichte des Fußballs allgemein haben ebenfalls die „braunen Jahre" 1933–1945 mit in den Blick genommen. Zwei neuere Sammelbände geben einen guten Überblick über den Stand der Forschung, über wichtige Monografien sowie aktuelle Diskussionen und Streitpunkte: 2008 gaben Lorenz Peiffer und Dietrich Schulze-Marmeling den Band „Hakenkreuz und rundes Leder. Fußball im Nationalsozialismus" heraus.[1] 2016 erschien „Die ‚Gleichschaltung' des Fußballsports im nationalsozialistischen Deutschland", herausgegeben von Markwart Herzog.[2] Nimmt man zu den genannten Bänden und ihren Herausgebern, die alle selbst auch vielbeachtete Bücher und Aufsätze zum Thema veröffentlicht haben, noch Nils Havemann und seine im Vorfeld der Heimweltmeisterschaft von 2006 erschienene Studie „Fußball unterm Hakenkreuz. Der DFB zwischen Sport, Politik und Kommerz" hinzu,[3] so scheinen bei der Lektüre rasch die wesentlichen Fragen und die strittigen Punkte in der Geschichtsschreibung zur

1 Lorenz Peiffer/Dietrich Schulze-Marmeling (Hrsg.), Hakenkreuz und rundes Leder. Fußball im Nationalsozialismus, Göttingen 2008.

2 Markwart Herzog (Hrsg.), Die „Gleichschaltung" des Fußballsports im nationalsozialistischen Deutschland, Stuttgart 2016.

3 Nils Havemann, Fußball unterm Hakenkreuz. Der DFB zwischen Sport, Politik und Kommerz, Frankfurt a. M./New York 2005.

Rolle und Bedeutung von Fußballverbänden und Fußballvereinen in der NS-Zeit auf.

Das Thema Judenverfolgung ist aus naheliegenden Gründen stets das sensibelste, wenn es um Studien zur NS-Zeit geht, und so steht die Frage nach der „Arisierung", der „Entjudung" des Fußballs und der Vereine häufig im Zentrum der Untersuchungen. Der Ausschluss jüdischer Spieler und Funktionäre aus Verbänden und Vereinen bzw. der „freiwillige" Austritt der Bedrängten aufgrund antijüdischer Propaganda und Maßnahmen brachten die Gleichschaltung des bürgerlichen Sports eindringlich zum Ausdruck. Die Fälle des in Auschwitz ermordeten jüdischen Nationalspielers Julius Hirsch und des in die Emigration gedrängten jüdischen Präsidenten Bayern Münchens, Kurt Landauer, sind die bekanntesten Beispiele dieser Art. Wie viele Fußballer aus den über 7200 nicht-jüdischen Fußballvereinen (1931), seien es Spieler oder Funktionäre, insgesamt Opfer der Verfolgung und des Holocaust wurden, ist nicht einmal im Ansatz bekannt, da entsprechende Studien nur zu wenigen Vereinen vorliegen. Eine neuere Arbeit zu Alemannia Aachen etwa kommt zu dem Ergebnis, dass sieben Vereinsmitglieder im Zuge des Holocaust ermordet wurden.[4] Es ist anzunehmen, dass hochgerechnet auf alle Vereine des Reiches Hunderte deutsche Fußballer während der NS-Zeit ermordet wurden, weil sie Juden waren.

Auch im Kern des seit gut eineinhalb Jahrzehnten immer wieder einmal aufflackernden „Fußballhistorikerstreits" ging es zu Beginn vor allem um die „Arisierung" des Fußballs und die Interpretation entsprechender antijüdischer Maßnahmen. Im Zentrum der Diskussion stand die Studie von Nils Havemann zur Geschichte des DFB, die der Verband selbst in Auftrag gegeben hatte, da ihm wiederholt der Vorwurf gemacht worden war, mit der eigenen Vergangenheit in der NS-Zeit allzu unkritisch umzugehen.

4 René Rohrkamp/Ingo Deloie, „Und Salomon spielt längst nicht mehr." Alemannia Aachen im Dritten Reich, Göttingen 2017, S. 179.

Zum Stein des Anstoßes geriet dabei zunächst Havemanns Bewertung der vom DFB nach dem Machtantritt der Nationalsozialisten ergriffenen antijüdischen Maßnahmen. Er war zu dem Urteil gekommen, dass der sich manifestierende Antisemitismus des Dachverbandes nicht einer „ideologischen Affinität zum Nationalsozialismus", sondern pragmatischen Erwägungen, in der Hauptsache machtpolitisch-ökonomischen Motiven, geschuldet gewesen sei.[5] Der eigentliche Grund sei nicht überzeugte Judenfeindschaft, sondern der „als existenziell empfundene Kampf gegen den Profifußball" gewesen.[6] Da im Profifußball Juden als Förderer, Funktionäre und Spieler aktiv waren und diesem das antisemitische Stigma der „typisch jüdischen" Geschäftemacherei und der Geldgier anhing, seien die antijüdischen Bestimmungen und Weisungen des DFB vor allem in diesem Konkurrenzkampf mit dem Profifußball begründet gewesen. Der Antisemitismus des DFB sei in dieser frühen Phase der NS-Zeit daher lediglich als „Konkurrenzantisemitismus" anzusehen.

Nun kann aus wissenschaftlichem Interesse zwar die Unterscheidung unterschiedlicher Formen des Antisemitismus – von traditionell-religiöser bis modern-rassistischer Prägung – durchaus begründet sein und auch die Unterscheidung zwischen „überzeugten" und „pragmatischen" Antisemiten ergibt bis zu einem gewissen Grad Sinn: Dass sie aber alle dazu beitrugen, den verhängnisvollen Weg zum Holocaust zu ebnen, ist mittlerweile in der Antisemitismusforschung unumstritten. Die Literaturnobelpreisträgerin Toni Morrison hat es in einfachen Worten auf den Punkt gebracht: „Der Weg zu einer Endlösung ist kein Sprung. Es braucht einen ersten Schritt und noch einen und noch einen."[7] Auch auf Pragmatismus basierender Antisemitismus,

5 Havemann, Fußball unterm Hakenkreuz, S. 333.

6 Ebenda, S. 341.

7 Toni Morrison, Selbstachtung. Ausgewählte Essays, Hamburg 2020, S. 31. Vgl. die eindringlichste geschichtswissenschaftliche Studie zur stufenweisen Entwicklung des Antisemitismus auf dem Weg zur „Endlösung": Saul Friedländer, Das Deutsche Reich und die Juden. Die Jahre der Verfolgung 1933–1939. Die Jahre der Vernichtung 1939–1945, München 2008.

der angeblich nicht auf Hass und Rassismus gründete, hat im Zuge der Entrechtung, der sozialen Isolierung und schließlich des Ausschlusses der jüdischen Bevölkerung aus der von den Nationalsozialisten propagierten „Volksgemeinschaft“ eine verhängnisvolle Rolle gespielt. Es ist in der Regel viel Propaganda in allen gesellschaftlichen Bereichen und ein darauf beruhendes gnadenloses Feindbild notwendig, damit eine Mehrheit eine wehrlose Minderheit den mörderischen Intentionen der Machthaber nahezu widerstandslos überlässt.

Die Kritik von Historikern und Sporthistorikern an Havemanns Studie richtete sich daher zunächst vor allem gegen die „Verharmlosung“ der antijüdischen Maßnahmen des DFB.[8] Bald wurde mehr daraus. Das Buch sei in Teilen eine „ideologische Kampfschrift“, urteilte etwa der bekannte Fußballhistoriker und Sachbuchautor Dietrich Schulze-Marmeling.[9] Aus ideologisch-politischer Nähe Havemanns zu den ehemaligen nationalkonservativen Kreisen des DFB gehe es dem Autor hauptsächlich darum, die häufig behauptete und mittlerweile auch belegte Steigbügelhalterfunktion der konservativen Eliten für die Nationalsozialisten in Abrede zu stellen. Die Geschichte des DFB sei Havemann in diesem Punkt nur Mittel zum Zweck, seine eigenen Ansichten darzulegen. Spätestens hier griff der Streit weit über die Sportgeschichtsschreibung hinaus, denn die Frage nach Förderern, Trägerschichten und Akteuren des Nationalsozialismus wird in der Historiografie seit Jahrzehnten erforscht und diskutiert.

Die vorliegende Studie ist nicht die erste Publikation, die sich dem Thema „Borussia Dortmund in der Zeit des Nationalsozialismus“ widmet. Bereits im Jahr 2002 legte Gerd Kolbe, ehemaliger Pressesprecher des Vereins, sein journalistisch ausgerichtetes Buch „Der BVB in der NS-Zeit“ vor.[10] Es erschien zu einem Zeitpunkt, als noch kaum jemand sein publizistisches oder auch wissenschaftliches Interesse auf die

8 Einen Überblick zur Kritik an Havemanns Buch gibt Dietrich Schulze-Marmeling, Von Neuberger bis Zwanziger – Der lange Marsch des DFB, in: Peiffer/Schulze-Marmeling, Hakenkreuz und rundes Leder, S. 558–592.

9 Ebenda, S. 585

10 Gerd Kolbe, Der BVB in der NS-Zeit, Göttingen 2002.

Geschichte von Fußballvereinen in der NS-Zeit gerichtet hatte. Kolbes Buch regte daher vor allem im Ruhrgebiet und in Westdeutschland andere Vereine zur Beschäftigung mit der eigenen Vergangenheit an.[11] Nachdem später eine Reihe einschlägiger Vereinsgeschichten von Historikern erschienen war, die auf der Grundlage geschichtswissenschaftlicher Standards erarbeitet wurden, geriet Kolbes Buch zu Unrecht in die Kritik der Fachwissenschaftler.[12] Wie es in Büchern zur Geschichte von Fußballvereinen lange Zeit üblich war, hatte Kolbe auf detaillierte Quellenangaben verzichtet, was auch heute in Darstellungen zur Geschichte von Fußballvereinen durchaus noch gängige Praxis ist.

Gerd Kolbe zog in seiner Publikation das Fazit, die Geschichte des BVB in den Jahren 1933–1945 sei eine Geschichte von Gehorsam und Widerstand, von Anpassung und Widerborstigkeit gewesen. Als Erklärung führte er die politischen und sozialen Verhältnisse an, die im Viertel rund um den Borsigplatz vor 1933 geherrscht und auch nach dem Machtantritt der Nationalsozialisten die „BVB-Familie" geprägt und zusammengehalten hätten. Ob dieses Fazit einer Überprüfung auf breiterer Quellengrundlage und auf der Basis eines anderen methodischen Zugriffs standhält, ist eine der Fragen, die in der vorliegenden Studie beantwortet werden sollen. Früh hatte Gerd Kolbe begonnen, die wenigen überlieferten Quellen der Vereinsgeschichte zusammenzutragen und Zeitzeugen aus den Reihen des Vereins zu interviewen. Letzteres erwies sich als überaus verdienstvolle Arbeit, denn außer ihm kam seinerzeit niemand auf die Idee, sich darum zu kümmern. In der Gesamtschau geben die Ausführungen der Interviewten einen äußerst interessanten Einblick in einen eng begrenzten urbanen Raum und seine sozialen Strukturen, und sie stellten für die vorliegende Studie eine wichtige Quelle dar. Dass solche Zeugnisse der Oral History, wie grundsätzlich alle Überlieferungen, der Quellenkritik unterzogen und

11 Vgl. Stefan Goch/Norbert Silberbach, Zwischen Blau und Weiß liegt Grau. Der FC Schalke 04 in der Zeit des Nationalsozialismus, Essen 2005, S. 24.

12 Havemann, Fußball unterm Hakenkreuz, S. 400, Anmerkung 275, wirft Kolbe vor, ein geschöntes Bild zu zeichnen und die Geschichte des BVB in der NS-Zeit zu verklären.

wo immer möglich mit Quellen anderer Provenienz abgeglichen werden sollten, versteht sich von selbst.

Auch eine Chronik zum 110-jährigen Jubiläum des Vereins im Jahr 2019 enthielt ein Kapitel zum Thema Borussia Dortmund in den Jahren 1933 bis 1945. Unter der Headline „Der BVB in der NS-Zeit – eine Spurensuche"[13] warfen Patrick Bormann und Nina Schnutz eine Reihe interessanter Fragen auf und betonten, dass jene nach dem Verhältnis des BVB zur jüdischen Bevölkerung von besonderem Interesse sei, da das völlige Fehlen von Juden in den Erzählungen von Vereinsmitgliedern über diese Zeit auffällig sei und zu vermuten stehe, dass „auch bei der Borussia Juden rasch keinen Platz mehr hatten".[14] Das ist in der Tat eine wichtige Frage, die in jeder Arbeit zur Geschichte von Organisationen und Gemeinschaften in der NS-Zeit im Mittelpunkt stehen sollte und selbstverständlich auch in der vorliegenden Studie vorrangig zu beantworten ist.

Quellenlage und Fragestellung

Da die Geschäftsstelle des BVB in der Oesterholzstraße im Herbst 1944 bei einem der vielen Luftangriffe der Alliierten auf Dortmund zerstört wurde, sind nur einige wenige Primärquellen aus der NS-Zeit in Form von Akten und Schriftgut des Vereins überliefert. Es liegen weder Mitgliederlisten noch Schriftwechsel mit Behörden, Verbänden oder Mitgliedern vor. Eine Vereinszeitung, wie sie für einige wenige Jahre in der Weimarer Zeit nachgewiesen ist, hat der BVB in der NS-Zeit wahrscheinlich nicht herausgegeben, da nicht eine einzige Nummer überliefert ist oder zumindest bibliografisch nachgewiesen werden kann. Was an relevanten Primärquellen bleibt, sind die Satzung von 1935

13 Patrick Bormann/Nina Schnutz, Der BVB in der NS-Zeit – eine Spurensuche, in: Gregor Schnittker/Dietrich Schulze-Marmeling, BVB 09: Die Chronik, Göttingen 2019, S. 69–73.

14 Ebenda, S. 73.

und wenige weitere Schriftstücke im Vereinsregister des Amtsgerichtes Dortmund, wie etwa das Protokoll der Hauptversammlung des Jahres 1938. Eine dünne Schrift zum 30-jährigen Vereinsjubiläum von 1939 sowie ein einzelner, zweiseitiger Rundbrief aus dem Jahr 1942 an die im Kriegsdienst stehenden Spieler und Funktionäre stellen praktisch die einzigen Quellen aus der Zeit des Nationalsozialismus dar, in denen die Führung des Vereins direkt spricht.

Es lässt sich leicht ermessen, dass das Fehlen von Dokumenten aus dem Inneren des Vereins ein Mangel ist, der die Darstellung und die Argumentation bzw. „Beweisführung" zu einem schwierigen Unterfangen macht. Eine weithin dichte Geschichte des BVB in der Zeit des Nationalsozialismus kann daher nicht erzählt werden. Unweigerlich kommen in der folgenden Darstellung die Begriffe „wahrscheinlich", „vielleicht" oder „wohl" häufiger vor, als es Historikerinnen und Historikern lieb ist.

Um dennoch einen Zugriff zu bekommen, war es zunächst unerlässlich, eine Namensliste von Funktionären und Spielern aus den Jahren 1930 bis 1945 zu erstellen. Dies gelang schließlich für rund 130 Personen, wobei das Geburtsdatum, das für weitere Personenrecherchen meist unentbehrlich ist, nur in etwa der Hälfte der Fälle ermittelt werden konnte. Als Quelle dienten in erster Linie die lokale und nationale Sportpresse mit ihren Mannschaftsaufstellungen und Spielberichten. Auf Grundlage der so erstellten Namensliste war es dann möglich, in Standesamtsregistern und anderen kommunalen Quellen wie Adressbüchern und Hausstandsbüchern Wohnsitze und Geburtsdaten zu recherchieren. Mit diesen Daten konnte dann in lokalen, regionalen und nationalen Archiven nach weiteren Informationen zu den Personen geforscht werden, vornehmlich zu Mitgliedschaften in NS-Organisationen, Entnazifizierungsakten und auch zur Verwicklung in die „Arisierung" jüdischen Besitzes. Der Eintritt in die NSDAP und ihre Formationen – man musste in aller Regel Parteimitglied sein, um in die SA oder SS aufgenommen zu werden – war das deutlichste Bekenntnis zum Nationalsozialismus, seiner Ideologie und Politik. Dabei war es zweitrangig, ob dem Beitritt Überzeugung oder Pragmatismus zugrunde lag, dem Regime dienten alle neun Millionen Parteigenossen – auch indem sie viel Geld in die Kasse brachten.

Die Anzahl der Vereinsmitglieder ist ebenfalls nicht bekannt. Nimmt man Vereine, deren Mitgliederzahl bekannt ist und die einen bedeutend größeren Einzugsbereich aufzuweisen hatten, zum Maßstab, dürfte der BVB um 1933 etwa 250 bis 300 Mitglieder gehabt haben. Dabei wissen wir von keinem seiner Spieler oder Funktionäre jenseits des Sportlichen so viel, dass ein Kapitel „handelnde Personen" – wie es viele vergleichbare Studien enthalten – Sinn ergeben würde.

Das hat nicht nur mit dem allgemeinen Mangel an Quellen aus dem Inneren des Vereins zu tun, sondern ist vor allem der engen sozialen Basis der Vereinsmitglieder geschuldet. Arbeiter blieben in der Regel „stumm", sie schrieben im Gegensatz zu Bürgerlichen, zu Intellektuellen, Künstlern oder Akademikern, keine Tagebücher, keine Artikel für Zeitungen und auch keine Briefe, die ihnen oder ihren Nachfahren erhaltenswert erschienen. Sie fanden als Individuen auch keinen Eingang in biografische Lexika oder wurden Sujet einschlägiger Berichte. Trotz umfassender Recherche in Bibliotheken und Archiven der Arbeiterliteratur konnte keine einzige schriftliche Quelle aufgetan werden, in der ein Bewohner des Hoesch-Viertels zeitlich parallel zu den Ereignissen seine Erlebnisse erzählt oder seine Meinung zum Geschehen in den Jahren vor oder nach 1933 kundgetan hätte. Auch aus diesem Grund kommt den Zeitzeugeninterviews, die Gerd Kolbe mit Ehemaligen aus den Reihen des Vereins und der Bewohner des Viertels geführt hat, eine besondere Bedeutung zu, da sie die einzigen Stimmen sind, die aus dem Inneren des Vereins berichten.

Auch diese Interviews bieten jedoch nicht genügend Informationen und Material, um handelnde Personen des Vereins in aussagekräftigen Kurzbiografien mit belastbaren Aussagen vorstellen zu können. Stattdessen werden die sozialen, politischen und wirtschaftlichen Verhältnisse im Hoesch-Viertel in Form einer „kollektiven Biografie", die empirisch ausgerichtet ist, recht umfassend dargestellt. Das bietet sich im Fall des BVB an, da die allermeisten Funktionäre und Spieler (beide zusammen über 90 %) auf geografisch sehr engem Raum in einem Kreis von etwa 1500 m rund um den Borsigplatz und damit in demselben urbanen Milieu lebten. Zudem war die große Mehrheit in denselben Berufen (Industriearbeiter, ungelernter Arbeiter, Handwerker, in selteneren Fällen Bergmann) bei denselben großen Arbeitgebern der Schwerindustrie und des Bergbaus im direkten Umkreis des Viertels tätig.

Anhand der Wahlergebnisse von 1928 bis 1933 und des recht gut dokumentierten politischen Geschehens rund um den Borsigplatz kann die politische Orientierung der Bewohnerinnen und Bewohner des Hoesch-Viertels für das Kollektiv recht deutlich aufgezeigt werden. Daraus lassen sich Rückschlüsse auf – wenn auch nicht alle, so doch sicherlich viele – individuelle Lebensläufe ziehen. Da für eine personalisierte, auf Biografischem beruhende Untersuchung also die notwendigen Quellen fehlen, wird in der folgenden Darstellung vornehmlich ein gesellschafts- und strukturgeschichtlicher Ansatz verfolgt. Dabei ist es geboten, auch auf die Vorgeschichte einzugehen und darzustellen, in welchem sozialen Umfeld der Verein gegründet wurde und wie er sich in den ersten Jahrzehnten seines Bestehens entwickelte.

In dieser Arbeit wechseln sich chronologisch aufgebaute Kapitel mit solchen ab, die einen thematischen Zugriff suchen. Das hat zur Folge, dass es zuweilen in den für die Analyse zentralen Fragen und Aspekten zu Wiederholungen kommt.

Das erste Kapitel handelt von der frühen Phase des Fußballspiels allgemein, von seinen Anfängen in Dortmund und der Gründung des Ballspielvereins Borussia im Jahr 1909. Dabei wird nach kausalen Zusammenhängen zwischen der Industrialisierung und Urbanisierung der Stadt und der Bedeutung des rasch an Popularität gewinnenden Spiels in den expandierenden Industrievierteln gefragt, weil diese Rahmenbedingungen für die Entwicklung des BVB und für die soziale Struktur seiner Mitglieder von herausragender Bedeutung waren.

Im zweiten Kapitel steht die Frage nach der Bedeutung des Sports im und für den Nationalsozialismus im Fokus. Autoritäre Maßnahmen, Vorgaben und Bedingungen der an die Macht gelangten Nationalsozialisten werden am Beispiel ihrer Umsetzung in Dortmund mit Blick auf ihre Auswirkungen für den Arbeiter- und den bürgerlichen Sport untersucht.

Das dritte Kapitel bietet die erwähnte kollektive Biografie des Hoesch-Viertels, das Keimzelle und bis in die späten 1940er-Jahre Heimat des BVB war. Die wirtschaftlichen, konfessionellen, sozialen und politischen Verhältnisse des Viertels werden dargestellt und in ihrer Bedeutung für die Geschichte des Vereins und seiner Mitglieder in der NS-Zeit analysiert. Das Kapitel ist vergleichsweise umfangreich, da das Wissen um diese Verhältnisse für das Verständnis der Positionierung des Vereins, seiner Funktionäre und Spieler zum Nationalsozialismus von zentraler Bedeutung ist.

Das vierte Kapitel bildet den inhaltlichen Kern dieser Studie. Es stellt das Geschehen im Verein in den Jahren 1933 bis 1945 dar, fragt nach jüdischen Mitgliedern sowie nach der Mitgliedschaft von Funktionären und Spielern in NS-Organisationen, aber auch nach Akteuren des Widerstands. Die Anzahl und damit die Dichte von Mitgliedschaften in der NSDAP, in der SA und SS in den Reihen von Vereinen, Organisationen oder auch sozialen Schichten können als aussagekräftigster Beleg für die Haltung und Positionierung zum Nationalsozialismus angesehen werden.

Das fünfte Kapitel ist der sportlichen Entwicklung in den Jahren 1933–1945 gewidmet. Der Aufstieg in die erstklassige Gauliga, die wichtigsten Spieler und der Wechsel der Spielstätte vom Hoesch-Viertel ins Stadion Rote Erde sowie die besonderen Umstände der Kriegsmeisterschaften nach Beginn des Zweiten Weltkrieges 1939 sind hier Gegenstand der Darstellung.

Das sechste Kapitel zeigt die Entwicklung bei Borussia Dortmund im Vergleich zu anderen Vereinen, zu denen entsprechende Studien vorliegen. Die Einordnung und Bewertung der Haltung und des Handelns des Vereins in der Zeit des Nationalsozialismus besitzen vor allem dann Aussagekraft, wenn sie in Bezug zur Haltung und zum Handeln vergleichbarer Vereine gesetzt werden.

Den Abschluss der Studie bilden schließlich das Fazit sowie ein kurzer Ausblick in die frühe Nachkriegszeit und die vereinsinterne Vergangenheitsbewältigung jener Jahre.

Danksagung

Wir danken dem Präsidium von Borussia Dortmund, uns im Jahr 2020 das Projekt zur Aufarbeitung der Geschichte des Vereins in der Zeit des Nationalsozialismus anvertraut zu haben.

Dr. Reinhard Rauball, seinerzeit Präsident und heute Ehrenpräsident von Borussia Dortmund, sowie sein Nachfolger Dr. Reinhold Lunow haben unsere Arbeit rückhaltlos unterstützt. Daniel Lörcher, ehemaliger Leiter der Abteilung Corporate Responsibility und nun Antidiskriminierungsbeauftragter des BVB, war entscheidend an der Realisierung des Projektes beteiligt.

Den Leiterinnen des BORUSSEUM, Sarah Hartwich und Melanie Wanczura, sei für ihre stete Bereitschaft gedankt, Fotos und Dokumente aus dem Bestand des Vereinsmuseums zur Verfügung zu stellen. Die Mitglieder der AG Tradition, insbesondere Gerd Kolbe, Wilfried Harthan und Hermann Volke, und die Fan- und Förderabteilung gaben dienliche Hinweise zur Vereinsgeschichte und stellten Material zur Verfügung. Vielen Dank dafür.

Schließlich möchten wir uns bei der Kollegin und den Kollegen vom wissenschaftlichen Beirat bedanken, die unsere Arbeit an der Studie begleitet haben: Dr. Veronika Springmann, Leiterin des Sportmuseums Berlin, Dr. Joachim Schröder, Leiter des Düsseldorfer Erinnerungsortes Alter Schlachthof, sowie Dr. Andreas Kahrs, Gründer und Geschäftsführer von what matters.

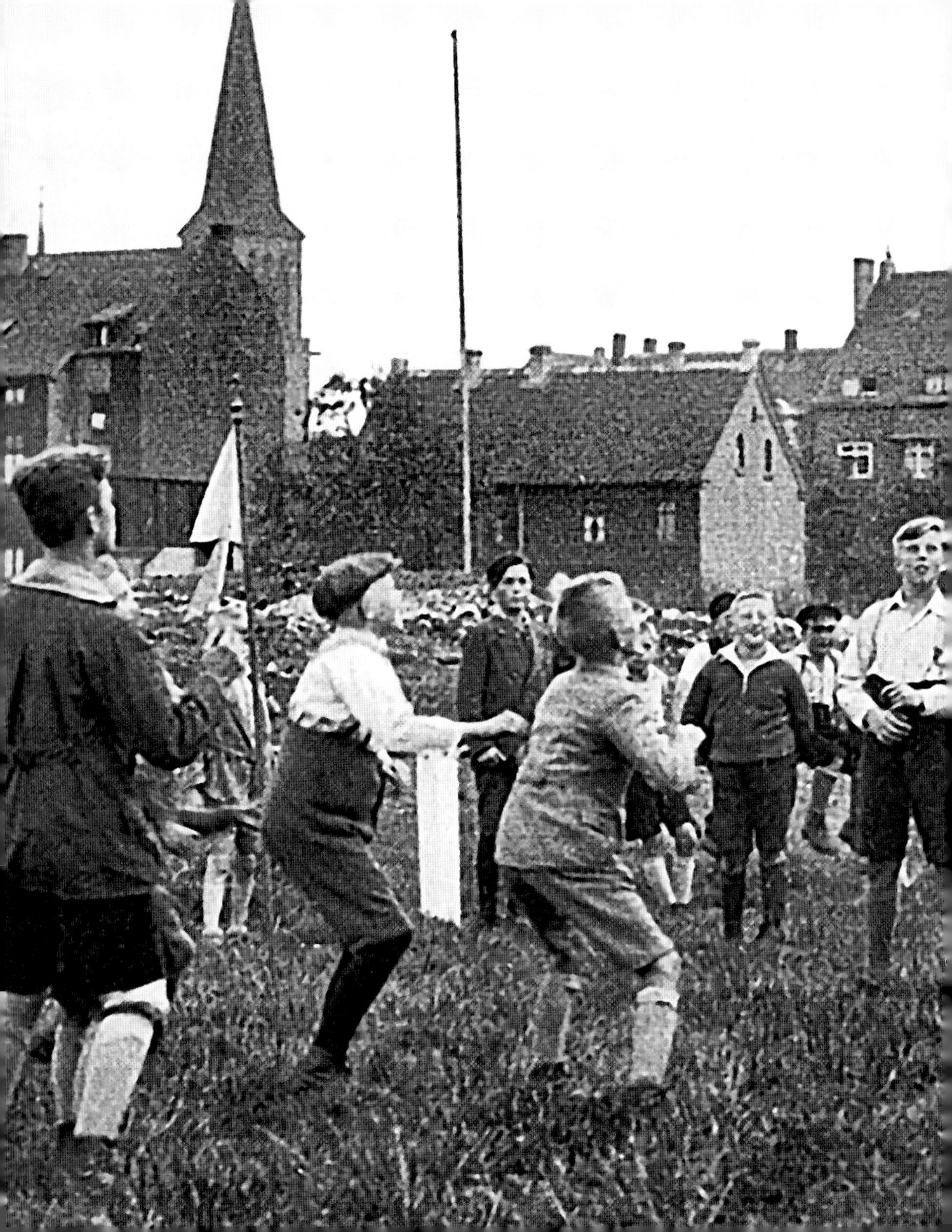

I.

Dortmund, der Fußball und der BVB vor 1933

Dass der moderne Fußball seine Ursprünge Mitte des 19. Jahrhunderts auf den Sportplätzen englischer Eliteschulen und Universitäten hatte und seine ersten Akteure – Schüler und Studenten – einer privilegierten Gesellschaftsschicht angehörten, gilt mittlerweile als gesichertes Wissen der Kultur- und Sportgeschichtsschreibung. In der Frage, wie sich das neue Spiel von dort aus verbreitete und sich zu einer im späten 19. Jahrhundert in Großbritannien bereits sehr populären Sportart entwickelte, gibt es indes unterschiedliche Antworten und Ansätze.[15] Dabei werden sowohl die geografisch-räumliche Verbreitung als auch der soziale Transfer in die Arbeiterschaft in den Blick genommen. Naheliegend ist zunächst die Annahme, dass Schüler und Studenten nach Beendigung ihrer Ausbildung von der liebgewonnenen Freizeitbeschäftigung des Fußballspielens nicht lassen wollten und nach Rückkehr in ihre Heimatgemeinden bzw. in ihren neuen Wohnorten dort als Erwachsene Klubs gründeten. Das geschah in einer Reihe von Fällen, doch in der Mehrheit verlief die Verbreitung wohl weniger direkt.[16]

Es waren vor allem Lehrer, die die Verbreitung des Spiels und die Gründung von Klubs vorantrieben. Auch engagierte Geistliche förderten das Sporttreiben unter jungen, ihrer Gemeinde angehörenden Männern, vornehmlich um den Sport auch unter den Kindern von Arbeiterfamilien zum Wohl der Gesundheit populär zu machen. Unter

15 Einen Überblick hierzu gibt Matthew Taylor, Soccer and the City: Urban Development, Identity and the Rise of Football, in: Informationen zur modernen Stadtgeschichte 1 (2006): Themenschwerpunkt: Stadt und Fußball, S. 54–69.

16 Ebenda, S. 57.

kirchlicher Ägide ging eine ganze Reihe heutiger englischer Traditionsklubs an den Start, etwa Aston Villa (1874), der FC Everton (1878) oder der FC Fulham (1879). Ein dritter Faktor war der gemeinsame Arbeitsplatz. Vornehmlich im Umkreis großer Industriebetriebe, von Zechen und Stahlwerken, fanden englische Arbeiter im Fußball ein Spiel, das einen perfekten Ausgleich zur harten und häufig monotonen Arbeit in ihren Werken bot. So gründeten Stahlarbeiter beispielsweise den FC Arsenal (1886) oder West Ham United (1895).

Mit rund zwei Jahrzehnten Verzögerung im Vergleich zum Mutterland des Fußballs fanden sich auch in Deutschland junge Männer zum Fußballspielen zusammen und gründeten bald die ersten Vereine. Mit Blick auf Dortmund zeigt die frühe Geschichte des Fußballs die gleichen Grundzüge wie in England. Es waren ehemalige Schüler des Realgymnasiums in der Luisenstraße sowie Studenten der Maschinenbauschule in der Sonnenstraße, die im Mai 1895 den Dortmunder Fußball-Club (DFC) gründeten und die ersten Wettspiele austrugen.

Einer der Initiatoren und frühen Spieler war Benno Elkan, dessen Biografie der jungen Jahre der vieler anderer Pioniere des Fußballspiels gleicht. Als Sohn einer jüdischen Kaufmannsfamilie 1877 in Dortmund geboren, besuchte er nach dem Abschluss der Mittleren Reife am Dortmunder Stadtgymnasium 1894 für ein Jahr ein Schweizer Elitepensionat für Knaben am Genfer See. Dort lernte er von englischen Mitschülern das Fußballspiel kennen und lieben. Die Leidenschaft für das Spiel ließ ihn nicht mehr los. Zurück in Dortmund, gründete er mit Gleichgesinnten den DFC. Als Kind einer bürgerlichen Familie mit akademischen Ambitionen hielt es ihn jedoch nicht lange in Dortmund. 1897 zog es ihn nach München, wo er sich um Aufnahme an die Kunstakademie bewarb. Dem Fußballspiel und seiner Verbreitung blieb er auch dort verbunden. Und so unterzeichnete er im Februar 1900 gemeinsam mit 16 anderen jungen Männern die Gründungsurkunde des FC Bayern München.

Die Wanderjahre solcher Sprösslinge des liberalen Bürger- und Bildungsbürgertums, wie Benno Elkan einer war, trug ganz wesentlich zur Gründung von Fußballvereinen und der geografischen Verbreitung des

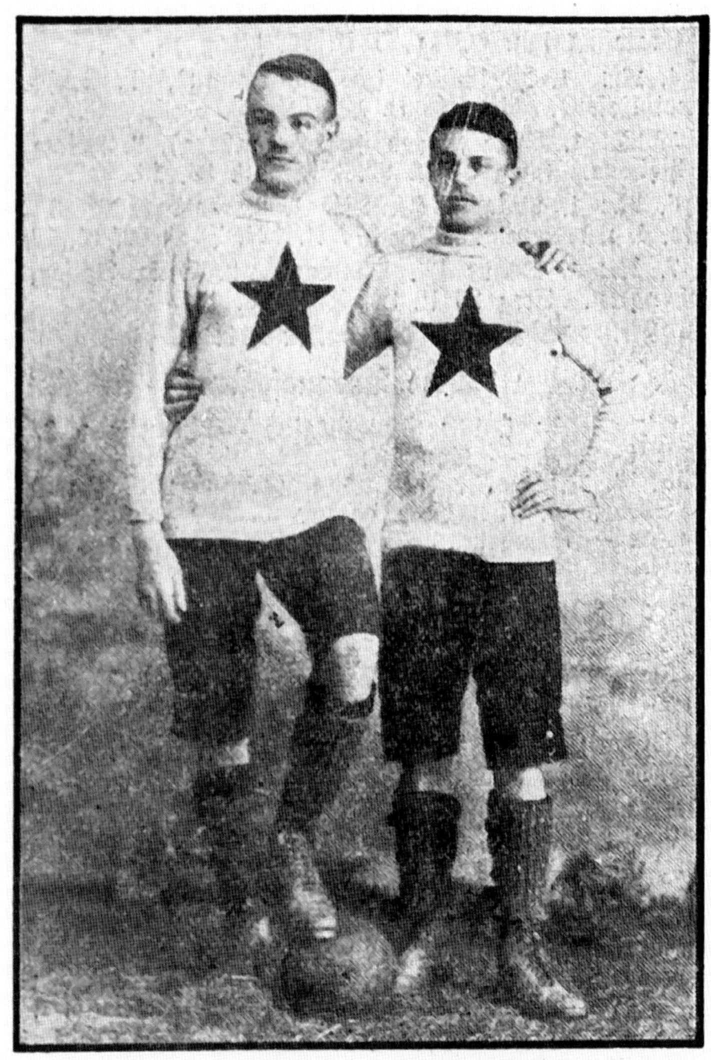

Dortmunds erste Fußballer.

Das älteste bekannte Foto von Dortmunder Fußballern zeigt zwei Spieler des Dortmunder Fußball-Clubs im Jahr 1895.
Sport vom Sonntag, 13. Mai 1935

Spiels bei. Dass diese jungen Leute häufig ihren Wohnsitz wechselten, barg in den Anfangsjahren des Fußballs das Problem, dass diese Vereine zahlreiche Spieler nach recht kurzer Zeit wieder verloren.

Auch 1900 war der DFC noch der einzige Fußballverein der Stadt. Das lag offensichtlich auch daran, dass es keine geeigneten Sportstätten gab.

In den ersten Tagen des Jahres 1900 richtete der Magistrat der Stadt Dortmund ein Schreiben an lokale Sportvereine, um in Erfahrung zu bringen, wie es um die Situation der „Volks- und Jugendspiele“ in der Stadt bestellt sei. Eine ausführliche Antwort auf die Umfrage ist überliefert: Sie stammt von Walter Sanß, der einer der Pioniere und äußert umtriebiger Fürsprecher des Fußballsports in Dortmund und später auch Funktionär des DFB war.[17] Sanß war seinerzeit als Schriftführer des Dortmunder Fußball-Clubs wie kein anderer berufen, der Stadtspitze in dieser Frage Auskunft zu geben, war er doch zudem Mitglied des Turnvereins Eintracht sowie „Turn- und Spielleiter des Vereins evang[elischer] Jünglinge des westlichen Stadtteils“.

Das Bild, das Sanß in seinem Schreiben vom 28. Februar 1900 von der Situation der „Volks- und Jugendspiele“, besonders des Fußballs, im gesellschaftlichen Leben der Stadt zeichnete, war ernüchternd bis düster: Es gab nicht einen einzigen, den Anforderungen des Fußballspiels genügenden Sport- bzw. Spielplatz in der Stadt, stattdessen wurde auf den unebenen und teils mit Büschen und Bäumen bewachsenen Wiesen der bekannten Sommerlokale wie Funkenburg und Hobertsburg sowie im Innenraum der Radrennbahn an der Steinernen Brücke gespielt – wenn denn die Wirte und Besitzer der Flächen ihr Einverständnis gaben und die Wiesen nicht gerade anders genutzt wurden. Diese schlechten Voraussetzungen zur Ausübung von Ballspielen machte Walter Sanß in

17 Stadtarchiv Dortmund, Bestand 3-3267, Bereitstellung von Sport- und Spielplätzen. Soweit nicht anders angegeben, stammen alle Informationen und Zitate dieser Passage aus dem Schreiben von Walter Sanß vom 28. Februar 1900 an den Magistrat.

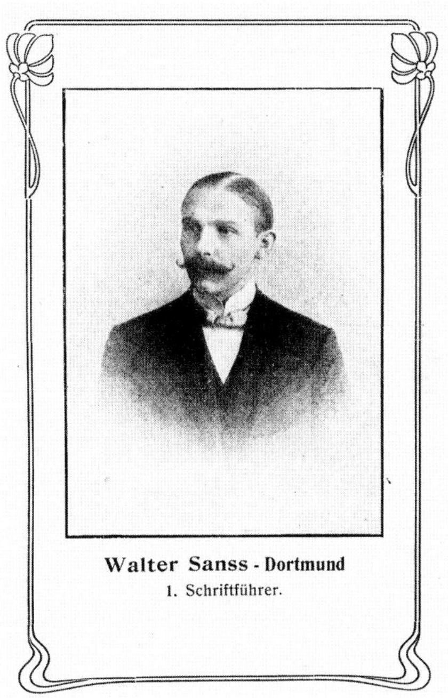

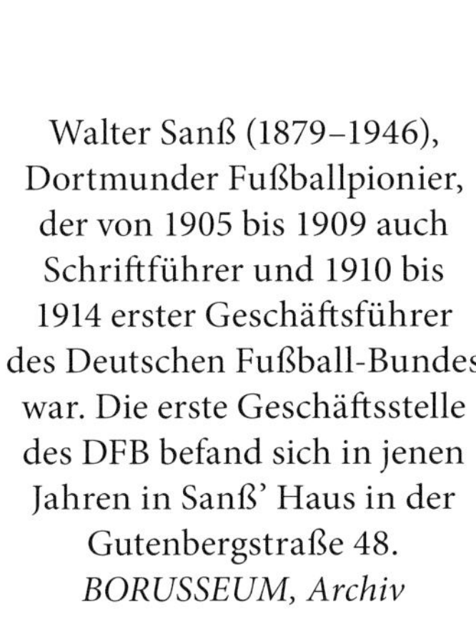
Walter Sanß (1879–1946), Dortmunder Fußballpionier, der von 1905 bis 1909 auch Schriftführer und 1910 bis 1914 erster Geschäftsführer des Deutschen Fußball-Bundes war. Die erste Geschäftsstelle des DFB befand sich in jenen Jahren in Sanß' Haus in der Gutenbergstraße 48. *BORUSSEUM, Archiv*

erster Linie für das offensichtlich sehr geringe Interesse junger Leute an der Teilnahme an „Bewegungsspielen" verantwortlich.

Sanß' Dortmunder Fußball-Club war im November 1897, zwei Jahre nach der Gründung, aufgelöst worden, da Spieler nicht in ausreichender Zahl zur Verfügung standen, und konnte erst Ende 1899 unter vielen Mühen neu gegründet werden. Zur Zeit der Berichterstattung gehörten ihm ca. 30 Mitglieder an, und nur etwa zwei Dutzend weitere Jungen und junge Männer spielten laut Sanß in Dortmund bei anderen Gelegenheiten regelmäßig Fußball in einem Sportverein.

In den eineinhalb Jahrzehnten bis zum Beginn des Ersten Weltkriegs im Jahr 1914 nahmen das Fußballspiel und der Zusammenschluss der Spieler in Vereinen dann einen rasanten Aufschwung: Als vier Jahre nach der Gründung des DFB (1900) der Dachverband eine erste Statistik erhob, zählte er noch knapp 200 Vereine und rund 10 000 Mitglieder,

1914 waren es bereits 2200 Vereine mit 190 000 Mitgliedern.[18] Zu einem Massenphänomen, wie es etwa in England der Fall war, konnte sich der Fußball in Deutschland aber bis zum Ersten Weltkrieg noch nicht entwickeln. Ursache war das begrenzte soziale Milieu, dem die große Mehrheit der Sportler entstammte. Neben Schülern und Studenten waren es vornehmlich Angestellte, die sich vor dem Ersten Weltkrieg den Fußballvereinen anschlossen.[19] Anders als im Mutterland des Fußballs, wo die „Working Class" schon früh von der Faszination des Fußballspieles ergriffen wurde, konnte die deutsche Arbeiterschaft erst in den 1920er-Jahren auf breiter Basis für den Sport mobilisiert werden.

Vor diesem Hintergrund war die Gründung des Ballspielvereins Borussia Dortmund im Jahr 1909 alles andere als ein typisches Beispiel für die vor dem Ersten Weltkrieg entstandenen deutschen Fußballklubs.[20] Die 18 jungen Gründer des Vereins stammten nämlich in ihrer deutlichen Mehrheit aus katholischen Arbeiterfamilien. Das Fußballspiel hatten sie zu Beginn des 20. Jahrhunderts auch im Rahmen der Sozialarbeit der katholischen Dreifaltigkeitsgemeinde des rasch wachsenden Arbeiterviertels vor den Toren des Eisen- und Stahlwerkes Hoesch kennengelernt. Erst als den Geistlichen der Gemeinde der Zeitaufwand und das Engagement für das Spiel zu weit gingen und ihnen das religiöse Leben vermeintlich zu kurz kam, lösten sich die Fußballjünger aus diesem organisatorischen Rahmen und gründeten ihren eigenen Verein. Auch sie hatten zunächst keinen angemessenen Sportplatz, sondern mussten sich für Wettspiele eine Wiese östlich des

18 Christine Eisenberg, Fußball in Deutschland, 1890–1914, in: Geschichte und Gesellschaft 20 (1994), S. 181–210, hier S. 182.

19 Ebenda, S. 189 f.

20 Die Gründungsgeschichte des BVB ist in diversen Chroniken und Studien wie auch im Film umfassend dargestellt worden. Daher wird in dieser Arbeit nur insoweit darauf Bezug genommen, als es für die Zeit des Nationalsozialismus von Belang ist. Zur Vereinsgeschichte allgemein siehe Dietrich Schulze-Marmeling/Gerd Kolbe, Ein Jahrhundert Borussia Dortmund 1909–2009, Göttingen 2009; Schnittker/Schulze-Marmeling, BVB 09: Die Chronik; Dietrich Schulze-Marmeling, Der Ruhm, der Traum und die Leidenschaft. Die Geschichte von Borussia Dortmund. Aktualisierte Aufl., Göttingen 2015.

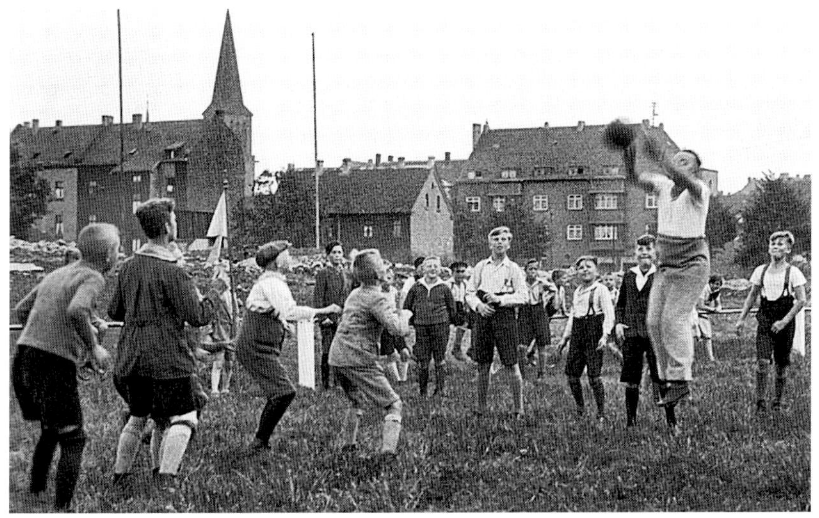

Kinder der Dreifaltigkeitsgemeinde beim Fußballspiel, 1906.
Im Hintergrund der östliche Rand des Hoesch-Viertels mit dem Turm der evangelischen Lutherkirche.
Sammlung Gerd Kolbe

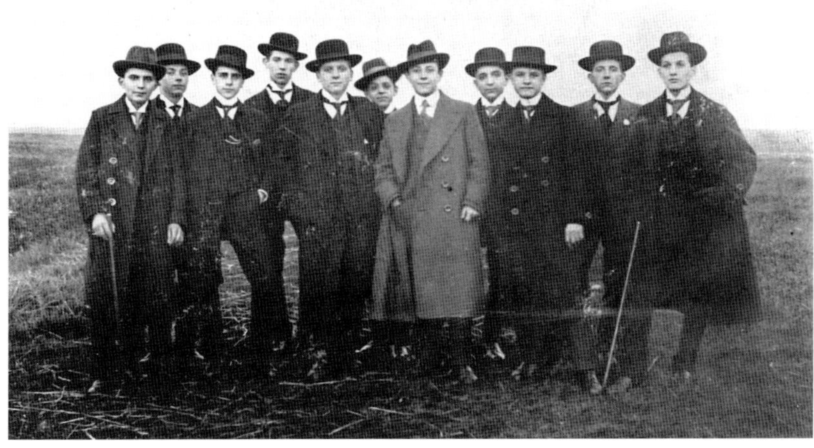

Elf der 18 Vereinsgründer des BVB, 1909.
BORUSSEUM, Archiv

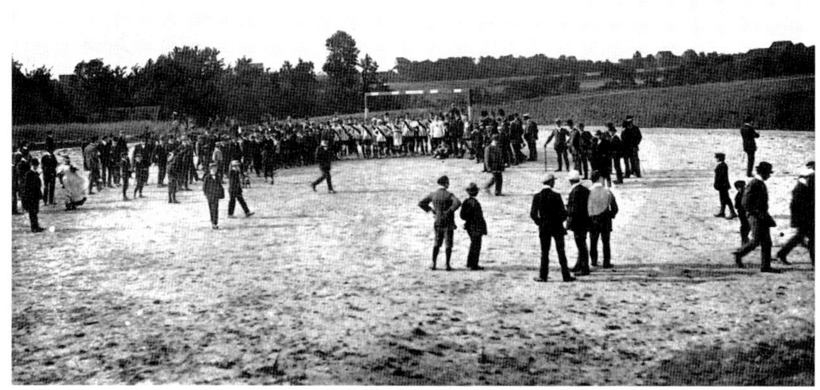

Die erste Spielstätte des BVB, die Weiße Wiese, inmitten landwirtschaftlich genutzter Flächen östlich des Hoesch-Viertels. Im Hintergrund: Brügmanns Holz, um 1911.
BORUSSEUM, Archiv

Viertels provisorisch herrichten, mit Toren, die nach dem Spiel abgebaut wurden, weil sie begehrtes Objekt unter Dieben waren.

Die soziale Basis des BVB entsprach ganz der Sozialstruktur des Arbeiterviertels, in dem er ansässig war.[21] Die Recherche zu etwa 60 Personen in Adressbüchern, die seinerzeit auch die Berufe aufführten, sowie in den Dortmunder Hausstandsbüchern, die auch die Geburtsorte verzeichnen, führte zu einem eindeutigen Ergebnis: Die erste und die zweite Generation der Spieler und Funktionäre entstammten zu über 90 Prozent der Arbeiterschaft. Sie waren fast alle Nachkommen von Migranten, die im späten 19. Jahrhundert der Arbeit wegen in das Industrierevier an der Ruhr gekommen waren. Dem Viertel, das von den Werken und Gruben ihrer Arbeitgeber umgeben war, blieben

21 Ausführlich zum Hoesch-Viertel siehe Kapitel 3.

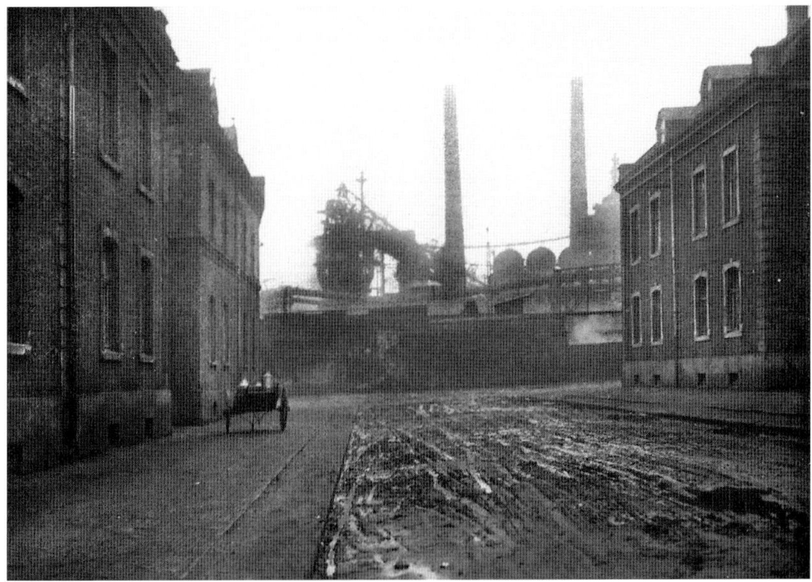

Arbeiterkolonie Kaiserstuhl mit Blick auf das Eisen- und Stahlwerk Hoesch, 1928. Ein Foto des Dortmunder Fotografen Erich Grisar, der in der Umgebung des Hoesch-Viertels aufgewachsen war und dessen Fotografien einen guten Einblick in die Sozialgeschichte der Stadt in den Jahren um 1930 bieten.
Stadtarchiv Dortmund

sie in aller Regel verhaftet. Bis in die späten 1940er-Jahre war der BVB ein nahezu reiner Arbeiterverein, der seine Spieler fast alle in nächster Umgebung der Gründungsstätte in der Oesterholzstraße und seines nahe gelegenen Sportplatzes fand. Mit wenigen Ausnahmen gilt das auch für die Mitglieder des Vorstands. Einige von ihnen waren zwar ins Kleinbürgertum aufgestiegen, doch kaum eine der Familien, denen sie angehörten, wies einen bürgerlichen Hintergrund auf. So war etwa Franz Jacobi, einer der Mitbegründer und wichtigster Protagonist der Frühgeschichte des BVB, als Hüttenbeamter tätig, sein Vater war jedoch als Fabrikarbeiter ins Viertel gekommen.

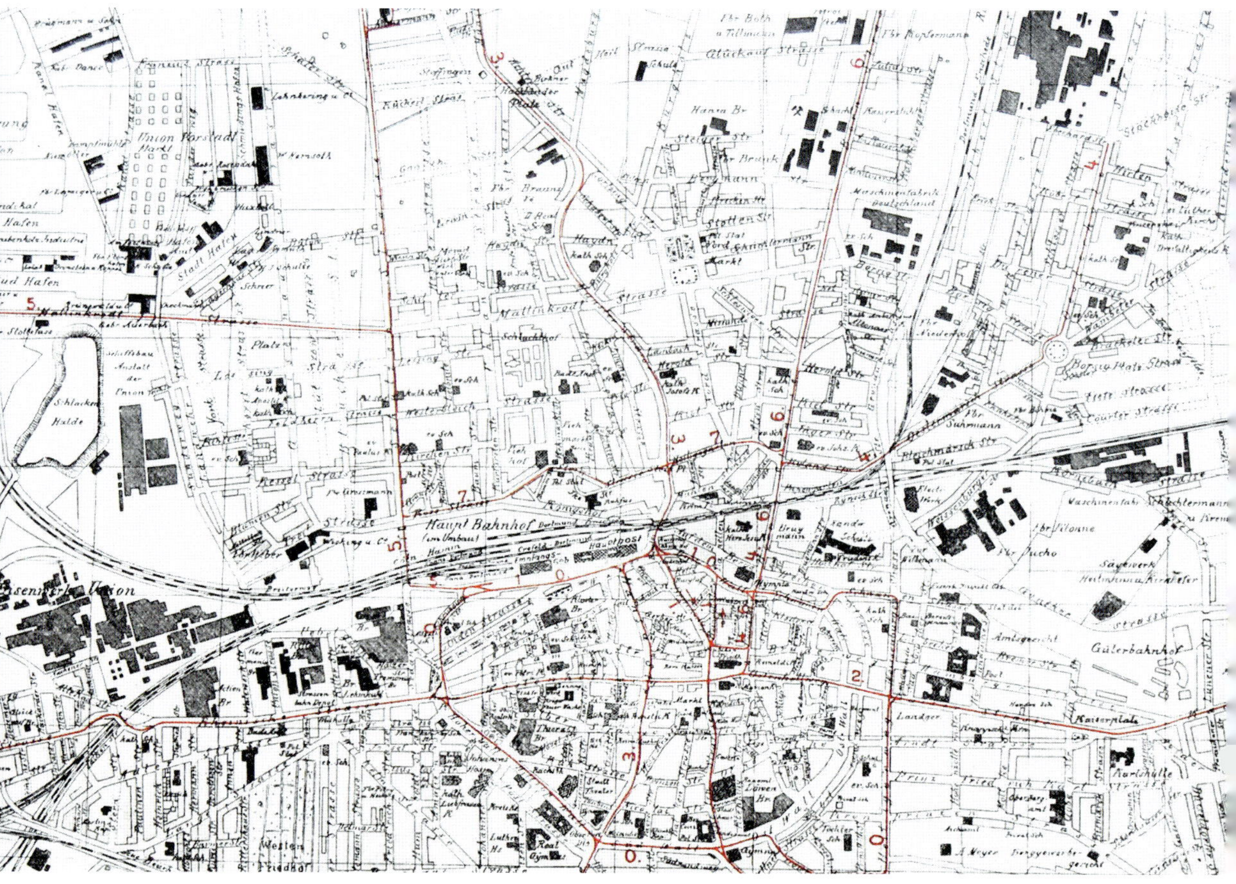

Stadtplan Dortmund 1913 (Ausschnitt), rechts oben in Schwarz die Anlagen des Hoesch-Werkes, darunter das noch spärlich bebaute Hoesch-Viertel mit dem Borsigplatz als Zentrum. Rot eingezeichnet sind die Straßenbahnlinien.
Führer durch Dortmund, 1913

In dieser frühen Geschichte des BVB spiegelt sich die Geschichte der Stadt Dortmund in der Phase der Hochindustrialisierung in klarer Kontur. Das räumliche Ausgreifen der Betriebe der Schwerindustrie, der explosionsartige Zuwachs der Bevölkerung und die Verstädterung der zuvor ländlich strukturierten Randgebiete der Stadt waren nicht nur Komponenten der Hochindustrialisierung, sondern auch Voraussetzung für die Gründung des BVB. In diesem Zusammenhang stellt der Fall des BVB ein interessantes Beispiel für den Zusammenhang von Industrialisierung und Verstädterung sowie der Rolle des Sports und besonders des Fußballs in diesem Prozess dar. Wie englische und amerikanische Studien gezeigt haben, waren Sportvereine sowohl eine Folge als auch ein Katalysator dieser Verstädterung. Fußballvereine konnten vor allem in neu entstandenen Vierteln und Vororten so etwas wie die Seele der neu formierten Gemeinschaften bilden und den Neubürgern als Mittel der Integration und des Zusammenhaltes dienen.[22] Dem BVB kam im Hoesch-Viertel zweifellos eine solche Bedeutung zu. Sozialgeschichtliche Studien, die diese Frage auch im Blick auf weitere Fußballvereine und andere Stadtviertel untersuchen, liegen jedoch für Dortmund nicht vor.

22 Taylor, Soccer and the City, S. 55.

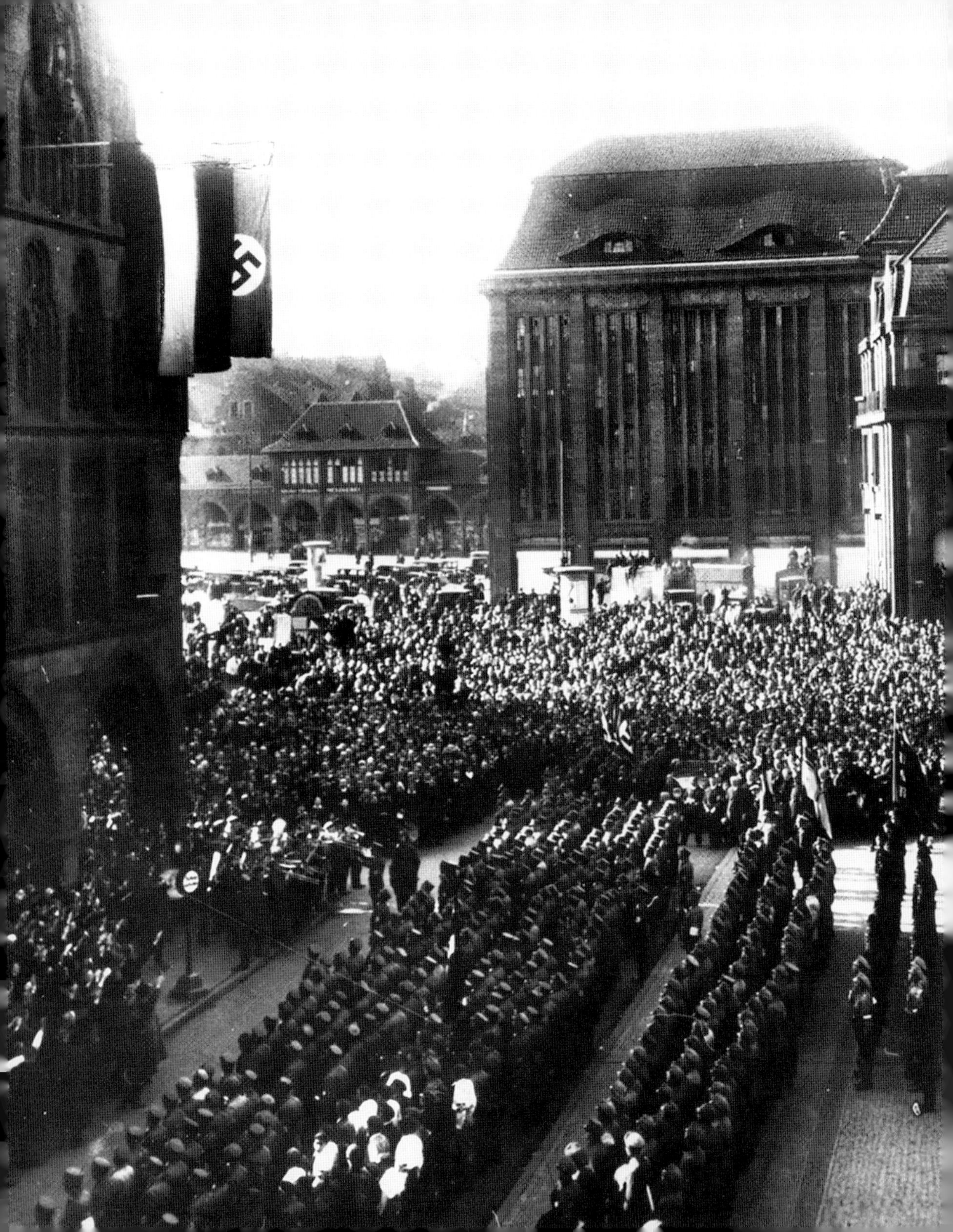

II.
Sport – eine Komponente der NS-Herrschaftspraxis

Adolf Hitler und seine führenden Parteigenossen waren keine aktiven Sportler und auch nicht als besonders sportinteressiert bekannt. Das einzige Fußballspiel, das der „Führer" und Reichskanzler Hitler je als Zuschauer im Stadion verfolgte, war das Match Deutschland gegen Norwegen, das im Zuge der Olympischen Spiele im Sommer 1936 im Berliner Poststadion stattfand. Es ging mit 0:2 verloren, was das überraschende Ausscheiden aus dem Turnier für die favorisierte deutsche Mannschaft in der Vorrunde zur Folge hatte. Hitler soll das Stadion in Begleitung weiterer Partei- und Politprominenz schon vor Ende des Spiels verlassen haben, was als typisch für die Einstellung der braunen Machthaber dem Sport gegenüber angesehen werden kann: Wenn mit sportlichem Wettkampf auf großer Bühne kein Renommee und keine positive Publicity für die eigene Sache und den eigenen Staat verbunden waren, trat er ins hintere Glied zurück. Der Sport war den führenden Nationalsozialisten – wie allen Diktaturen – vor allem Mittel zum militärischen Zweck. Sportsgeist wie er sich etwa in den olympischen Idealen von Frieden, Freundschaft und Fairplay manifestiert, blieb ihnen fremd. Die Olympischen Spiele 1936 in Berlin verkamen in den Händen der Nazis zu einem Prestigeprojekt, das dem Ausland ein friedliches Reich vorgaukeln sollte, in dem auch Juden weiterhin am sportlichen Wettkampf teilnehmen konnten.

Nach der Verabschiedung der Nürnberger Gesetze, die Jüdinnen und Juden zu Bürgern minderen Rechts erklärten, waren im Herbst 1935 vor allem in den USA Stimmen laut geworden, die einen Boykott der Spiele wegen der rassistischen Politik Deutschlands forderten. Um die Brisanz dieses Themas auf internationalem Parkett wissend, hatte

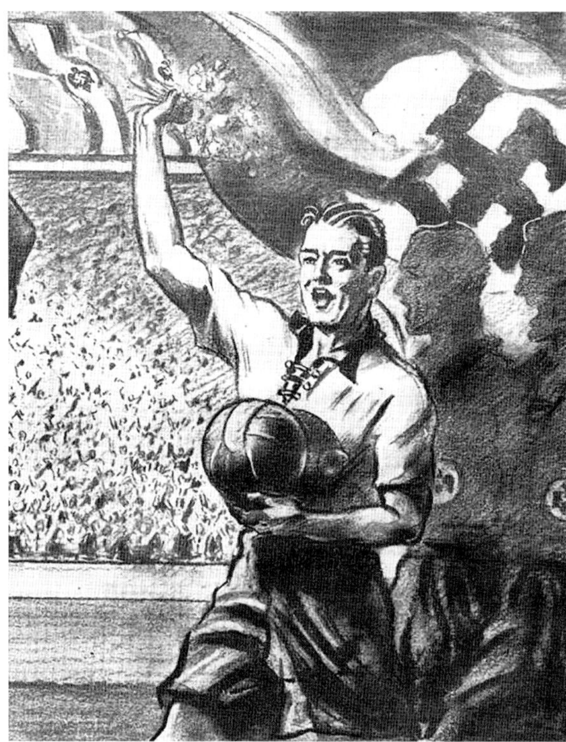

Die Fußballer reihen sich ein hinter der Fahne, Propagandagrafik. *Kicker, 26. Juli 1938.*

die Reichssportführung vor der Olympiade bewusst darauf verzichtet, Anordnungen zu erlassen, in denen explizit davon die Rede war, dass Juden aus deutschen Sportvereinen auszuschließen seien. Dennoch waren im Sommer 1936 fast alle Vereine bereits „judenfrei", denn die antijüdische Propaganda und die antijüdische Politik hatten eine solche Wirkung, dass es keiner Vorgabe aus der Berliner Machtzentrale bedurfte, um vor Ort vonseiten der Verbände und Vereine gegen Juden vorzugehen.

Wie perfide die Funktionäre mit den jüdischen Sportlerinnen und Sportlern umgingen, zeigt auf eindringliche Weise das Beispiel der seinerzeit besten deutschen Hochspringerin Gretel Bergmann. Aus ihrem Heimatverein in Ulm bereits als Jüdin ausgeschlossen, wurde sie für die Olympischen Spiele zunächst demonstrativ nominiert, jedoch unter dem Vorwand, ihr neuer jüdischer Verein gehöre nicht dem deutschen Leichtathletikverband an, wieder aus dem Aufgebot gestrichen, als die Boykottaufrufe verstummt und die Sportler der USA bereits auf dem Weg nach Berlin waren.[23]

Der Sport sollte im Dritten Reich vornehmlich politischen und staatlichen Zielen dienen: der Erziehung und Erhaltung eines wehrhaften Geschlechts sowie der Stärkung der „Volksgemeinschaft“ und der nationalen Gesinnung. Ausdrücklich betonte die Reichssportführung immer wieder, der Sport sei kein „Selbstzweck“, es gehe nicht um Rekorde und Siege, nicht der Erfolg des Einzelnen oder des eigenen Vereins sei wichtig. Vielmehr habe Hitler die einzig verbindliche Richtlinie schon in seinem Buch „Mein Kampf“ vorgegeben: „Die körperliche Ertüchtigung ist daher im völkischen Staat nicht eine Sache des einzelnen, auch nicht eine Angelegenheit, die in erster Linie die Eltern angeht und die erst in zweiter oder dritter die Allgemeinheit interessiert, sondern eine Forderung der Selbsterhaltung des durch den Staat vertretenen und geschützten Volkstums.“[24]

Die Deklarierung und Degradierung des Sports zu einem Element der Wehrerziehung waren keineswegs eine Erfindung der Nationalsozialisten, sondern schon im Deutschen Kaiserreich verbreitet und nach der militärischen Niederlage im Ersten Weltkrieg allseits präsent. Da die allgemeine Wehrpflicht in Deutschland durch die Bestimmungen des Versailler Vertrages verboten und aufgehoben war, kam dem Sport in den Augen der Militaristen und Nationalisten die Aufgabe der körperlichen Erziehung und Ertüchtigung der jungen Männer umso mehr zu. Und das Fußballspiel galt als besonders geeignet, die vermeintlichen

23 Zur Geschichte von Gretel Bergmann liegen einige Bücher vor, darunter auch ein autobiografisches: Gretel Bergmann, „Ich war die große jüdische Hoffnung“. Erinnerungen einer außergewöhnlichen Sportlerin. Aus dem Amerikanischen von Irmgard Hölscher. Hrsg. vom Haus der Geschichte Baden-Württemberg, Karlsruhe 2003.

24 Hier zitiert nach Hans von Tschammer und Osten, Sport und Leibesübungen im nationalsozialistischen Staat, Berlin 1936, S. 3.

soldatischen Tugenden zu fördern. So war es nur folgerichtig, dass die Nationalsozialisten den Fußball zum 1. Oktober 1937 erstmals als Teil des Schulsports an den Jungenschulen einführten.[25]

Auch die *Deutsche Fußball-Illustrierte – Der Kicker* wies nach Beginn des Zweiten Weltkrieges immer wieder auf die Bedeutung des Fußballspieles als „Charakterschule" und Maßnahme zur Wehrertüchtigung hin.[26] Am 23. Februar 1943 machte das Magazin mit einem Foto auf, das sich von der üblichen bildlichen Gestaltung der Titelseite des beliebten Fußball-Magazins stark unterschied. Keine klar zu lesende Spielszene, keine Siegermannschaft, kein Porträt eines bekannten Spielers waren zu sehen, sondern der unscharfe Schnappschuss von einem Torwart, der noch im Sprung kurz über dem Boden ist und dessen Gesicht von der Wucht des gehaltenen Balles verzerrt wird.

Der Torwart hat, so heißt es im Bericht dazu, soeben die „Bombe" eines gegnerischen Stürmers entschärft. Bild und Text stellen ganz bewusst eine Analogie von Sport, speziell dem Fußball, und Soldatentum her. Da der Ball nur schwer auszumachen und der Platz matschig ist, könnte es sich bei der Szene aufgrund der Körperhaltung des Torwarts auf den ersten Blick auch um eine Aufnahme von einem Schlachtfeld handeln. Die einschlägige Absicht, die hinter der Auswahl dieses Fotos für die Titelseite steckte, wird im begleitenden Artikel von Erich Menzel „Sport dient dem totalen Einsatz" deutlich: „Die Charakterschule der Sportwettkämpfe, und des volkstümlichen Fußballspiels im besonderen, ist für die Stärkung der Volkskraft gerade in dieser schweren Zeit so notwendig, daß eine Verödung der Spielfelder in keinem Interesse liegen kann. Körper, Geist und Gemüt brauchen den Sport-Wettkampf zur Erbauung, Erholung und Unterhaltung. Darüber hinaus erzieht er

25 Vgl. Lorenz Peiffer, „‚Schulfeind' Fußball hat gesiegt". Die Einführung des Fußballs an den Schulen zur Zeit des Nationalsozialismus, in: Markwart Herzog (Hrsg.), Fußball zur Zeit des Nationalsozialismus. Alltag – Medien – Künste – Stars, Stuttgart 2008, S. 51–64.

26 Zur Geschichte des Kicker in der NS-Zeit siehe Lorenz Peiffer/Henry Wahlig (Hrsg.), „Einig. Furchtlos. Treu." Der kicker im Nationalsozialismus – eine Aufarbeitung, Bielefeld 2022.

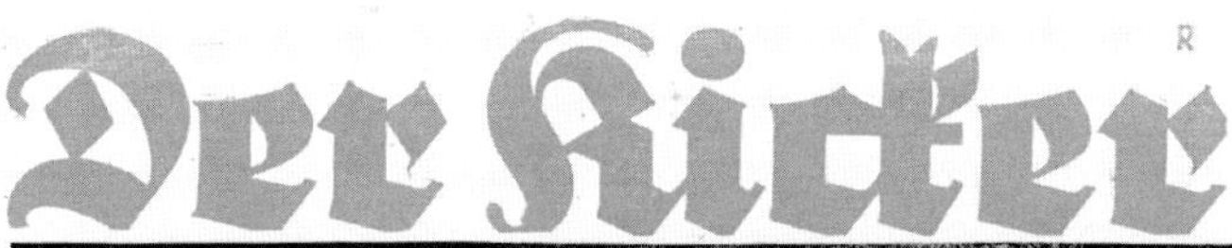

DEUTSCHE FUSSBALL-ILLUSTRIERTE

Amtliches Organ des Reichsfachamtes Fußball im NS-Reichsbund für Leibesübungen

Sport dient dem totalen Einsatz

als Charakterschule, zur Gesunderhaltung und Wehrertüchtigung

Die Not des Vaterlandes ruft das ganze Volk zu den Waffen, in die Schmiede und auf das Schlachtfeld. Einen Feind zu schlagen, an dessen Totalitätsanspruch, unseren Planeten mit aller Willkür zu beherrschen, kein Zweifel mehr sein darf. Die Generalmobilmachung der Nation erfolgt nun im vierten Kriegsjahr, nachdem das Zusammenspiel zwischen den jüdisch geführten Mächten der angelsächsischen Demokratien und der Sowjets zur Vernichtung der jahrtausendalten abendländischen Kultur und der neuen staatlichen Ordnung auf dem europäischen Kontinent offensichtlich geworden ist. Dahin ist der olympische Frieden der Völker; alle Erdteile sind nach und nach in diesen zweiten Weltkrieg hineingezogen worden durch die Magie und die Gewalt einer Propaganda, die noch immer ihren materiellen Machthunger mit den Floskeln einer billigen Humanität zu maskieren pflegte. Der Instinkt gesunder Völker lehnt sich gegen die Verknechtung auf. Die Verbrüderung dieser Hüter und Ausbeuter der Zivilisation mit der brutalsten staatlichen Gewalt ist zwar nur eine Notgemeinschaft, deren schließliche Auseinandersetzung — wollte man es darauf ankommen lassen — sicherlich in eine wilde Komödie ausarten würde; aber das Kriegspotential der feindlichen Mächtegruppe zwingt das deutsche Volk und seine Verbündeten jetzt zu den äußersten und entscheidenden Anstrengungen.

Wer wollte da zurückstehen, wer nicht seine ganze Kraft und sein Vermögen auf den Altar des Vater-

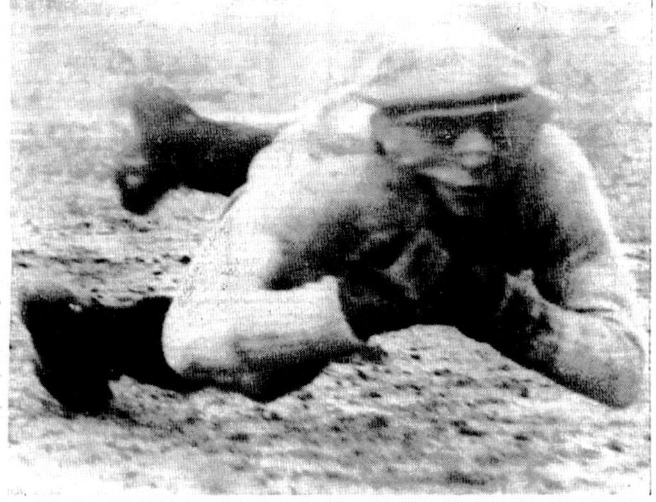

Gleich einem Meerestier im Aquarium stößt der Torwächter auf seine Beute, den Ball. Er scheint zu schwimmen und hechtete ja auch zu dieser kühnen Parade. Wie scharf der Schuß wohl war, spiegelt das Photo — so blitzschnell die Kamera auch zufassen mußte — im Gesichte des Torwächters wider. Es ist Hoffmann aus der Straßburger SS-Elf im unentschiedenen Kampf mit dem Rasensportclub. Weitere Bildausschnitte aus diesem Meisterschaftsschlager findet der Leser auf Seite 4. (Aufnahme privat)

Postort: Nürnberg, 23. Februar 1943 Preis: 20 Pfennig (ins Haus 2 Pfennig mehr) Nr. 8

Titelblatt des Magazins *Kicker*. Bei dem abgebildeten Torhüter handelt es sich um Charles Hoffmann vom elsässischen Verein SS Strasbourg. Hoffmann spielte 1943/44 auch als Gastspieler beim BVB und stand unter anderem beim ersten Sieg über Schalke 04 im November 1943 im Dortmunder Tor. Er trat auch für die Gauauswahl Westfalen an. Ausführlicher zu Hoffmann und seinem Stammverein SS Strasbourg siehe Reichelt, Inszenierte Erinnerung. Der elsässische Fußball und seine Auseinandersetzung mit der nationalsozialistischen Vergangenheit 1945–1950.
Kicker, 23. Februar 1943

zur Härte und zum äußersten Einsatz [...]. Und aus dem Einsatz des einzelnen summiert sich der Einsatz aller – der totale Einsatz."[27]

Die Verwendung des Attributes „total" sowohl in der Überschrift als auch am Ende des Artikels legt den ideellen Ursprung und politisch-militärischen Hintergrund des Textes offen. Fünf Tage, bevor dieser Artikel im *Kicker* erschien, hatte Propagandaminister Joseph Goebbels am 18. Februar 1943 im Berliner Sportpalast seine berüchtigte Rede zur Intensivierung des Krieges gehalten. Angesichts der Kapitulation der 6. Armee der Wehrmacht in Stalingrad Anfang Februar 1943 und der für die Achsenmächte ungünstigen militärischen Entwicklung in Nordafrika sollte die Bevölkerung auf radikale Maßnahmen und große Entbehrungen vorbereitet werden. Goebbels' Rede kulminierte in der frenetisch bejubelten Frage: „Wollt ihr den totalen Krieg? Wollt ihr ihn, wenn nötig, totaler und radikaler, als wir ihn uns heute überhaupt erst vorstellen können?"[28]

Härte und totaler Einsatz im Fußballspiel ebenso wie an der Front. Schon im Jahr zuvor hatte Erich Menzel im *Kicker* in Bezug auf das „männliche Kampfspiel" von einer „Synthese Soldatentum und Fußballkampf" gesprochen.[29] Für den *Kicker* war die Herausstellung dieser „Synthese" auch ein schlagendes Argument für die Aufrechterhaltung des Spielbetriebes. Es gab in der Bevölkerung wie auch in der politischen Führung nämlich zahleiche Stimmen, die kein Verständnis dafür zeigten, dass junge Männer sich sonntags auf dem Sportplatz tummelten, während ihre Altersgenossen an der Front standen. Zumindest den wenig informierten Zeitgenossen entging dabei, dass fast alle aktiven Fußballer – wenn sie denn nicht zu den wenigen reichsweit berühmten Spielern zählten – Militärdienst wie alle anderen leisteten.

27 Erich Menzel, Sport dient dem totalen Einsatz, in: Kicker, 23. Februar 1943.

28 Im Wortlaut: Joseph Goebbels, Rede im Berliner Sportpalast, 18. Februar 1943, in: 100(0) Schlüsseldokumente zur deutschen Geschichte im 20. Jahrhundert, https://www.1000dokumente.de/index.html?c=dokument_de&dokument=0200_goe&object=translation&l=de [15.11.2023].

29 Der Kicker, Nr. 44, 1942.

1. Die Nazis an der Macht

Nachdem Adolf Hitler am 30. Januar 1933 vom Reichspräsidenten Paul von Hindenburg zum Reichskanzler ernannt worden war, kam es in Dortmund wie auch in zahlreichen anderen Großstädten neben den Jubelfeiern von Nationalsozialisten auch zu Gegendemonstrationen und Protesten. Die NSDAP setzte jedoch umgehend alles daran, die gewonnene Macht mit brachialen Mitteln zu sichern und den pluralistischen Rechtsstaat zu beseitigen. Eine der wirksamsten operativen Maßnahmen zu diesem Ziel war die Schaffung der Geheimen Staatspolizei und die Einrichtung einer Hilfspolizei Ende Februar 1933. Vor allem SA-Männer, aber auch Mitglieder der SS und des deutsch-nationalen „Stahlhelms“ wurden zu Hilfspolizisten ernannt. Diese paramilitärischen Organisationen nahmen bis Sommer 1933 eine tragende Rolle bei der Bekämpfung tatsächlicher und vermeintlicher Regimegegner ein. Zugleich sollten sie die ordentliche Polizei kontrollieren, denn viele Beamte galten als „unzuverlässig“.[30] Auf zahlreichen Polizeirevieren übernahmen Hilfspolizisten und SA-Trupps das Kommando.

Mit Drohung und offener Gewalt gingen SA-Verbände, Polizei und Hilfspolizei vor allem gegen bekannte Kommunisten und Sozialdemokraten vor. In provisorischen Konzentrations- und Haftlagern befanden sich bereits im April 1933 rund 25 000 Menschen in sogenannter Schutzhaft. Auch in der Steinwache, dem zentralen Dortmunder Gefängnis an der Steinstraße, saßen bereits wenige Tage und Wochen nach dem Machtantritt der Nationalsozialisten viele ihrer Gegner ein, erlitten Übergriffe und Folter.

Da der amtierende Reichstag zum 1. Februar aufgelöst worden war, wurden für den 5. März 1933 Neuwahlen ausgeschrieben. Um die politische Opposition zu unterdrücken, überzogen die Nationalsozialisten die konkurrierenden Parteien mit Gewalt und diktatorischen Maßnahmen. Gegendemonstrationen und Versammlungen der KPD unter

30 Ausführlich hierzu Daniel Schmidt, Schützen und Dienen. Polizisten im Ruhrgebiet in Demokratie und Diktatur 1919–1939, Essen 2008, hier S. 311 ff.

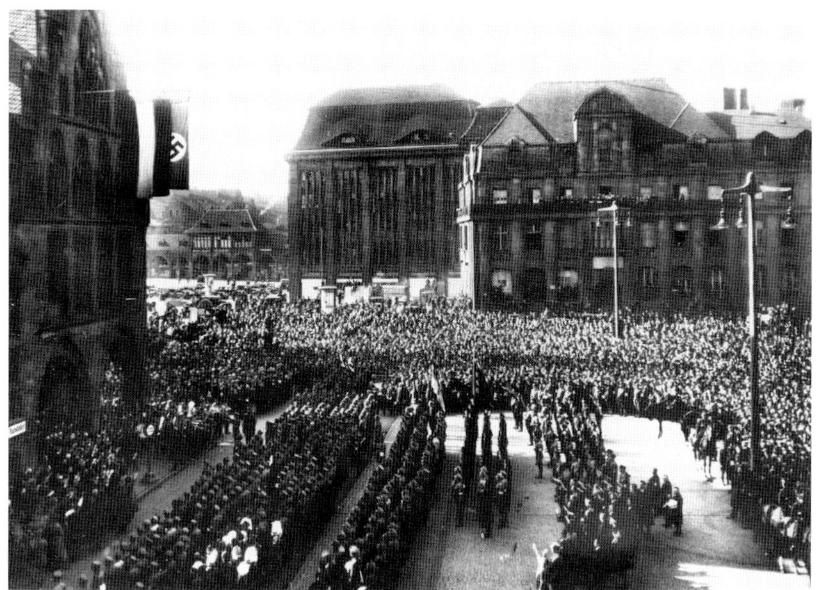

Hissen der Hakenkreuzfahne am Dortmunder Rathaus
auf dem Alten Markt, 8. März 1933.
Stadtarchiv Dortmund

freiem Himmel wurden verboten, Zeitungen der SPD und KPD durften nicht erscheinen, Wahlplakate wurden überklebt, Funktionäre und Kandidaten inhaftiert. Die nach dem Reichstagsbrand vom 27./28. Februar erlassene Verordnung setzte die Bürgerrechte außer Kraft und ermöglichte die Zerschlagung der KPD-Strukturen.

Die Reichstagswahl vom 5. März 1933 brachte der NSDAP bei hoher Wahlbeteiligung zwar fünf Millionen zusätzliche Stimmen ein, sie verfehlte aber mit 43,9 % die ersehnte absolute Mehrheit deutlich. Sie lag reichsweit deutlich vor SPD und KPD und ging für die parlamentarische Mehrheit nun eine Koalition mit den Deutsch-Nationalen der Kampffront Schwarz-Weiß-Rot ein. Die von der KPD gewonnenen Mandate wurden schon vor der konstituierenden Sitzung des neuen Reichstages annulliert.

In Dortmund konnte die NSDAP bei der Reichstagswahl am 5. März nur 27 % der Stimmen gewinnen, bei den Wahlen zur Stadtverordnetenversammlung am 12. März wurde sie mit 26 Sitzen stärkste Fraktion vor SPD und Zentrum mit jeweils 17 und der KPD mit 16 Sitzen. Mit dem Ausschluss der gewählten Kommunisten – unter ihnen auch Heinrich Czerkus, Platzwart des BVB – und der Inhaftierung von vier führenden Sozialdemokraten sicherten sich die Nationalsozialisten auch im Stadtparlament die Mehrheit. Bereits zwei Tage nach der Reichstagswahl wehten am Rathaus, am Polizeipräsidium und am Landgericht die Hakenkreuzfahnen als sichtbarstes Zeichen der neuen Machtverhältnisse.[31] Der sozialdemokratische Polizeipräsident wurde durch den SA-Funktionär Wilhelm Schepmann ersetzt, der national-konservative Oberbürgermeister Ernst Eichhoff zunächst durch den Staatskommissar und SA-Funktionär Bruno Schüler, 1934 dann durch den neuen Oberbürgermeister, den Juristen und NSDAP-Funktionär Willi Banike. Unmittelbar nach der Märzwahl 1933 setzte auch die offene Verfolgung der jüdischen Bürgerinnen und Bürger ein, als die SA als Fanal für die zukünftige antijüdische Politik das Büro der jüdischen Gemeinde in der Saarbrückerstraße stürmte.[32]

Parallel zu Gewalt, Terror und Verhaftung von Regimegegnern begann der Prozess der sogenannten Gleichschaltung, die auf die Durchdringung aller politischen und gesellschaftlichen Bereiche im Sinne nationalsozialistischer Ideologie und Politik zielte. Die neuen Machthaber setzten dabei sowohl auf brutalen Druck von unten in Form von Massenaufmärschen und Straßenterror sowie auf gesetzgeberische Maßnahmen von oben. Die Installierung nationalsozialistischer Landesregierungen, die „Säuberung" der Beamtenschaft, die Zerschlagung der traditionellen Gewerkschaften und das Verbot aller Parteien außer

31 Bis heute liegt keine Studie zum Thema „Dortmund in der Zeit des Nationalsozialismus" vor, die auch nur ansatzweise beansprucht, das Geschehen in den Jahren 1933 bis 1945 annähernd umfassend darzustellen und zu analysieren.

32 Ausführlich hierzu siehe Rolf Fischer, Verfolgung und Vernichtung. Die Dortmunder Opfer der Shoah. Gedenkbuch, Essen 2015.

der NSDAP waren entscheidende Schritte auf dem Weg zum totalitären Einparteienstaat. Die Gleichschaltung von Presse, Film und Funk, von Verbänden und Vereinen kam weniger aufsehenerregend daher, war aber von eminenter Bedeutung für die Realisierung und Ausbildung der angestrebten nationalsozialistischen „Volksgemeinschaft". Auch die Sportverbände und -vereine mit ihren Millionen Mitgliedern gerieten schnell ins Visier des Regimes. Der Prozess der Gleichschaltung von oben verlief aber, zumindest im Fußball, weniger radikal als in vielen anderen sportlichen und gesellschaftlichen Bereichen. Für den „roten" Arbeitersport, die Vereine der Arbeitersportbewegung, galt diese Zurückhaltung allerdings nicht, wie nachfolgend gezeigt wird.

2. Die Zerschlagung der Arbeitersportvereine

In der Nacht vom 27. auf den 28. Februar 1933 wurde das Reichstagsgebäude in Berlin in Brand gesetzt. Die Nationalsozialisten behaupteten, die Kommunisten hätten das Feuer als Zeichen für den Beginn eines Aufstandes gelegt, und nutzten die Brandstiftung umgehend für einen Schlag gegen ihre politischen Gegner. Noch am 28. Februar 1933 erschien die „Verordnung des Reichspräsidenten zum Schutz von Volk und Staat", mit der Grund- und Bürgerrechte weitgehend aufgehoben wurden. Die „Reichstagsbrandverordnung" – als „Notverordnung" betitelt – blieb bis Ende des Krieges 1945 in Kraft und bildete eine der tragenden legislativen Säulen der Diktatur. „Zur Abwehr kommunistischer staatsgefährdender Gewaltakte" erlassen, war die Verordnung so formuliert, dass sie die Verfolgung aller tatsächlichen und vermeintlichen Gegner legitimierte. Zehntausende politische Gegner wurden in den nächsten Wochen festgenommen und inhaftiert, Hunderttausende folgten bis zum Zusammenbruch des Regimes.

Die Verordnung setzte auch das Vereinsrecht außer Kraft und bildete die rechtliche Grundlage zur Zerschlagung des organisierten Arbeitersports. Das Regime verbot zunächst die linken Arbeitersportvereine, die der KPD oder der SPD angehörten bzw. nahestanden. 1935 wurden dann die an die christlichen Kirchen gebundenen Vereine und 1938 schließlich die jüdischen Vereine verboten. Alle anderen Sportvereine galten als „bürgerliche" Vereine und wurden gleichgeschaltet bzw. sie schalteten sich selbst gleich, mal aus Überzeugung, mal aus Pragmatismus.

Borussia Dortmund war in den ersten vier Jahrzehnten seines Bestehens ein nahezu reiner Arbeiterverein, aber kein Arbeitersportverein. Letztere verstanden sich, selbst wenn sie keine enge Verbindung zur KPD oder SPD hatten, als linke politische Gemeinschaften, für die die sportliche Leistung und der sportliche Erfolg von nachgeordnetem Interesse waren. Davon konnte beim BVB keine Rede sein. Um diesen Unterschied und die daraus resultierenden Konsequenzen für die Vereine zu Beginn der NS-Zeit aufzuzeigen, folgt zunächst eine kurze Darstellung des abrupten Endes des Arbeitersports.

Der organisierte Arbeitersport mit über einer Million Mitgliedern war in den letzten Jahren der Weimarer Republik in zwei Lager gespalten, nachdem der mehrheitlich sozialdemokratische „Arbeiter-Turn- und Sportbund" (ATSB) auf seinem Bundestag 1928 den Ausschluss kommunistischer Agitatoren beschlossen hatte. Die Vereine unter Obhut der KPD schlossen sich daraufhin 1930 zur „Kampfgemeinschaft für rote Sporteinheit" (kurz als „Rotsport" bezeichnet) zusammen. Wie in allen Gesellschaftsbereichen richtete sich der Terror der an die Macht gelangten Nationalsozialisten auch im Sport zunächst gegen die Kommunisten. Die Vereine der Kampfgemeinschaft wurden auch in Dortmund bereits im März 1933 verboten und aufgelöst.[33] SA-Trupps erschienen an Spielstätten und in Geschäftsstellen, verprügelten Funktionäre und konfiszierten alles von Wert. Pachtverträge für Sportplätze kündigte die Stadt auf. Eine Reihe von Funktionären des Rotsports wurde bereits unmittelbar nach dem Reichstagsbrand inhaftiert und später in KZ eingewiesen. Zahlreiche Sportler der kommunistischen

33 Siehe hierzu Wolfgang Müller, SA-Truppführer Wagner übernimmt das Kommando, in: ders., Dortmunder Fußballgeschichte (1999) 12: Die Nazi-Zeit, Heft I (1933–1945), ohne Paginierung.

Arbeitersportvereine versuchten daraufhin offensichtlich, in bürgerliche Verbände und Vereine zu wechseln.

Der Westdeutsche Spielverband (WSV), eine regionale Unterorganisation des DFB, sah sich daher veranlasst, am 5. April 1933 eine Mitteilung an die Presse zu geben, in der er darauf hinwies, dass sich verschiedene „Vereine und Einzelmitglieder der früheren politischen Sportverbände nach deren Auflösung um Aufnahme in den Westdeutschen Spiel-Verband beworben hätten" und der Verband darin „eine große Gefahr der Überfremdung durch Elemente, die unserer sportlichen Auffassung widerstreben", sehe. Bezirken und Gauen im Bereich des WSV wurde daher untersagt, solchen Vereinen eine vorläufige Spielerlaubnis zu erteilen, ehe der Verbandsvorstand darüber entschieden habe.[34] Solidarität gegenüber den Sportlern der organisierten Arbeiterbewegung war weder vom DFB noch vom WSV zu erwarten. Der bürgerliche DFB lehnte Beitrittsgesuche ab, weil „solche Vereine den Sport bislang zur Verfolgung parteipolitischer oder klassenkämpferischer Ziele betrieben und den DFB bekämpft" hätten. Der DFB seinerseits hingegen löse „den Sport und die Jugenderziehung im Sinne der Erstarkung der Gemeinschaft von Volk und Staat".[35]

Nach den Rotsportlern kamen im Mai 1933 die Vereine des sozialdemokratischen ATSB an die Reihe. Die anbiedernden Versuche der Leitung des ATSB, durch Bekenntnisse zum Willen der Mitarbeit im nationalsozialistischen Staat das drohende Verbot ihrer Organisation zu verhindern, schlugen fehl. Vor Ort machten sich die Beauftragten an die Umsetzung des Verbotes der Arbeitersportvereine.

In Dortmund hatte Staatskommissar Bruno Schüler im April 1933 den SA-Mann Dr. Paul Wagner aus Hagen als Sportkommissar eingesetzt. Wagner kündigte in den Dortmunder Zeitungen am 20. Mai 1933 die Auflösung sämtlicher Arbeitersportvereine an. Einleitend ließ

34 Der WSV und politische Sportler, in: Dortmunder Zeitung, 5. April 1933.

35 Zitiert nach Hardy Grüne, Verboten. Das Ende des Arbeitersports, in: sh:z (Schleswig-Holsteinischer Zeitungsverlag), 25. 2. 2013, https://www.shz.de/97023 [15. 11. 2023].

er sich über die angeblich staatstragende Aufbauarbeit aus, die dieser Zerschlagung des Arbeitersports zugrunde liege:

> „Die Aufgabe des Nationalsozialismus ist nicht etwa nur das Zertrümmern der nicht mit ihm auf einer Linie marschierenden Vereine und Verbände, sondern der Nationalsozialismus sieht es als seine vornehmste Aufgabe an, die Außenstehenden in diesen Kreis überzuführen und die Außenstehenden in das Ganze des nationalsozialistischen Einvolkstaates einzugliedern. [...] Mir gilt es, die wurzellos gewordenen Mitglieder der Arbeiterschaft, die in den Vereinen des Arbeiter-Turn- und Sportkartells lebten, in dem nationalsozialistischen Staat heimatlich fest zu verankern."[36]

„Wurzellos" sind viele Arbeitersportler aber erst durch die unmittelbar auf diese Einleitung folgenden Anordnungen im Namen des Sportkommissars geworden:

> „1. Die Vereine des Arbeiter-Turn-und Sportkartells haben mir bis zum 26. Mai 1933, mittags 12 Uhr, ihre Kassenbücher, Geschäftsbücher, Uebungsstättenverzeichnisse, Inventar- und Mitgliederlisten einzureichen.
> 2. Bis zum gleichen Zeitpunkt melden die Vereine mit namentlicher Liste, in welche Verbände und Vereine ihre Mitglieder aufgenommen zu werden wünschen [...].
> 3. [...] Mit dem 26.5.1933 gelten alle Fußball-, Tennis-, Ruder-, Wander-, Turn,- Box-, Radfahrervereine usw. als aufgelöst [...].
> 6. Alle Mitglieder, die sich nicht in andere Verbände und Vereine überführen lassen wollen, betrachte ich als staatsfeindlich und werde besondere Maßnahmen für die namentlich Aufzuführenden treffen."[37]

36 Dortmunder Zeitung, 20. Mai 1933.
37 Ebenda.

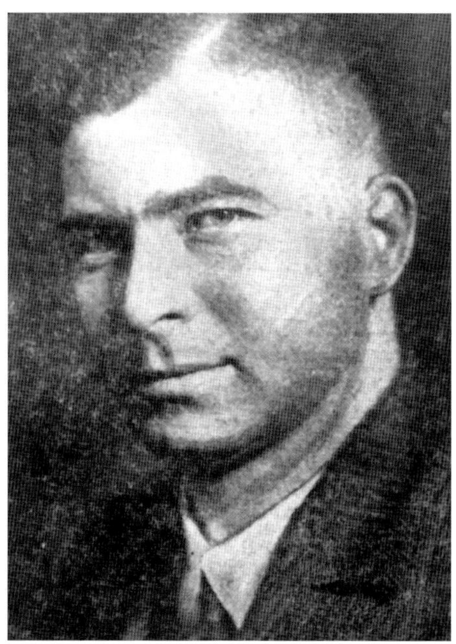

Der promovierte Jurist und Dortmunder Sportkommissar Paul Wagner, geboren 1900 in Hagen-Haspe, war Sturmbannführer der SA. Als das Amt des Sportkommissars Ende der 1930er-Jahre aufgelöst wurde, wechselte er ins Direktorium der Westfalenhalle. *(Personalakte Paul Wagner, Bundesarchiv (BArch), R150/287). Sport vom Sonntag, 18. April 1933*

Verbot, Enteignung der Finanz- und Sachwerte und die Drohung, dass jeder, der nicht auf die Linie der Nationalsozialisten einschwenkt, als „Staatsfeind“ betrachtet wird – das war das typische Vorgehen der Nationalsozialisten gegen tatsächliche und vermeintliche Gegner, das sich auch in dieser Anordnung zur Auflösung der Arbeitersportvereine zeigte. Die unter Punkt 6 angekündigten Maßnahmen scheinen aber nicht umgesetzt worden zu sein.

Nach Wolfgang Müller waren in Dortmund ein rundes Dutzend Rotsport-Vereine und etwa 40 Arbeiter-Fußballklubs von der Zerschlagung betroffen.[38] Darunter Vereine mit klingenden Namen, die seit Langem vergessen sind: Dortmunder Kickers, Weststern Dortmund, Vorwärts Schüren, Fortschritt Berghofen oder auch Niegedacht

38 Müller, Dortmunder Fußballgeschichte, Heft 12. Leider führt Müller in seiner interessanten Arbeit nur vereinzelt grobe Quellenangaben an.

Scharnhorst. Dortmund war in den Jahren der Weimarer Republik eine Hochburg der Arbeitersportbewegung, vor allem in der Sparte Fußball. Als 1926 das Stadion Rote Erde eingeweiht wurde, feierten der bürgerliche Sport wie auch die sozialistische Arbeitersportbewegung das Ereignis gleichermaßen – allerding in zwei getrennten Veranstaltungen an zwei aufeinanderfolgenden Wochenenden. Während die von der Stadt organisierte offizielle Eröffnung am 6. Juni bei schlechtem Wetter 8000 Zuschauer anzog, brachte der Arbeitersport am 13. Juni 30000 Anhänger auf die Beine und in die Rote Erde.[39] In den großen bürgerlichen Tageszeitungen der Stadt war von der Feier der Arbeitersportler nichts zu lesen.

Die Reaktionen der Arbeitersportvereine und Arbeitersportler auf das Verbot fielen sehr unterschiedlich aus.[40] Viele Sportler zogen sich zurück, weil sie sich nicht von den Nationalsozialisten vereinnahmen lassen wollten. Einige Vereine beriefen NSDAP-Mitglieder in den Vorstand, da sie hofften, so in die fortan bestehenden Strukturen bürgerlichen Sports integriert zu werden, oder änderten kurzerhand ihren „verdächtigen" Namen. Einzelne oder Gruppen von Sportlern traten bürgerlichen Vereinen bei, was nach Beibringen von eidesstattlichen Versicherungen und der Bürgschaft von Mitgliedern des aufnehmenden Vereins nach einer Sperrfrist möglich war, denn der Reichssportführung war es daran gelegen, den Großteil der eine Million junger „fehlgeleiteter" Menschen in die propagierte „Volksgemeinschaft" zu integrieren. Vor allem für gute Fußballer scheint es kein großes Problem gewesen zu sein, schnell in bürgerlichen Vereinen unterzukommen.

39 Vgl. Werner Skrentny, Arbeitersportvereine, in: Hartmut Hering (Hrsg.), Im Land der tausend Derbys. Die Fußball-Geschichte des Ruhrgebiets, Neuausgabe Göttingen 2017, S. 113–119, hier S. 117.

40 Ausführlich hierzu und mit Beispielen versehen: Jürgen Mittag/Diana Wendland, Arbeiter und Sport im Spannungsfeld von Solidar-, Betriebs- und „Volksgemeinschaft". Politische Aufladungen und Brüche des Arbeiter- und Werkssports in den 1930er Jahren, in: Herzog (Hrsg.), Die „Gleichschaltung" des Fußballsports, S. 211–241, hier S. 226ff. Zu Dortmund, ebenfalls mit Beispielen, siehe Müller, Dortmunder Fußballgeschichte, Heft 12.

Es kam auch vor, dass Arbeitersportler in unverdächtigen Zusammenschlüssen wie einem Kegelklub in Kontakt blieben.

Recht beachtlich war der Anteil jener Arbeitersportler, die sich dem Widerstand anschlossen bzw. Widerstandsgruppen bildeten. Dort wurden vornehmlich ehemalige Rotsportler aktiv, aber auch Sozialdemokraten. Zu Letzteren gehörte der Borusse Fritz Weller, Leichtathlet und Handballer, der in der Widerstandsgruppe um den ehemaligen Leiter (1928–1933) des Dortmunder Arbeitersportkartells Max Zimmermann mitarbeitete.

Ein Beispiel für eine starke politisch-moralische Haltung gab eine Gruppe von Fußballern des ASV Roland 98. Nach dem Verbot ihres Vereins schloss sie sich dem SSV Hansa Dortmund an, trat aber geschlossen wieder aus, als die Vereinskleidung um ein Hakenkreuz ergänzt wurde: Fußballspielen ja, aber nicht um jeden ideologischen Preis.[41] Wie viele bürgerliche und sozialistische Vereine, Sportlerinnen und Sportler reichsweit ihren organisierten Sport aufgaben, um sich nicht dem Regime zu beugen, ist nicht bekannt.

3. Die Gleichschaltung der „bürgerlichen" Vereine

Als die Nationalsozialisten Ende Januar 1933 im Deutschen Reich an die Macht gelangten, spielte der BVB in der 1. Bezirksklasse Ruhr, Gruppe Dortmund. Über dieser Spielklasse fand sich im Bereich des Westdeutschen Spiel-Verbandes (WSV) noch die Bezirksliga Ruhr, darunter die 2. Bezirksklasse Ruhr und die Gauklasse(n). Die Sieger der acht Bezirksligen des WSV spielten den Westdeutschen Meister aus, der mitsamt dem Vizemeister sowie dem Sieger des Westdeutschen Verbandspokals an den Endrundenspielen um den Titel des Deutschen Meisters teilnahm. In der höchsten Spielklasse spielte in jener Saison als einziger Dortmunder Verein der VfL Hörde. Die Liga wurde seit 1929 vom FC Schalke 04 dominiert, der 1933 erstmals auch ins Finale um

41 Müller, Dortmunder Fußballgeschichte, Heft 12.

die Deutsche Meisterschaft einzog, dort aber gegen Fortuna Düsseldorf verlor.

In der zwölf Mannschaften umfassenden 1. Bezirksklasse Ruhr, Gruppe Dortmund, spielten unter anderem Arminia Marten, TBV Mengede, Dortmunder SC 95, Alemannia Dortmund, SV Schüren, Dorstfeld 09 und Hörder SC. Der BVB lag in der gesamten Saison 1932/33 in der Spitzengruppe und lieferte sich mit Arminia Marten bis zum letzten Spieltag ein Kopf-an-Kopf-Rennen um die Meisterschaft und den Aufstieg in die erstklassige Bezirksliga. Schließlich musste aufgrund gleicher Punktzahl und Tordifferenz ein Entscheidungsspiel den Sieger ermitteln. Das Spiel fand am 28. Mai 1933 im Stadion Rote Erde statt und zog über 8000 Zuschauer an.

Beim Einlaufen der Mannschaften – so hob der Berichterstatter der *Dortmunder Zeitung* hervor – entboten die Spieler dem Publikum erstmals den „Hitlergruß“.[42] Der mit flacher Hand schräg nach oben gestreckte Arm war vor 1933 die Geste, mit der sich NSDAP-Mitglieder untereinander grüßten, seit 1933 wurde sie – auch als „Deutscher Gruß“ bezeichnet – zum offiziellen Gruß aller „Volksgenossen“. Dass im Stadion Rote Erde bei diesem Spiel auch Hakenkreuzfahnen wehten, ist anzunehmen, aber nicht gewiss, da keine Fotos überliefert sind.

Hakenkreuzfahnen und Hitlergruß waren nicht nur Insignien der neuen Machthaber, sondern auch Instrumente ihrer lärmenden, auf alle gesellschaftlichen Bereiche zielenden Propaganda, wie es sie zuvor in Deutschland nicht gegeben hatte. Schon für den politischen Aufstieg der NSDAP zur Massenbewegung seit 1929 waren die modern ausgerichtete Propaganda und ihre einfachen, aber umso eingängigeren Losungen („Wir misten aus!“, Wir bauen auf! „Ein Volk, ein Reich, ein Führer!“) von großer Bedeutung gewesen, jetzt sollten sie der Sammlung und Festigung der „Volksgemeinschaft“ dienen. Die stete Präsenz von Uniformen, Aufmärschen und Fahnen sollte nach Jahren wirtschaftlicher Not und Verelendung, nach politischen Unruhen und Orientierungslosigkeit klassenübergreifende Stärke, Einheit

42 Dortmunder Zeitung, 29. Mai 1933.

und Ordnung suggerieren und sie waren zugleich Symbole der Gleichschaltung.

So rief der Hitlergruß, den die Zuschauer beim Entscheidungsspiel Ende Mai 1933 von den Spielern zu sehen bekamen, sicherlich kaum mehr Verwunderung beim Publikum hervor, da er im ganzen Land weitverbreitet war. Was die Mehrheit der Zuschauer und Spieler dabei gedacht und gefühlt hat, bleibt ungewiss. Sicherlich aber werden jüdische Fans des BVB, von denen es, wie aus Erinnerungen jüdischer Bürgerinnen und Bürgern bekannt ist, einige im Hoesch-Viertel gab,[43] die Fahnen und den braunen Gruß mit Beklommenheit und dem Gefühl der Bedrohung wahrgenommen haben. Sportveranstaltungen durften Jüdinnen und Juden noch besuchen, aber eine erste Welle antijüdischer Gewalt war auch über Dortmund bereits hinweggegangen. Aus der „Volksgemeinschaft" blieben sie ausgeschlossen, denn die kannte angeblich keine Klassen mehr, dafür aber „Rassen".

Der BVB verlor das Entscheidungsspiel gegen Arminia Marten nach Verlängerung mit 1:2. Die Verlängerung wurde nach dem Prinzip des „Golden Goals" gespielt: Das erste Tor bringt den Sieg und beendet das Spiel. Marten hätte damit nach den Regeln, die noch zu Beginn der Saison 1932 gültig waren, in der Spielzeit 1933/34 ein Platz in der erstklassigen Bezirksliga zugestanden. Doch wie schon in der Saison 1931/32, als der BVB den ersten Platz belegt hatte, der Aufstieg aber ausgesetzt war, sollten auch die Martener um den Lohn ihrer sportlichen Leistungen gebracht werden. Es hatte unter Fußballfreunden bereits die Runde gemacht, dass die Reichssportführung die Struktur der Spielklassen neu ordnen würde. Der Reporter des *Sport vom Sonntag* mutmaßte: „Ob aber der Sieg bei der bevorstehenden Neugruppierung noch sportliche Bedeutung hat, muss bezweifelt werden."[44]

Der Reporter lag richtig. Bei der Neugruppierung der Spielklassen im Juli 1933 und der Zuordnung der Mannschaften zu den Klassen

43 Siehe etwa das Interview mit Hans Haberberg, Stadtarchiv Dortmund, Dortmunder Juden. Familien- und Personendossiers.

44 Sport vom Sonntag, 29. Mai 1933.

wurden nicht nur sportliche Kriterien zugrunde gelegt. Als oberste Spielklasse wurden Gauligen eingerichtet, von denen es entsprechend der Anzahl der Gaue des Reiches fortan 16 gab. Aus Dortmund hätte nach der sportlichen Bilanz der VfL Hörde als Erstligist und/oder Aufsteiger Arminia Marten der neuen Gauliga Westfalen zugeordnet werden müssen. Beide Vereine wurden jedoch nicht berücksichtigt, und auch der BVB als nächstfolgender Kandidat fiel durch. Dokumente, die den Prozess der Auswahl einer Dortmunder Mannschaft für die Gauliga erläutern könnten, sind nicht überliefert. Was darüber bekannt ist, stammt vor allem aus mündlich überlieferten Nachkriegsberichten von Vereinsfunktionären und aus der zeitgenössischen Presse.[45]

Wahrscheinlich wollten die Entscheider keinen Vorortverein aus Hörde oder Marten und auch keinen aus der Nordstadt wie den BVB, sondern einen Verein aus der Innenstadt. Fusionen von Vereinen und damit größere Vereine waren als Lösung vorgesehen. Der älteste Dortmunder Fußballverein, der Dortmunder SC 95, sollte zu diesem Ziel mit dem VfL Hörde fusionieren, was die erst fünf Jahre zuvor zwangsweise eingemeindeten Hörder, die bei einer solchen Fusion sicherlich auch den Namen „Hörde“ verloren hätten, aber ablehnten. Schließlich kam es zu einer Fusion des DSC 95 mit den ebenfalls in der südlichen Innenstadt beheimateten Sportfreunden 06. Als Sportfreunde 95 wurde die Vereinigung als einziger Dortmunder Verein der kommenden Gauliga Westfalen zugeordnet. Die beiden Vereine hatten die abgeschlossene Saison lediglich als Sechster (Sportfreunde 06) und Zehnter (DSC) der Bezirksklasse abgeschlossen, und den Kommentatoren schwante Schlimmes im Blick auf die Konkurrenzfähigkeit des neuen Vereins in der obersten Liga.

Schon die ersten Spieltage der Saison 1933/34 bestätigten die Skeptiker. Es setzte deutliche Niederlagen, und selbst in der gleichgeschalteten Presse regte sich Kritik an der Entscheidung: „Das Ansehen des

45 Müller, Dortmunder Fußballgeschichte, Heft 12, hat Jubiläumsschriften von Dortmunder Vereinen in dieser Frage ausgewertet und mit ehemaligen Vereinsfunktionären gesprochen.

Dortmunder Fußballs gebietet es uns, darauf hinzuweisen, daß die Vereinigung Sportfreunde 95 nicht die stärkste Fußballmannschaft von Dortmund ist, daß es vielmehr in Dortmund mehrere Fußball-Einheiten gibt, die allein mit mehr Aussicht auf Erfolg den Kampf in der Gauliga aufnehmen können, die aber durch die Neuaufteilung gezwungen werden, in unteren Klassen zu spielen. Darauf muss man immer wieder hinweisen, wenn der Dortmunder Fußball zur Debatte kommt."[46]

Was dem Kommentator des *Sport vom Sonntag* besonders aufstieß, war das nicht-öffentliche Verhandeln der Frage, welcher Verein für die Stadt in der Gauliga antreten sollte, denn den „Amtlichen Mitteilungen" sei leider nicht zu entnehmen, „nach welchen Gesichtspunkten die Zuteilung der Vereine zu den einzelnen Klassen erfolgt ist".[47] Er setzte noch hinzu, Kreisführer Paul Wagner habe auf dem ersten Kreistag erklärt, nicht er, sondern Gauführer Becker aus Essen sei für die Einteilung der Vereine zuständig gewesen. Wagner wollte mit der Erklärung offensichtlich den Unmut der Fußballszene von sich fernhalten, denn natürlich hatte er als Sportkommissar Dortmunds die Verhandlungen vor Ort geleitet und schließlich auch die Entscheidung des Gauführers in Essen gelenkt.

In diesem lokalen Geschehen von untergeordneter Bedeutung spiegelte sich der Beginn der von den Nationalsozialisten beabsichtigten grundlegenden Veränderung der deutschen Sport- und damit auch Fußballlandschaft: Gleichschaltung, Auflösung der Landesverbände und Zentralisierung der Vereine unter Führung des Deutschen Reichsbundes für Leibesübungen gehörten zu den frühen Maßnahmen, auch den Sport zu beherrschen und unter staatliche Kontrolle zu bringen. In einer zweiten Stufe sollte schließlich der gesamte bürgerliche Vereinssport zerschlagen, und die Vereine sollten durch staatlich kontrollierte Sportorganisationen ersetzt werden. Dass Letzteres nicht realisiert wurde, war wohl vor allem dem Beginn des Krieges im Herbst 1939 geschuldet. Allerdings wäre es auch in den frühen Jahren seiner Herrschaft dem

46 Fußball-Auftakt in Westfalen, in: Sport vom Sonntag, 4. September 1933.
47 Sport vom Sonntag, 4. September 1933.

Regime leicht möglich gewesen, alle bürgerlichen Vereine aufzulösen, wie Reichssportführer Hans von Tschammer und Osten 1937 rückblickend betonte, doch legte er in dieser Phase Wert auf ihr Fortbestehen in gleichgeschalteter Form und untersagte lokalen NS-Institutionen weitergehendes Eingreifen in das Sportvereinswesen.[48] Da man sich vor Ort nicht unbedingt an diese Weisung des Reichssportführers hielt, verlieh Hitlers Stellvertreter Rudolf Heß der Weisung Nachdruck, indem er im November 1933 anordnete: „Ich verbiete strikt für die Zukunft jedes Eingreifen von Parteidienststellen in die Angelegenheiten von Sportvereinen."[49]

Für diese Zurückhaltung hinsichtlich der Eigenständigkeit der gleichgeschalteten Vereine gab es zumindest zwei Gründe. Mit Blick auf die für Berlin 1936 angesetzten Olympischen Spiele sollte alles vermieden werden, was der Skepsis und Kritik des Auslands an der Abhaltung der Spiele in einem totalitären Staat hätte Aufwind geben können. Und zweitens galt es, die mehr als sechs Millionen aktiven Mitglieder der Sportvereine nicht zu brüskieren, die doch einen beachtlichen Teil der propagierten und angestrebten „Volksgemeinschaft" ausmachten.

Der Dortmunder Sportkommissar Paul Wagner war ein notorischer Nationalsozialist, dem das Vorgehen der politischen Führung in Berlin beim Ausschluss der Juden aus dem deutschen Sport zu zögerlich war. Die *Dortmunder Zeitung* veröffentlichte am 14. August 1933 eine Anordnung Wagners, die den vollständigen Ausschluss von Jüdinnen und Juden aus den Vereinen forderte: „Es ist mir bekannt geworden, daß die vom Reichssportführer anerkannten Sportverbände und -Vereine in ihren Reihen noch Nichtarier haben. Hiermit gebe ich den heimischen Turn- und Sportvereinen eine Frist bis zum 31. August 1933, um die noch vorhandenen Nichtarier auszuschließen. Sollten mir nach dem 1. September 1933 neue Fälle gemeldet werden, dann sehe ich mich veranlaßt, den betreffenden Verein aufzulösen."

48 Vgl. Havemann, Fußball unterm Hakenkreuz, S. 130.

49 BArch, NS 8/177, hier zitiert nach Havemann, Fußball unterm Hakenkreuz, S. 130.

Die Anordnung Wagners von Mitte August 1933 ist ein sprechender Beleg für den vorpreschenden Aktivismus und den Übereifer lokaler Funktionsträger bzw. regionaler NS-Instanzen bei der Durchsetzung antijüdischer Maßnahmen, wie er in vielen gesellschaftlichen Bereichen zu beobachten war. Auch für die „Arisierung" jüdischer Firmen und Geschäfte gab es 1933 noch keine gesetzlichen Grundlagen bzw. Anweisungen aus Berlin, dennoch fand sie vielerorts wie auch in Dortmund statt, als „wilde Arisierung" bezeichnet und stets unter Gewaltandrohung bzw. mit Gewalt durchgesetzt.

4. Auflösung des Westdeutschen Spiel-Verbands (WSV)

Einen wesentlichen Schritt in der Zentralisierung des Fußballs stellte die Auflösung der sieben regionalen Verbände dar, die unter dem Dach des DFB agierten. Sechs Verbände lösten sich 1933/34 ohne großes Aufsehen selbst auf. Allein der Westdeutsche Spiel-Verband widersetzte sich eine Zeit lang hartnäckig dem Vorhaben. Dabei hatte sich der WSV bereits im Mai 1933 mit wehenden Fahnen selbst gleichgeschaltet. Auf seiner jährlichen Wahlversammlung am 13. Mai 1933 in Dortmund wurde der Volkswirt, Parteigenosse und Reichstagsabgeordnete Dr. Josef Klein ohne Diskussion und ohne jede Gegenstimme zum neuen Verbandsführer gewählt.[50] In seiner Schlussrede hob Klein, der bereits 1930 in die NSDAP eingetreten und seit 1932 auch Mitglied des Reichstags war, zwei unmittelbar zu ergreifende Maßnahmen der neuen Sportpolitik hervor:

> „Wir im WSV haben es nicht nötig, uns umzustellen oder gleichzuschalten, denn der WSV handelte schon immer im Sinne dieser jetzigen gewaltigen Bewegung und schon immer wurzelte der deutsche Gedanke in uns. Idealisten wollen wir sein und nichts anderes. Ich mache jetzt schon die Führer in den einzelnen Bezirken darauf

50 Der WSV tagt in Dortmund, in: Dortmunder Zeitung, 15. Mai 1933.

> aufmerksam, daß für die Zukunft kein Spieler mehr einen ‚roten Pfennig' an Spesen bekommt und nur deutschen Sportlern steht die Meisterschaft offen."[51]

Der Ausschluss von Juden aus den Vereinen, und zwar nicht nur jener „in führenden Stellungen", wie die Verordnung des DFB Mitte April 1933 gefordert hatte, sondern auch jüdischer Spieler war damit vorgezeichnet. Zahlreiche Vereine hatten ohnehin bereits in eigener Regie damit begonnen, jüdische Mitglieder zum Austritt aufzufordern bzw. sie auszuschließen. Dass die jüdischen Fußballer sich selbst ebenfalls als „deutsche Sportler" ansahen, die sie auch waren, spielte dabei keine Rolle mehr.

Die heftige Diskussion um die Einführung des Berufsfußballs, worauf Klein mit dem „roten Pfennig" (gemeint war wohl der sprichwörtliche „rote Heller") und den „Spesen" für Aktive anspielte, war mit dem Machtantritt der Nazis nach außen hin abrupt beendet worden. Der WSV hatte seit über einem Jahrzehnt rigoros gegen die Einführung des Profifußballs Stellung bezogen, während andere Verbände, besonders in Süddeutschland, der Einrichtung einer Profiliga unter dem Dach des DFB aufgeschlossener gegenüberstanden.[52] Die Entscheidung sollte auf einem Bundestag des DFB im Mai 1933 fallen. Dazu kam es jedoch infolge des Machtwechsels Ende Januar nicht mehr.

Der Rahmen und auch die Wortbeiträge dieser Tagung des WSV zeigen deutlich, wie entscheidend es für die Haltung und das weitere Handeln von Verbänden und Vereinen war, wer im Zuge der Gleichschaltung an ihre Spitze gelangte. Der Dortmunder Rathaussaal war mit den Fahnen der NS-Bewegung geschmückt, eine SA-Kapelle sorgte für den musikalischen Rahmen, die Teilnehmer sangen neben der Nationalhymne auch die braune Hymne: das Horst-Wessel-Lied.[53]

51 Ebenda.

52 Zur Auseinandersetzung um den Berufsfußball siehe Arthur Heinrich, Der Deutsche Fußballbund. Eine politische Geschichte, Köln 2000, S. 75 ff.

53 Vgl. die Berichterstattung in: Dortmunder Zeitung, Sport vom Sonntag und Hörder Volksblatt, jeweils 15. Mai 1933.

Wiederholt ertönte ein kräftiges „Sieg Heil!“, und dem „Führer“ und Reichskanzler in Berlin versicherte man in einem Telegramm, dass er sich stets auf den WSV verlassen könne.

Das war keine Gleichschaltung aus Pragmatismus oder aus Furcht vor Konsequenzen nichtkonformen Verhaltens. Vielmehr stellte sich die neue Führung aus Überzeugung in den Dienst der Diktatur. Das galt nicht nur für den neuen Verbandsführer Klein, sondern auch für seinen auf der Tagung abgelösten Vorgänger: Constans Jersch hob in seiner „vielumjubelten“ Abschiedsrede hervor, dass der Sport sich „bedingungslos, bewusst und freudig“ in den neuen Staat einzugliedern habe. „Rücksichtslose Gefolgschaft“ werde erwartet, wie es die Tradition des Verbandes verlange.[54]

Klein selbst hatte sich als Autor von Zeitungsartikeln zum Thema Fußball schon in den 1920er-Jahren als übersteigerter Nationalist und Rassist hervorgetan. Nachdem die deutsche Nationalmannschaft im olympischen Fußballturnier von 1928 gegen Uruguay verloren hatte, ereiferte er sich in einem Bericht über „die versteckten Fouls der südamerikanischen Fallensteller und Urwaldjäger“ sowie das gegen die deutsche Mannschaft erhobene „Wutgeheul und Pfeifkonzert verzerrter Lateiner- und Exotengesichter am Käfiggitter“.[55] Da wundert es nicht, dass Klein auf der Dortmunder Tagung „klar und deutlich zum Ausdruck“ brachte, auch in der „Arierfrage“ werde der „WSV radikal vorgehen“.[56] Damit preschte der neue Verbandsführer in der Wortwahl und Eindeutigkeit seiner Aussage weit vor, denn sowohl die Führung des Reiches als auch die des Sports waren zu dieser Zeit noch deutlich zurückhaltender in ihren Aussagen zur „Judenfrage“. Klein erwies sich als typischer Vertreter jener gesellschaftlichen Eliten, deren Zugehörige als Sympathisanten, Wähler, Mitglieder und

54 Hörder Volksblatt, 15. Mai 1933.

55 Fußball und Leichtathletik, Nr. 26/1928. Hier zitiert nach Heinrich, Der Deutsche Fußballbund, S. 117.

56 Hörder Volksblatt, 15. Mai 1933.

Funktionäre in der NSDAP, der SA und SS vielfach überrepräsentiert waren.

Der Auflösung des WSV widersetzte sich Klein insbesondere mit Argumenten gegen die beabsichtigte Zentralisierung. Die Auflösung der Verbände werde, so betonte er auf einer Versammlung im Dezember 1934, federführend vom DFB betrieben, der lästige Konkurrenz loswerden wolle, und bedeute einen Bruch mit nationalsozialistischer Ideologie. Tatsächlich ging es ihm in erster Linie wohl um seine eigene Machtposition und das ansehnliche Vermögen des WSV, das er nicht dem „materialistischen" DFB überlassen wollte.[57] Auch diverse Weisungen der Reichssportführung an Klein führten nicht zur Selbstliquidation des Verbandes. Aufgelöst wurde er schließlich erst im Februar 1935 durch einen Erlass des Reichsinnenministeriums.[58]

Eben die Tatsache, dass Klein ein überzeugter Nationalsozialist und sogar „Alter Kämpfer"[59] war, also der Partei schon in der „Kampfzeit" vor dem Machtantritt angehörte, ließ den DFB und die Reichssportführung in ihren Maßnahmen gegen den rebellischen Verbandsführer zunächst vergleichsweise behutsam vorgehen. Klein war sehr enttäuscht von seiner Entmachtung durch die Gesinnungsgenossen, ging später auf Distanz zu Partei und Staat und wurde 1942 wegen „staatsabträglicher pessimistischer Äußerungen" sogar kurzzeitig in „Schutzhaft" genommen.[60]

57 Zur Person und Rolle Josef Kleins und des WSV siehe Havemann, Fußball unterm Hakenkreuz, S. 120 ff., hier S. 124. Vgl. auch Heinrich, Der Deutsche Fußballbund, S. 93 ff.

58 Vgl. Heinrich, Der Deutsche Fußballbund, S. 257, Anmerkung 28.

59 Der Begriff „Alter Kämpfer" bezeichnete zunächst alle jene, die der NSDAP schon vor den Wahlerfolgen von 1930 angehört hatten, wurde dann aber auf alle übertragen, die der Partei und ihren Gliederungen bereits vor dem Machtantritt im Januar 1933 angehörten.

60 Martin Schumacher, M.d.R. – Die Reichstagsabgeordneten der Weimarer Republik in der Zeit des Nationalsozialismus. Politische Verfolgung, Emigration und Ausbürgerung 1933–1945, Düsseldorf 1991, S. 330.

5. Die Gleichschaltung des DFB

Dem DFB und seinem Vorsitzenden Felix Linnemann kam die Auflösung der Landesverbände, mit denen es häufig Konflikte und Auseinandersetzungen gegeben hatte, durchaus gelegen. Der DFB gehörte wie die Deutsche Turnerschaft (DT) und die Sportbehörde für Leichtathletik (DSB) sowie 35 weitere Sportverbände und -bünde in der Zeit der Weimarer Republik dem Dachverband „Deutscher Reichsausschuss für Leibesübungen" (DRA) an. Als größter Sportdachverband mit etwa sieben Millionen aktiven Mitgliedern besaß er einiges an politisch-gesellschaftlichem Gewicht. Wie so viele andere Verbände und Vereinigungen aus allen gesellschaftlichen Bereichen auch diente er sich gleich nach dem Machtwechsel den Nationalsozialisten an. In der Hoffnung, nicht von der terroristisch-revolutionären Welle der Umwälzung fortgespült zu werden, beteuerte der DRA im März 1933, „treu seiner Vergangenheit" mit aller Kraft zukünftig dem „gewaltigen Strom nationaler Erneuerung" und „der Erziehung eines wehrhaften Geschlechts" zuzuarbeiten.[61]

Wie dem WSV sollten auch dem DRA diese unterwürfigen Bekundungen im Endeffekt nichts nutzen. Als repräsentative Organisation des „Systems" mit ihren konservativen Funktionären und parlamentarischen Strukturen sah sich der DRA dem ständigen Druck der NS-Presse ausgesetzt und entschied sich schließlich – auch unter dem Eindruck interner Querelen – zur Selbstauflösung. Am 10. Mai 1933 baten Felix Linnemann als Vertreter des Fußballs und die Vertreter der Turnerschaft sowie des Ruderverbandes den zum Reichssportkommissar ernannten Hans von Tschammer und Osten um die Auflösung des DRA.[62]

61 DRA an Hitler, 25. März 1933, zitiert nach Havemann, Fußball unterm Hakenkreuz, S. 93.

62 Ausführlich zur Auflösung des DRA siehe Havemann, Fußball unterm Hakenkreuz, S. 92 ff.

Wie schnell sich auch große und überaus mitgliederstarke Verbände wie der Reichsausschuss für Leibesübungen selbst aufgaben, ist bemerkenswert. Noch eine Woche vor der Bitte um Auflösung seitens des DRA hatte von Tschammer und Osten im *Kicker* erklärt, dass er noch nicht sagen könne, wie sich die Einrichtung seines Kommissariats auf die bestehenden Organisationen auswirken werde.[63] Für das Verhältnis zum DRA brauchte er sich zumindest schon wenige Tage nach dieser Erklärung keine Gedanken mehr zu machen. Er schaffte sich selbst ab. Von Courage und Widerstand gab es unter den bürgerlich Konservativen auch im Sport kaum ein Zeichen. Auch wenn zu bedenken gilt, dass in diesem Frühjahr 1933 auf den Straßen offene Gewalt herrschte, so war doch jedem Beobachter klar, dass sich der frühe Nazi-Terror fast ausschließlich gegen Kommunisten, Sozialdemokraten und Juden richtete.

Am 24. Mai 1933 gab der Reichssportkommissar in Berlin seine im Einvernehmen mit dem Reichsinnenministerium erstellten Richtlinien für die Neuordnung des Sportwesens bekannt.[64] Der Erläuterung des Neuaufbaus stellte er die in jenen Monaten in allen Sportzeitungen in diversen Variationen zu lesende Ausführung voran, dass die Zeit des individualistischen Sportbetriebes vorüber sei, dass das Ziel des Sports nicht im persönlichen Wohlergehen zu sehen sei, sondern im Bewusstsein um die „Einheit und Zusammengehörigkeit aller Glieder unseres Volkes […]. Für die männliche Jugend müssen die Stätten der Leibesübungen Pflanzstätten soldatischer Tugenden und Schulen staatlichen Geistes sein".

Die Neuorganisation verminderte die unübersichtlich große Vielzahl von Verbänden auf 15 Fachverbände, denen jeweils mehrere Sportarten zugeordnet wurden. Die Verbände wurden gemäß der Anzahl ihrer Mitglieder durchnummeriert, sodass der Deutsche Turnverband an der Spitze stand, gefolgt vom Deutschen Fußball-Verband und dem Leichtathletik-Verband. Dem Fußball-Verband wurden die Sportarten

63 Kicker, 3. Mai 1933.

64 Der Neubau des deutschen Sports, in: Kicker, 30. Mai 1933.

Rugby und Kricket zugeschlagen. In den Fachverbänden sollten das Führerprinzip eingeführt und die 15 Verbandsführer vom Reichssportkommissar ernannt werden. Unter der Leitung des Kommissars bildeten die Verbandsführer den „Reichsführerring". Die Verbände sollten in 15 Gaue, die Gaue wiederum in Bezirke und Kreise unterteilt werden.

Diese Neueinteilung stellte lediglich eine Übergangslösung dar, denn im Januar 1934 wurde die Gründung des „Deutschen Reichsbundes für Leibesübungen" (DRL) proklamiert, dessen Gründungssitzung am 9. März 1934 stattfand. Als eigentliche Geburtsstunde des Reichsbundes wird jedoch erst die DRL-Tagung am 27. Juli 1934 in Nürnberg angesehen, auf der von Tschammer und Osten seine Pläne für die zukünftige Organisation vorlegte.[65] An die Stelle der 15 Fachverbände traten nun 21 Fachämter. Die Aufgaben des DFB gingen auf das „Fachamt Fußball" über, zu dessen Leiter der Reichssportführer im August 1934 den amtierenden DFB-Präsidenten Felix Linnemann ernannte, der seit 1925 an der Spitze des Fußball-Bundes stand. Der DFB wurde noch nicht aufgelöst, hatte aber wie alle Verbände die Eigenständigkeit verloren bzw. von sich aus aufgegeben. In der Praxis änderte sich zunächst nicht viel. Linnemann war die lästige Konkurrenz der Landesverbände los und konnte aufgrund des „Führerprinzips" als Leiter des Fachamtes Fußball und zugleich als Bundesführer des fortbestehenden DFB seine Pläne und Entscheidungen weitgehend ungehindert durchsetzen.

Die Frage, wie die Haltung und das Handeln Felix Linnemanns gegenüber der raschen Gleichschaltung des DFB zu bewerten sind, wird seit dem Erscheinen der Studie von Nils Havemann zur Geschichte des DFB in der Zeit des Nationalsozialismus im Jahr 2005 kontrovers diskutiert. Dabei sind sich die Kontrahenten darin einig, dass die DFB-Führung der Gleichschaltung keinerlei Widerstand entgegensetzte, sondern sie im Gegenteil bereitwillig selbst vollzog. Die Diskussion dreht sich vor allem um die Beweggründe für die rasche Kapitulation.

65 Vgl. Arthur Heinrich, Deutscher Fußball-Bund und Nationalsozialismus, in: Peiffer/Schulze-Marmeling (Hrsg.), Hakenkreuz und rundes Leder, S. 58–80, hier S. 70.

Havemann weist ideologische Gründe, ideologische Nähe zu den Nationalsozialisten strikt zurück. Die führenden Personen des DFB, allen voran Linnemann, seien pragmatische, unpolitische, vor allem unternehmerisch denkende Menschen gewesen, die in der gegebenen politischen Situation zu retten versuchten, was zu retten war.[66] Arthur Heinrich kritisiert in erster Linie Havemanns Behauptung, die DFB-Führung sei unpolitisch gewesen, und es habe eine Gegensätzlichkeit zwischen Nationalsozialismus und DFB gegeben. Die Quellen zeigten deutlich, dass es eine Reihe ideologisch-politischer Schnittmengen zwischen den Personen der Führungsebene des deutschen Fußballs und den Nationalsozialisten gegeben habe. „Hass auf Versailles, Überdruss an der Demokratie, ungebrochener Nationalismus, Sehnsucht nach Volksgemeinschaft und autoritärer Führung, dieser Katalog verdeutlicht, warum das Leitungspersonal des DFB spätestens 1933 auf die braunen Machthaber setzte."[67]

Havemann weist zu Recht daraufhin, dass die DFB-Funktionäre 1933/34 nicht hätten absehen können, worauf die Politik der Nazis hinauslaufe. Das wussten die Nazis – etwa in puncto ihrer Judenpolitik – selbst noch nicht. Doch wozu sie fähig waren, das hatte man bereits sehen können. In Bezug auf das Thema „Arisierung" des Sports beurteilte Havemann die Haltung des Fußball-Bundes relativierend: „Der DFB befürwortete ein gewisses Maß an Ausgrenzung, nicht die Verfolgung und Vernichtung der Juden."[68] Dem ist entgegenzuhalten, dass Ausgrenzung und damit Isolierung der Juden den Beginn der Verfolgung bildeten und Voraussetzung für das Folgende waren. Ausgrenzung, soziale Isolierung, Entrechtung, wirtschaftliche Ausplünderung, Kennzeichnung, Konzentration, Deportation – in der Kette der Maßnahmen, die zum Holocaust führten, war jedes Glied von Bedeutung, um den Völkermord so durchführen zu können, wie er dann auch vollzogen wurde.

66 Havemann, Fußball unterm Hakenkreuz, S. 97.
67 Heinrich, Deutscher Fußball-Bund und Nationalsozialismus, S. 76.
68 Havemann, Fußball unterm Hakenkreuz, S. 341.

6. Der Griff der Hitler-Jugend nach der Fußballjugend und die Gründung des NSRL

Dass die NS-Führung früher oder später direkten Zugriff und damit stärkeren Einfluss auch auf die Sportjugend der „bürgerlichen" Sportvereine gewinnen wollte, war schon 1934 deutlich geworden, als Reichsjugendführer Baldur von Schirach eine entsprechende Vereinbarung mit dem Reichsportführer über die Integration der aktiven Sportjugend in die Hitler-Jugend getroffen hatte.[69] Darin heißt es u.a.: „In der Erkenntnis, daß es nur eine deutsche Jugend gibt, und daß ihre Gesamterziehung nur in der HJ erreicht werden kann, vertritt der Reichssportführer den Standpunkt, daß die Jugendlichen des Reichsbundes für Leibesübungen Mitglieder der HJ sein müssen."[70]

Ergänzt wurde die gemeinsame Initiative der Reichsjugend- und Reichssportführung durch ein weiteres Abkommen im Sommer 1936. Ab Dezember 1936, mit Inkrafttreten des „Gesetzes über die Hitler-Jugend", wurden die Bestimmungen der Vereinbarungen und damit der Totalitätsanspruch der Hitler-Jugend schließlich umgesetzt: Die ideologische und auch körperliches Ausbildung des Nachwuchses bis zum Alter von 14 Jahren ging vollständig auf das „Jungvolk" über, die Untergliederung der HJ für Jungen zwischen 10 und 14 Jahren. Die Fußballvereine verloren damit ihre Schülermannschaften. Jugendliche zwischen 14 und 18 Jahren durften für Vereine des DRL nur noch an Wettspielen teilnehmen, wenn sie Mitglied in der HJ waren und den daraus entspringenden Pflichten nachkamen. In einem Standardwerk zu Rechtsfragen im NS-Sport hieß es dazu: „Die HJ-Gliederungen fördern den Eintritt der Jugend in die Reichsbundvereine, andererseits

69 Siehe ausführlich hierzu: Hajo Bernett, Der Weg des Sports in die nationalsozialistische Diktatur. Die Entstehung des Deutschen (Nationalsozialistischen) Reichsbundes für Leibesübungen, Schorndorf 1983, S. 54.

70 Zitiert nach Matthias Thoma, Spiele in der „Sahara" – aber nur mit Stempel. Das Zusammenspiel von Hitlerjugend und Vereinen am Beispiel Eintracht Frankfurt, in: Herzog (Hrsg.), Fußball zur Zeit des Nationalsozialismus, S. 39–49, hier S. 43.

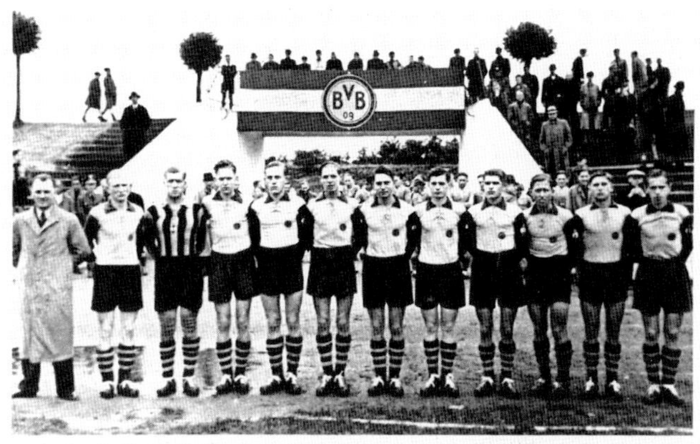

Die Jugendmannschaft des BVB vor dem Endspiel um die HJ-Meisterschaft im Gau Westfalen in Münster, 1939. Auf den Trikots der Spieler ist das Emblem des NSRL und auf dem linken Ärmel die Raute als Emblem der HJ vage zu erkennen. Das Spiel hatte den ersten Sieg einer Mannschaft von Borussia Dortmund über ein Team des FC Schalke 04 zum Ergebnis und wird in der Vereinshistorie entsprechend hochgehalten. Bis auf Leidecker spielten alle Genannten während des Zweiten Weltkrieges für die 1. Mannschaft des BVB.
BORSSEUM, Archiv

diese den Eintritt ihrer Jugend in die HJ. Die in die Hitler-Jugend eingegliederte Jugend bleibt demgemäß Mitglied der Turn- und Sportvereine, Neuaufnahmen in die Vereine sind aber von der Mitgliedschaft zur Hitler-Jugend abhängig.“[71]

71 Stefan Nürck, Sport und Recht. Die Leibesübungen in Gesetzgebung und Rechtsprechung. Hrsg. im Auftrag des Reichssportführers, Berlin 1936, S. 123.

Am Spielbetrieb der Jugendmannschaften änderte sich in der Praxis nur wenig. Sie gehörten nun jeweils neben dem Verein zusätzlich einem HJ-Bann an, trugen das Emblem der Hitler-Jugend auf dem Trikot und spielten um regionale HJ-Meisterschaften.

Dass die Zahl der aktiven Fußballer in bürgerlichen Vereinen in den 1930er-Jahren um fast die Hälfte zurückging (1931: 935 000 – 1937: 483 000), erklärt sich aus der Konkurrenz des Sportbetriebes außerhalb der Vereine sowie aus der Heranziehung und Verpflichtung der Mitglieder der „Volksgemeinschaft“ und der „Gefolgschaft“ zu gesellschaftspolitischen Aktivitäten in der Freizeit. Die Förderung des Breiten- und Betriebssports, organisiert durch die Deutsche Arbeitsfront (DAF) und ihre Unterorganisation Kraft durch Freude (KdF), war ein vorrangiges Ziel der NS-Gesellschafts- und Sportpolitik. Zudem organisierten SA und SS ebenfalls Sportvereine und Sportveranstaltungen. Unter den NS-Organisationen selbst gab es auch im Sport Konkurrenzdenken, wie es aus vielen anderen gesellschaftlichen Bereichen bekannt ist. Gemein war ihnen, dass sie dem herkömmlichen Vereinssport kritisch bis ablehnend gegenüberstanden.

Auch der immer noch als „bürgerlich“ charakterisierte und unter dem Dach des Deutschen Reichsbundes für Leibesübungen (DRL) organisierte Vereinssport wurde am 21. Dezember 1938 auf Verfügung Hitlers als Nationalsozialistischer Reichsbund für Leibesübungen (NSLR) zu einer „betreuten Organisation der NSDAP“, an deren Spitze der Reichssportführer stand.[72] In Artikel 1 heißt es: „Dem Nationalsozialistischen Reichsbund für Leibesübungen obliegt die Leibeserziehung des deutschen Volkes, soweit diese nicht durch den Staat oder durch die Partei, ihre Gliederungen und angeschlossenen Verbände durchgeführt wird.“[73] Die Mitgliedschaft war für alle Sporttreibenden und sportliche Wettkämpfe austragenden Gemeinschaften außerhalb des NS-Sportes verbindlich. Als sichtbarstes Zeichen dieser Übernahme des Dachverbandes durch die Partei trugen alle Fußballvereine fortan das Logo

72 BArch, R 43 II-728.

73 Ebenda.

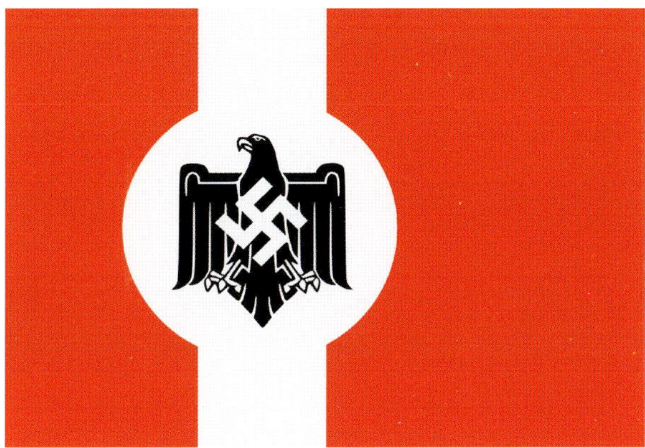

Fahne des Nationalsozialistischen Reichsbundes für Leibesübungen (NSRL). Die Struktur der kreisförmigen Ausbeulung des weißen Streifens mit Reichsadler und Hakenkreuz wurde in zahlreiche Vereinsembleme übernommen.

des NSRL auf dem Trikot. Die herkömmlichen Logos der Vereine, die neben NS-Emblemen bis Mitte der 1930er-Jahre noch auf vielen Trikots zu sehen waren, verschwanden fast vollständig.

Die Durchführung des internationalen Sportverkehrs ging infolge der Verfügung ebenfalls in die Verantwortung des NSRL über. Damit verlor der DFB eine seiner letzten Zuständigkeiten. Der ehemalige Dachverband des deutschen Fußballs wurde abgewickelt und löste sich auf einer Mitgliederversammlung im April 1940 selbst auf.[74]

74 Ausführlich zur Entmachtung und Auflösung des DFB siehe Havemann, Fußball unterm Hakenkreuz, S. 204 ff.

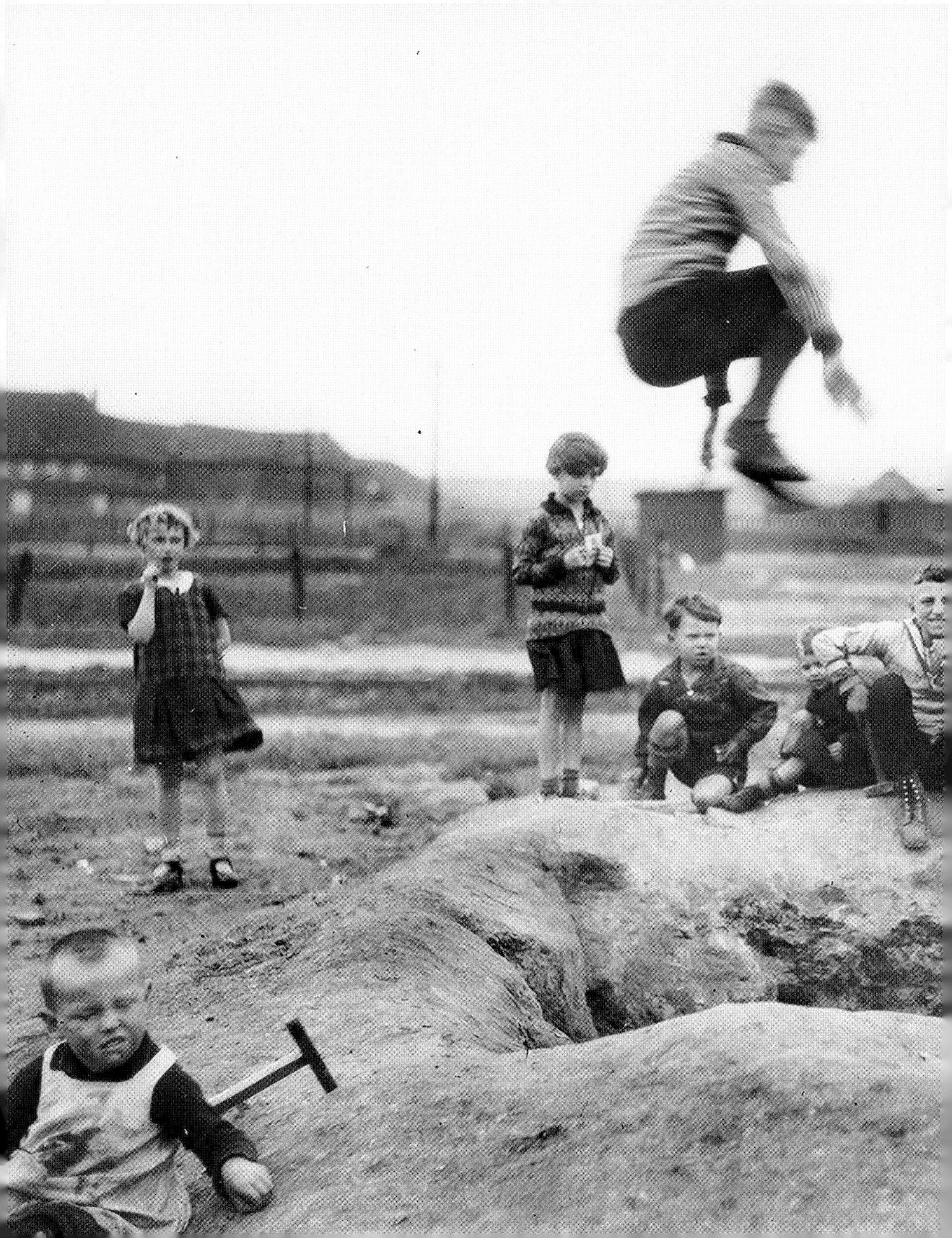

III.
Keimzelle, Heimat und Revier des BVB – das Hoesch-Viertel

1. Topografie und demografische Entwicklung

Nachdem die Industrielle Revolution zwischen 1850 und 1870 ihren Anfang genommen hatte, setzte im Deutschen Kaiserreich um 1870 die Phase der Hochindustrialisierung ein. Nordöstlich der Dortmunder Altstadt, in der Weide- und Wiesenlandschaft nahe dem Oesterholz, vollzog sich die rasche Entwicklung von stadtnahen Freiflächen zu hochindustrialisiertem und urbanisiertem Gebiet in nahezu exemplarischer Weise.

1871 zog es einen Zweig der aus dem Rheinland stammenden Unternehmerfamilie Hoesch nach Dortmund, um hier ein Eisen- und Stahlwerk zu errichten. Eine Reihe von Faktoren sprach für den Standort westlich der einstigen Allmende Oesterholz: Auf der nahen Zeche Westphalia, später Kaiserstuhl, wurde bereits seit 1857 Kohle gefördert, seit den 1860er-Jahren war das Zechengelände an der Bornstraße zudem an das Eisenbahnnetz angebunden. Und es gab in der ländlichen Umgebung genügend freie Flächen für die Anlage und spätere Expansion des Werkes.

Nur ein Jahr nach Hoesch entschied sich auch ein Mitglied der Berliner Industriellenfamilie Borsig für den Standort nordöstlich der Dortmunder Altstadt. Von 1872 an wurde an der Bornstraße, auf Höhe der Mallinckrodtstraße, die Maschinenfabrik Deutschland errichtet, in deren Hallen fortan vor allem Werkzeugmaschinen und Eisenbahnweichen gefertigt wurden. Die Zeche Kaiserstuhl, das Eisen- und Stahlwerk

Hoesch und die Maschinenfabrik Deutschland bildeten die Trias der Montanindustrie, nach deren Belangen und Bedürfnissen sich in den folgenden Jahrzehnten der gesamte Dortmunder Nordosten zu einem reinen Industrie- und Arbeiterviertel entwickeln sollte. Es war nur folgerichtig, dass Hoesch als das potenteste und erfolgreichste der drei Unternehmen später sowohl die Zeche (1899) als auch die Maschinenfabrik (1911) in seinen Besitz brachte.

Das Areal der Betriebsgelände der drei benachbarten Unternehmen wurde von der in Nord-Süd-Richtung verlaufenden Trasse der Bahnlinie Dortmund-Enschede geteilt, die 1874 für Personen- und Güterverkehr in Betrieb genommen wurde und zum Bahnhof Dortmund-Ost führte. Das Hoesch-Werk lag östlich dieser Bahnlinie, sodass das Hoesch-Viertel topografisch im Damm der Eisenbahntrasse seine westliche Begrenzung fand, obwohl mit Blick auf Berufe und Arbeitsstätten der Bewohner auch Areale westlich der Bahnlinie, an der Born- und Mallinckrodtstraße dazugehörten.

Die während der Phase der Hochindustrialisierung rasch wachsenden und expandierenden Zechen und Werke forderten einen enorm hohen Bedarf an Arbeitskräften. Der Sog der Industrialisierung hatte einen explosionsartigen Anstieg der Bevölkerung zur Folge. 1849 lebten in Dortmund 10 515 Menschen, 1880 waren es schon 66 544 und 1895 durchbrach die Stadt mit über 104 000 Einwohnern erstmals die 100 000 Einwohner-Marke, die der Einstufung als „Großstadt" zugrunde lag. In den folgenden zwei Jahrzehnten verdoppelte sich die Zahl noch einmal auf über 250 000 Einwohner (1913).[75]

Im Umkreis des Hoesch-Werkes lebten zur Zeit der Gründung und des Aufbaus in den frühen 1870er-Jahren einige hundert Menschen, 1900 waren es bereits über 13 000 und 1910 über 25 000.[76] Fast alle waren

75 Vgl. Wolfgang Köllmann, Die Bevölkerung Dortmunds im 19. Jahrhundert, in: Gustav Luntowski/Norbert Reimann (Hrsg.), Dortmund. 1100 Jahre Stadtgeschichte. Hrsg. im Auftrag der Stadt Dortmund, Dortmund 1982, S. 231–248.

76 Peter Süper, Stadtentwicklung und Industriewachstum. Dargestellt am Beispiel des Hoeschviertels in Dortmund, Dortmund 1973, S. 66.

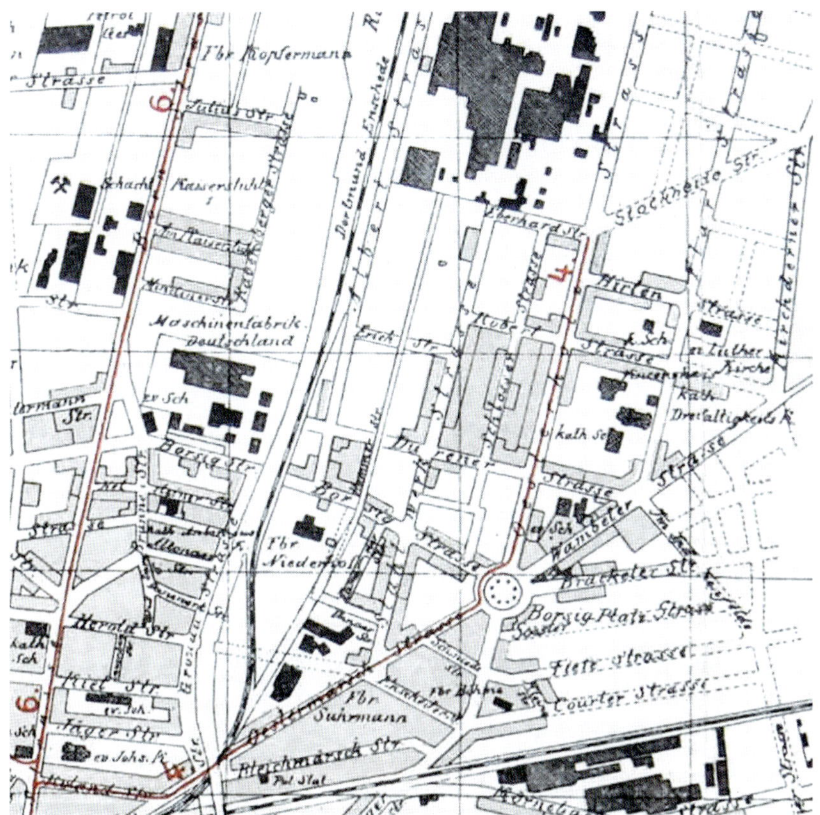

Stadtplan Dortmund (Ausschnitt), das Hoesch-Viertel
rund um den Borsigplatz, 1913.
Führer durch die Stadt Dortmund, 1913

als Arbeitsmigranten zugewandert, denn der Arbeitskräftebedarf der ungemein schnell wachsenden Schwerindustrie ließ sich längst nicht aus den lokalen Reserven an Arbeitssuchenden decken. Zunächst zogen Personen aus der näheren Umgebung zu, aus jenen Dörfern in unmittelbarer Nachbarschaft, die in den späten 1920er-Jahren eingemeindet wurden. Dann folgten Landflüchtige aus dem Münster- und Sauerland, aus Ostwestfalen, dem Rheinland und der Eifel. Als sich herausstellte, dass auch aus all diesen Einzugsgebieten der Bedarf nicht gedeckt werden konnte, begann in den 1890er-Jahren die Anwerbung von Landbevölkerung aus dem preußischen Nordosten des Deutschen Reiches.

2. Polen im Hoesch-Viertel

In den Jahren 1890 bis 1913 zog es zunächst vor allem arbeitsuchende junge Männer aus den ländlich geprägten und daher wenig berufliche und wirtschaftliche Perspektiven bietenden preußischen Ostprovinzen in die Arbeiterviertel des Ruhrgebiets. Aus West- und Ostpreußen, aus Pommern, Posen und Schlesien wanderten Deutsche und Polen westwärts, um sich vornehmlich als Bergmänner oder Arbeiter auf Zechen und Hütten zu verdingen. Die florierende Kohle- und Eisenindustrie versprach sichere Arbeitsplätze und eröffnete Chancen auf sozialen Aufstieg. Finanzielle Unterstützung der in der Heimat gebliebenen Familien war selbst bei kargem Lohn möglich. In zahlreichen Fällen folgten später Eltern, Frauen und Kinder den Arbeitsmigranten ins Ruhrgebiet. Da es sich bei den Polen um „Inlandpolen" handelte, also um preußische Staatsbürger, standen dem Nachzug keine rechtlichen oder bürokratischen Hindernisse im Wege.

Während die Statistik für das Deutsche Reich 1880 insgesamt circa 40 000 aus den Ostprovinzen des preußischen Staates stammende Einwohner im Ruhrgebiet zählte, hat sich deren Zahl bis 1910 mehr als verzehnfacht. Die Preußische Statistik für das Jahr 1910 weist bereits circa 500 000 Zuwanderer aus.[77] Bei knapp 180 000 der Zuwanderer handelte es sich um Personen polnischer Abstammung, die jedoch fast alle die preußische Staatsbürgerschaft besaßen. Auf Dortmund entfielen hiervon im gesamten Stadtgebiet rund 35 800 Polen.[78] Im Hoesch-Viertel

77 Krystyna Murzynowska, Die polnischen Erwerbsauswanderer im Ruhrgebiet während der Jahre 1880–1914, Dortmund 1979, S. 25.

78 Stanisław Wachowiak, Die Polen in Rheinland-Westfalen, Borna-Leipzig 1916, S. 18.

lebten 1910 circa 5200 Polen, die gut 20 Prozent der Gesamtbevölkerung ausmachten. Zu den „Polen" wurde meist auch die große Gruppe der zugewanderten Masuren gerechnet, die einen altpolnischen Dialekt sprachen, aber evangelisch waren und sich selbst nicht als Polen betrachteten. Für die ansässige Bevölkerung waren indes die Angehörigen beider Gruppen Fremde, die häufig gleichermaßen abwertend als „Polacken" oder auch als „Westfalczyks" bezeichnet wurden. Deshalb blieben sie zumindest in der ersten Generation gern unter sich und fanden auch in eigenen Vereinen zusammen. Erst die Kinder der ersten Generation dieser Migranten zeigten fast durchweg den Willen zur Assimilation und waren lediglich anhand ihrer Familiennamen, die häufig auf -ski oder -wicz endeten, als polnischen Ursprungs zu erkennen. Nicht wenige ließen daher ihren Namen eindeutschen.

Über die Rolle dieser „Ruhrpolen" in den Fußballvereinen des Ruhrgebietes ist recht häufig geschrieben worden, eine auf die gesamte Region bezogene Darstellung auf empirischer Basis steht aber noch aus.[79] Bei Borussia Dortmund waren es junge Männer der zweiten Generation, die in den Verein eintraten und vor allem seit Mitte der 1920er-Jahre als Spieler aktiv wurden. Aufgrund des Fehlens von Mitgliederlisten sind zwar für den gesamten Verein keine exakten Angaben zu ermitteln, für die Spieler im Umkreis der 1. Mannschaft aber sehr wohl. Von den gut 125 Spielern, die zwischen Mitte der 1920er-Jahre und dem Ende des Weltkrieges 1945 in der 1. Mannschaft zum Einsatz kamen, stammte – wie allein schon die Betrachtung der Namen zeigt – wenigstens ein Drittel aus Familien, die den „Ruhrpolen" (einschließlich Masuren) zuzurechnen waren.[80] In der Mannschaft, die 1936 den Aufstieg in höchste Spielklasse, die Gauliga, erreichte, stammten wenigsten sechs der elf Spieler aus „ruhrpolnischen" Familien (Lukasiewicz, Janowski, Romanowski, Burzik, Brezkalla, Stachorra). Auch die Eltern von August

79 Siehe z. B. Dietmar Osses (Hrsg.), Von Kuzorra bis Özil. Die Geschichte von Fußball und Migration im Ruhrgebiet. Hrsg. vom LWL-Industriemuseum und von Westfälischen Landesmuseum für Industriekultur, Essen 2015.

80 Vgl. die Liste der Spieler im Anhang. Hinzu kamen wohl noch Spieler, deren Familien ihren Namen bereits „eingedeutscht" hatten.

Lenz waren um die Jahrhundertwende aus dem Osten zugewandert, und zwar aus Schlesien. Die Kinder der Arbeitsmigranten stellten in der Zeit des Nationalsozialismus also den Großteil der Spieler des BVB.

Mit der Schreibweise und Aussprache der polnischen Namen taten sich viele Reporter und Funktionäre entsprechend schwer: Der Name Lukasiewicz etwa tauchte in den zeitgenössischen Zeitungen und Schriften in nicht weniger als acht Versionen auf. Zweifellos verstanden sich die Janowskis und Romanowskis jedoch als Dortmunder. Sie waren hier geboren und aufgewachsen, sie hatten hier ihre Arbeit, später auch ihre Familien und sie spielten bei der Borussia.

„Polacken" war im gesamten Ruhrgebiet ein häufig zu hörendes Schimpfwort, wenn sich alteingesessene Familien über die aus dem Osten zugewanderten Menschen ereiferten. Als „Polackenverein" verschrien zu sein galt besonders in der Zeit des Nationalsozialismus als Makel und Schandfleck. Slawen rangierten in der durch und durch rassistisch geprägten Ideologie der Nationalsozialisten auf einer der untersten Stufen. Anders aber als der benachbarte FC Schalke 04 hatte der BVB zumindest in der Öffentlichkeit nicht mit dem Stigma eines „Polackenvereins" zu kämpfen. Dafür gab es nur einen Grund: Im Schatten der Blauweißen aus Gelsenkirchen, die 1934 zum ersten Mal Deutscher Meister wurden und deren Art, Fußball zu spielen, die Sportfans im gesamten Reich begeisterte, wurden die Schwarzgelben überregional und national kaum zur Kenntnis genommen. Als Schalke 04 als erster Verein des Ruhrgebietes den Titel schließlich gewonnen hatte, titelte der *Kicker* am 10. Juli 1934 „Die Deutsche Meisterschaft in den Händen der Polen".[81] In Polen selbst waren kurz zuvor ähnliche Schlagzeilen zu lesen gewesen.

Die Verantwortlichen der Schalker waren entsetzt und sahen sich veranlasst, in einem offenen Brief im *Kicker* vom 7. August 1934 und in der *Gelsenkirchener Zeitung* vom 8. August 1934 eine Gegendarstellung

81 Siehe Stefan Goch, Immer Ärger mit der polnischen Verwandtschaft, in: Glückauf Polonia. Nordrhein-Westfalen & Polen, Die Menschen, der Fußball, die Geschichte, Essen 2012, S. 46 ff.

zu platzieren. Geburtsorte der Meisterspieler und ihrer Eltern wurden aufgeführt, damit niemand an der „deutschen Nationalität unserer Mannschaft“ Zweifel hegen konnte.[82] Die Eltern eines recht großen Teils der Spieler – vor allem der bekanntesten wie Ernst Kuzorra und Fritz Szepan – waren aus den Masuren zugewandert. Da die evangelischen Masuren sich im Gegensatz zu den „Inlandpolen“ zum preußischen Staat bekannten, galten sie eher als Deutsche. Die Masuren siedelten und arbeiteten mehrheitlich als Bergleute in den Bergbaugebieten des nördlichen Ruhrgebietes. Gelsenkirchen war einer ihrer bevorzugten Siedlungsorte. Im Dortmunder Hoesch-Viertel lag offensichtlich der polnische Anteil der Migranten höher, denn die katholischen Polen scheint es eher zu den Eisen- und Stahlwerken als in den Bergbau gezogen zu haben. Typisch masurische Namen wie Stachorra oder Schanko trugen aber auch bekannte BVB-Spieler.

3. Lebens- und Arbeitsbedingungen im Viertel

Lange Arbeitszeiten, harte körperliche Arbeit für bescheidenen Lohn, Wohnen in äußerst beengten Verhältnissen, Arbeitslosigkeit und finanzielle Not in Zeiten von Krisen, Streiks und Aussperrungen – so lässt sich das Leben von Industriearbeitern jener Zeit skizzieren. Dabei standen sich die gelernten Arbeiter (Schlosser, Dreher, Fräser etc.) zumindest noch ein wenig besser als das Heer der Ungelernten und der Tagelöhner. Der sozialen Schicht der Industriearbeiter und ihrer Familien gehörten über 80 % der Bewohner des Hoesch-Viertels an.[83] Zählt man die zahlreichen Witwen und Invaliden hinzu, so steigt die Zahl auf rund 90 %. Hinzu gesellten sich kleine Kaufleute und Handwerker. Die einzige sozial gehobene Schicht stellten die Angehörigen der Werksleitung

82 Ebenda, S. 48.

83 Diese Angabe ergibt sich aus einer Auszählung der Berufe der Bewohner der wichtigsten Straßen des Viertels, die auf Grundlage der zeitgenössischen Adressbücher durchgeführt wurde.

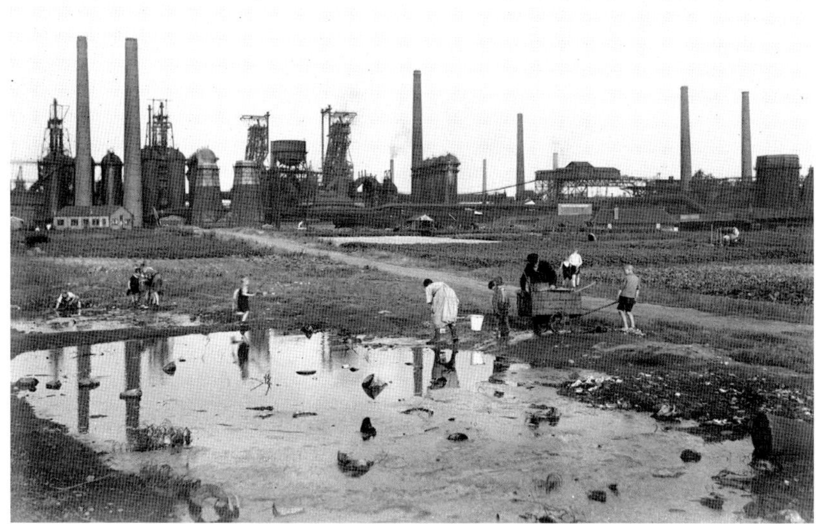

Schlammkohlesammler vor dem Hoesch-Werk, um 1930, eines der bekanntesten Fotos von Erich Grisar. Gemüsefelder reichen bis an die Werksmauer der Westfalenhütte heran. Die Menschen sammeln auf dem Grund des Tümpels abgelagerten Kohlenstaubschlamm. Er hatte sehr geringen Brennwert, war aber kostenlos und in Krisenzeiten das einzige Heizmaterial in manchen Arbeiterwohnungen.
Stadtarchiv Dortmund

sowie die bei Hoesch arbeitenden Ingenieure, Techniker und höheren Hüttenbeamten dar, deren (Werks-)Wohnungen unmittelbar vor dem Werkstor bzw. auf dem Werksgelände lagen. Es handelte sich also um ein weitgehend geschlossenes Sozialmilieu, dem bis 1945 auch nahezu alle Funktionäre und Spieler des BVB angehörten.

„Langsam gehen die Wochen. Lange Tage bringen sie, viel Arbeit und einen kurzen Feierabend. Und einmal in der Woche ist Sonntag. Dann scheint die Sonne und die Arbeiter setzen sich, froh, einen Tag nicht im Lärm und Ruß der Fabriken sein zu müssen, an das offene

Fenster, sehen den Kindern, die auf den Straßen spielen, zu."[84] Oder sie gehen zum nahe gelegenen Borussia-Sportplatz und feuern den Fußballverein ihres Viertels an, so könnte man dieses Zitat von Erich Grisar ergänzen. Grisar (1898–1955), Fotograf, Autor und Journalist, der selbst im unmittelbaren Umkreis des Hoesch-Viertels aufgewachsen war, kannte die Mühen und Nöte des Lebens in den Industrievierteln aus eigener Erfahrung und dokumentierte seine Beobachtungen 1928–1933 in eindrucksvollen Bildern.

Der Weg zum Fußballplatz gehörte für viele zum Leben. Selbst als der BVB noch zweitklassig spielte, fanden sich zu Spielen auf dem Borussia-Platz bis zu 12 000 Zuschauer ein. Auch wenn Anhänger der gegnerischen Mannschaft darunter waren, verbrachte doch ein Gutteil der Bewohner des Viertels und der Großteil der Männer die sonntägliche Freizeit dort.

Diese enorme Resonanz, die zu jener Zeit – wie die Berichte aus dem *Kicker* belegen – andernorts selbst zahlreiche Erstliga-Vereine nicht erreichten, lässt sich vor allem aus der Sozial- und Berufsstruktur des Viertels erklären: Die Spieler waren nicht nur Fußballer, sondern auch Nachbarn, die nebenan oder um die Ecke wohnten, sie waren Arbeitskollegen und Freunde, deren Mannschaft das Viertel repräsentierte. Das galt natürlich für kleine Vereine auf dem Land gleichermaßen, aber abgesehen davon, dass sie nicht das Reservoir für solche Zuschauermassen hatten, trat in den Industrievierteln ein entscheidender Faktor hinzu. Den brachte der Berliner Fotograf und Journalist Heinrich Hauser auf den Punkt, der 1928/29 das Ruhrgebiet bereiste und mit dem Blick des Außenstehenden das Leben dort betrachtete:

> „Was kann der Arbeiter im Revier mit seinem Sonntag tun? Seine Möglichkeiten, herauszufahren, einen Wald zu sehen, irgendein Stück Natur, sind fünfzehnmal geringer als die eines Arbeiters, der

84 So der Fotograf und Autor Erich Grisar, siehe Heinrich Theodor Grütter/Stefan Mühlhofer/Stefan Grebe/Andrea Zupancic (Hrsg.), Erich Grisar. Ruhrgebietsfotografien 1928–1933, Essen 2016, S. 139.

Borussia-Dortmund – TuBV. Mengede 4:0

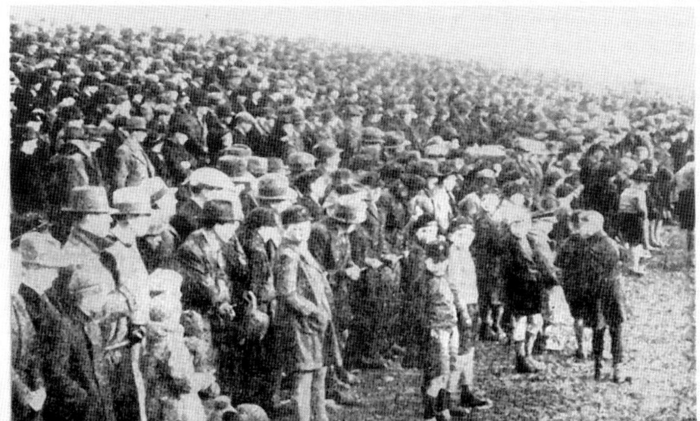

Massenbesuch auf dem Borussia-Sportplatz.

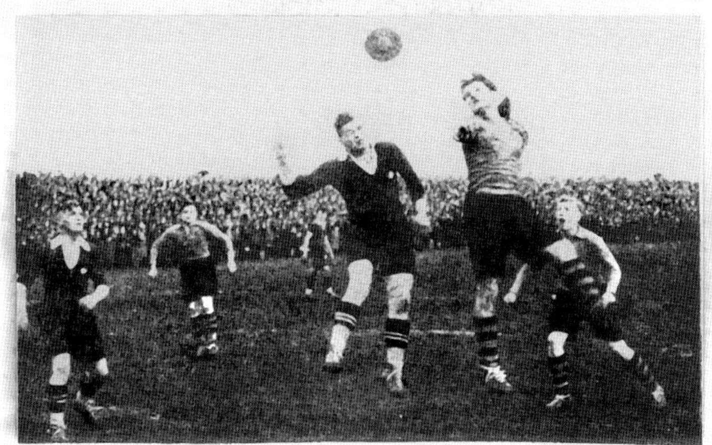

Ein Kopfball-Duell vor dem Mengeder Tor.
Von links nach rechts: Jittler, Lukaschewitz, Janzen, Janowski und Lenz.
Photos [illegible]

Wie bei diesem Spiel gegen Mengede im März 1936 war der Borussia-Sportplatz häufig bis auf den letzten Platz besetzt. Auf dem unteren Foto ist der Stamm-Innensturm des BVB in jenen Jahren in Aktion. Mittelstürmer August Lenz (ganz rechts), Paul Janowski beim Kopfball (zweiter von rechts) und Josef Lukasiewicz (zweiter von links).
Sport vom Sonntag, 8. März 1936

> in anderen Gegenden von Deutschland lebt. Der Preis, den er der Reichsbahn zu zahlen hat, ist fünfmal höher, als der der Berliner Vorortbahn für die gleiche Strecke. Ich glaube wahrhaftig, daß der größte Teil der Initiative, die die Sportbewegung des Reviers besitzt, der Unmöglichkeit entspringt, den Sonntag besser zu verbringen als auf einem Fußballplatz."[85]

Der Borussia-Sportplatz, wenige hundert Meter östlich des Viertels gelegen, war noch von einem „Stück Natur" umgeben, von Feldern, Wiesen und Gärten – was seine Anziehungskraft offensichtlich erhöhte. Hedwig Trautmann, seinerzeit Handballerin beim BVB, erinnerte sich an den Ausflugscharakter, den ein Besuch des Platzes aufwies: „Zum Borussia-Sportplatz führte ein großer, unbefestigter Weg von der Wambeler Straße, hin zum Hof des Bauern Wübbecke und dann zum Platz. Wir sind oft mit dem Handwagen zu den Spielen gezogen. Da waren Würste und was zum Trinken drin. Das war schon ein richtiges Picknick, das wir dort abzogen."[86]

Dieser Drang, hinaus ins Freie zu ziehen, wird nur im Wissen um die beengten bis katastrophalen Wohnbedingungen verständlich, die in jener Zeit in den Arbeiterblöcken und Mietskasernen der Industrieviertel herrschten.[87] Die „Wohnungsfrage", der Mangel an Wohnungen für die dramatisch wachsende Zahl der Bürgerinnen und Bürger, stellte spätestens mit Beginn des 20. Jahrhunderts vor allem für die unteren sozialen Schichten der Stadtgesellschaft ein existenzielles Problem dar. Betroffen waren in Dortmund vornehmlich die Bürger in den proletarisch geprägten Quartieren der Nordstadt. Es gab viel zu wenig akzeptable Wohnungen, die sich auch Bergleute, Stahlarbeiter, Tagelöhner

85 Heinrich Hauser, Schwarzes Revier, Berlin 1930. Neuauflage hrsg. von Barbara Weidle. Mit einem Nachwort von Andreas Rossmann, Bonn 2010, S. 120.

86 Interview mit Hetti Trautmann, in: Kolbe, Der BVB in der NS-Zeit, S. 71 ff.

87 Ausführlich hierzu Albin Gladen, Die „Soziale Frage" im Prozeß der Industrialisierung Dortmunds, in: Luntowski/Reimann (Hrsg.), Dortmund. 1100 Jahre Stadtgeschichte, S. 249–270.

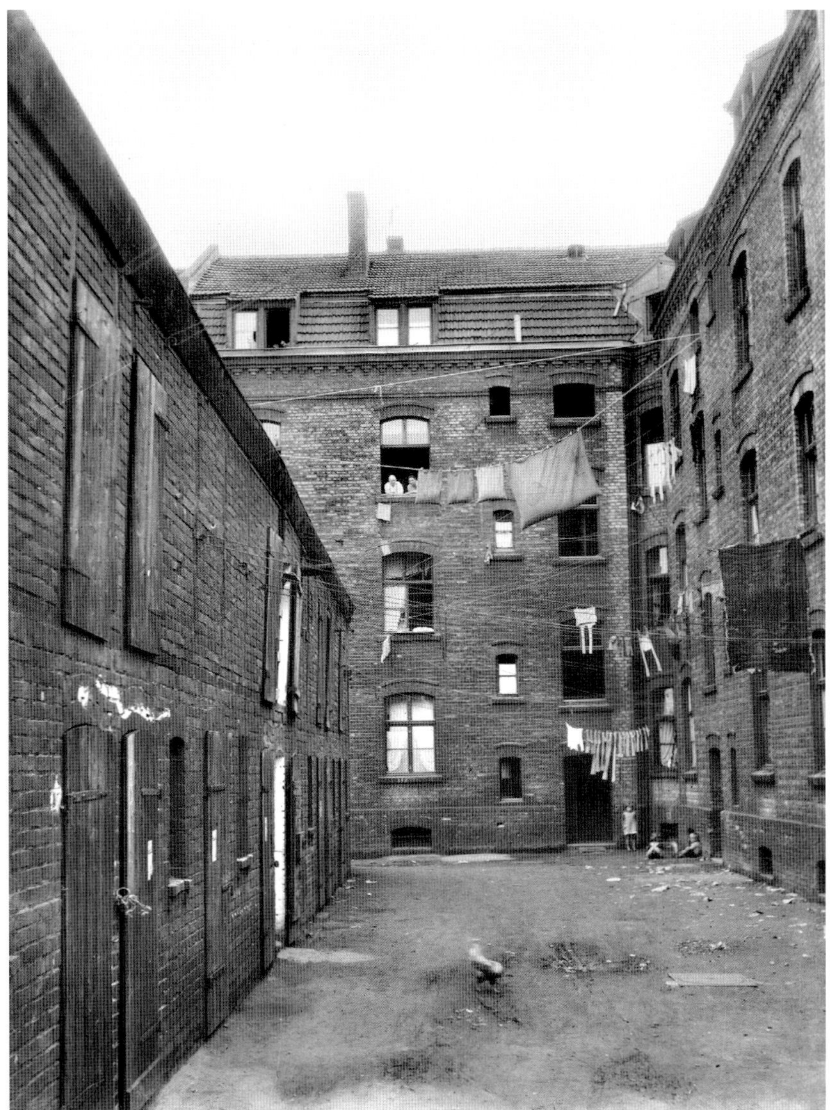

Innenhof der Arbeiterkolonie Kaiserstuhl, um 1930. In dieser dunklen Welt der Innenhöfe wuchsen bis Ende der 1940er-Jahre auch die meisten BVB-Spieler auf. Fotografie von Erich Grisar.
Stadtarchiv Dortmund

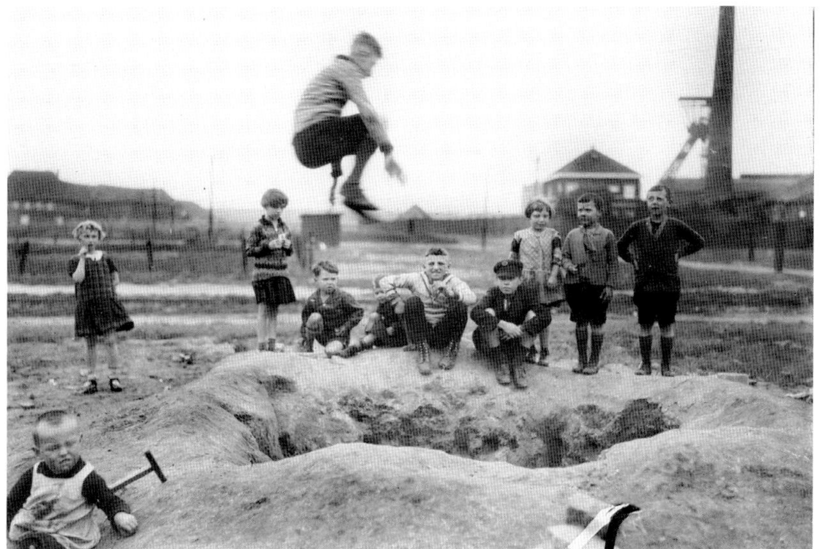

Spielende Kinder vor den Anlagen der Zeche Kaiserstuhl I.
Fotografie von Erich Grisar, um 1930.
Stadtarchiv Dortmund

leisten konnten. Der überaus begehrte Wohnraum in Zechenkolonien und Werkswohnungen deckte nur einen kleinen Teil des Bedarfs der Arbeiterschaft und machte die Mieter zudem auch außerhalb des Unternehmens von ihrem Arbeitgeber abhängig. Und auch wer eine Wohnung hatte, lebte häufig unter Bedingungen und in Räumen, die die Bezeichnung „Wohnung" kaum verdienten. Zugige Dach- und feuchte Kellerräume mussten als Obdach herhalten, Einraumwohnungen, in denen Familien mit mehreren Kindern hausten, enge, finstere Innenhöfe, in die kein Sonnenlicht gelangte und in denen Scharen von Kindern zwischen Kleinställen, Mülltonnen und Unrat spielten.

Die hygienischen Verhältnisse waren katastrophal, die Tuberkulose war die Geißel der städtischen Armen. Wer über zwei oder drei Zimmer verfügte, nahm in der Regel Untermieter, Kostgänger oder Schlafgänger auf, um die Miete zahlen zu können. Drei, vier alleinstehende

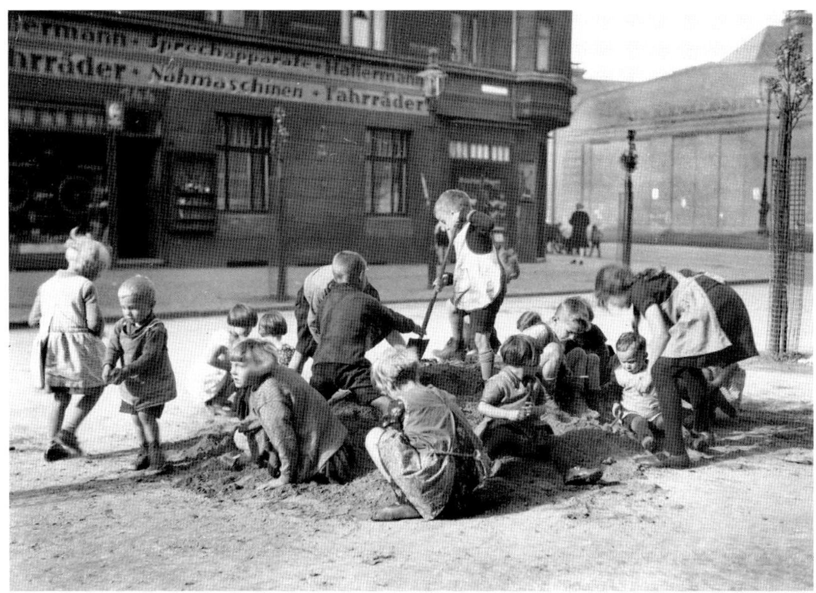

Spielende Kinder in der Schüchtermann Straße, im Hintergrund die Werksmauer der Maschinenfabrik Deutschland. Fotografie von Erich Grisar, um 1930. *Stadtarchiv Dortmund*

Kostgänger auf einer Stube und Schlafstellen mit doppelter Besetzung im Rhythmus der Arbeitsschichten waren keine Seltenheit. Selbst in Baracken und ausgedienten Ställen hausten Menschen in der vagen Hoffnung, irgendwann doch einmal in menschenwürdigen Räumen wohnen zu können.

Indes war von Stadtplanung noch wenig zu erkennen, und kommunale Wohnungspolitik stand in Dortmund wie im gesamten Deutschen Reich bis zum Ersten Weltkrieg schlichtweg nicht auf der Agenda. Bis 1918 wurden 95 % aller Wohnhäuser in Dortmund von privaten Bauherren errichtet. Sie bauten Mietskasernen, wo und wie sie wollten, nahezu ohne Auflagen, den Blick vor allem auf die Rendite gerichtet. Erst in der Weimarer Republik (1919–1933) nahmen sich Politik und

Verwaltung der drängendsten Probleme der „sozialen Frage" an, und es war kein Zufall, dass die 1918 gegründete kommunale Dortmunder Gemeinnützige Siedlungsgesellschaft (heute DOGEWO21) als erstes Wohnungsbauprojekt den „Lutherblock" an der Ecke Lutherstraße/Robertstraße im Hoesch-Viertel realisierte.[88]

4. Der Borsigplatz

Der Borsigplatz nimmt als zentraler Platz des Hoesch-Viertels, als symbolbeladener Ort und wirkungsmächtige Erinnerungsstätte in der Geschichte von Borussia Dortmund bis heute eine besondere Rolle ein. Der Platz wurde 1900 fertiggestellt und für den Verkehr freigegeben.[89] Drei Jahre zuvor hatte die Stadtverwaltung begonnen, den Grund für die Anlage eines Platzes an dem Ort zu erwerben, an dem Oesterholz-, Oestermärsch- und Wambeler Straße zusammenliefen. Ein Gutteil des Bodens war zuvor im Besitz des jüdischen Viehhändlers Salomon Goldschmidt, der hier Koppel und Weiden für sein Vieh unterhielt. Der Platz wurde also – wie zweieinhalb Jahrzehnte zuvor auch das wenige hundert Meter nördlich gelegene Eisen- und Stahlwerk – auf dem freien Feld errichtet und bildete einen Meilenstein in der Urbanisierung des Areals nordöstlich der Altstadt. Wenig später wurden noch die Borsigstraße als wichtige Verbindung zur Mallinckrodtstraße und damit zur zentralen Nordstadt bis zur Einmündung in den Platz weitergebaut und die Brackeler Straße in Richtung Osten angelegt.

Benannt nach der Berliner Industriellenfamilie Borsig, die 1872 wenige hundert Meter westlich die Maschinenfabrik Deutschland errichtet hatte, avancierte der Borsigplatz in den folgenden Jahrzehnten zu einem urbanen Zentrum der Nordstadt und erlangte als Ort öffentlichen städtischen Lebens eine Bedeutung, wie sie sonst nur

88 Ausführlich hierzu Rolf Fischer, DOGEWO21. 100 Jahre Wohnen in Dortmund, Dortmund 2018.

89 Zur Anlage des Borsigplatzes siehe Stadtarchiv Dortmund, Bestand 3-3218.

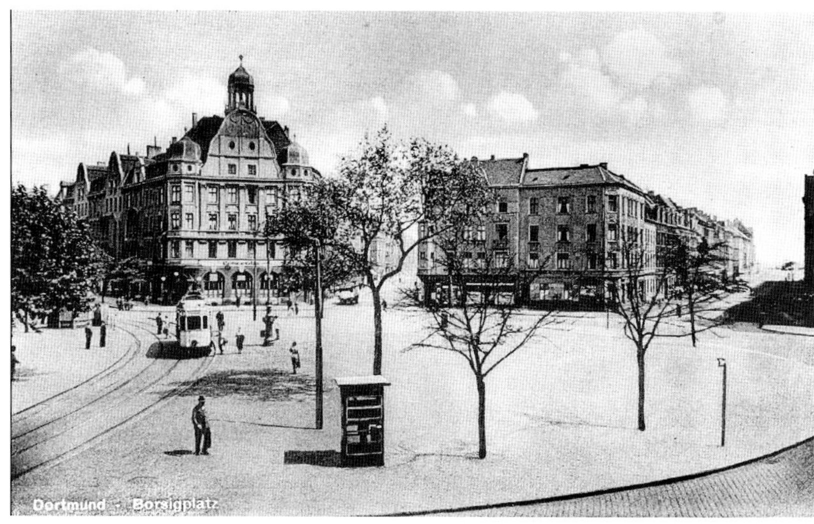

Der Borsigplatz in den späten 1920er-Jahren. Seit 1925 verliefen die Straßenbahnschienen über den Platz, den sie zuvor nur westlich tangiert hatten.
BORUSSEUM, Archiv

noch dem Steinplatz und mit Abstrichen dem Nordmarkt zukam. Das Hoesch-Viertel war bereits seit 1891 an das städtische Straßenbahnnetz angeschlossen und mit der Innenstadt verbunden. Der kreisförmig mit Platanen begrünte Platz war nicht nur Verkehrsknotenpunkt, sondern entwickelte sich nach und nach auch zu einem gesellschaftlichen Treffpunkt und zu einer Art bescheidener Vergnügungsmeile des Viertels. Es wurde Markt gehalten, das Tanzhaus Concordia und das Lichtspielhaus Assauer sorgten für allseits beliebtes Freizeitvergnügen. Textilhändler, Schneider, Schuhmacher, Bäcker und Metzger öffneten ihre Geschäfte für den täglichen Konsum, sodass auf und rund um den Platz ein geschäftiges Treiben herrschte.

Für die Masse der Arbeiter, zumal für die ungelernten und die Tagelöhner, waren Besuche der Vergnügungsstätten und Fahrten mit der Straßenbahn jedoch kaum erschwinglich und galten als Luxus. Der

Weg zum Werk wie auch in die Innenstadt wurde selbstverständlich zu Fuß absolviert. Auch der Erwerb eines Fahrrades blieb für eine Arbeiterfamilie, in der selbst das Geld für Lebensmittel und für Heizmaterial rar oder nicht vorhanden war, oft nur Wunschdenken.

Für die meisten Bewohner der bürgerlichen und großbürgerlichen Viertel im Zentrum und in den südlichen Gebieten der Stadt haftete dem proletarisch geprägten Milieu der Nordstadt etwas Verruchtes und Beängstigendes an. Als Quartiere von Armut und Elend bekannt, als Stätten von Kriminalität und Prostitution verschrien, blieben die „roten" Arbeiterviertel dem Bürgertum stets suspekt.

Der Borsigplatz und das Hoesch-Viertel traten zwischen 1900 und 1933 zudem als Schauplatz gewalttätiger Arbeitskämpfe und eskalierender politischer Auseinandersetzungen ins Blickfeld. Während des Bergarbeiterstreiks von 1905, während der Streiks und Demonstrationen der späten 1920er-Jahre sowie vor allem im Zuge der Straßenkämpfe zwischen Kommunisten und Nationalsozialisten 1931/32 erschienen der Platz und das Viertel in der lokalen Presse als ein Zentrum des „Klassenkampfes", als lokaler Hotspot der sozialen und politischen Konflikte. Die verschreckte Mittel- und Oberschicht musste von bürgerkriegsähnlichen Zuständen am Borsigplatz lesen und von großen Stimmanteilen für die Kommunistische Partei bei Reichstags- und Stadtverordnetenwahlen.

5. Die politischen Verhältnisse

Die Arbeiterschaft und in besonderem Maße die Industriearbeiterschaft fanden in den letzten Jahrzehnten vor dem Ersten Weltkrieg in der Sozialdemokratischen Partei Deutschlands (SPD) die einzige Partei, die sich explizit und nachdrücklich für die Interessen und Rechte der Arbeiter einsetzte. Nach Kriegsende und Revolution 1918/19 erweiterten zwei Parteien den linken Flügel des parteipolitischen Spektrums. Pazifistische und revolutionäre Mitglieder der Sozialdemokraten hatten sich schon während des Krieges von ihrer Partei getrennt und 1917 die USPD, die Unabhängige Sozialdemokratische Partei, gegründet, von der sich Ende 1918 noch die Kommunistische Partei Deutschlands (KPD) abspaltete.

Das linke Lager aus diesen drei Parteien gewann im Hoesch-Viertel bei den Wahlen bis 1933 – einschließlich der bereits nicht mehr freien Märzwahlen 1933 – stets eine deutliche absolute Mehrheit. Eine weitere stabile politische Kraft stellte das katholische Zentrum dar, das in der Regel 20 bis 25 % der Wählerinnen und Wähler des Viertels für sich gewinnen konnte. Da die Industriearbeiterschaft und das katholische Milieu jene gesellschaftlichen Bereiche bildeten, in denen die Nationalsozialisten, ihre Ideologie und Politik am wenigsten Zuspruch fanden,[90] kam die NSDAP im Hoesch-Viertel auch zu Zeiten ihrer größten Wahlerfolge in den Jahren 1930–33 nicht über den Status einer Minderheitspartei hinaus.

Dortmund nahm in Bezug auf die Wahlergebnisse ohnehin eine Sonderstellung ein: Bei sämtlichen fünf Reichstagswahlen zwischen 1928 und 1933 wies keine andere Großstadt (über 200 000 Einwohner) einen so niedrigen Stimmenanteil für die Nationalsozialisten auf.[91] Während die NSDAP in Städten wie Kiel, Wiesbaden, Wuppertal oder Frankfurt am Main bei den Märzwahlen 1933 zwischen 47 und 44 % der Stimmen und in vergleichbaren Industriestädten wie Essen (30,5 %) und Gelsenkirchen (32,3 %) immerhin noch fast ein Drittel der Stimmen gewinnen konnte, erzielte sie in Dortmund – trotz Straßenterrors der SA, trotz Übergriffen gegen Kandidaten anderer Parteien und trotz der Inhaftierung vieler führender Kommunisten – mit 27 % ihr schlechtestes Ergebnis. Dieses für das bereits seit sechs Wochen regierende

90 Zum konfessionellen Kontext vgl. Jürgen W. Falter, Hitlers Parteigenossen. Die Mitglieder der NSDAP 1919–1945, Frankfurt a. M. 2020, S. 152 ff. Zur unterschiedlichen Haltung von Arbeitern und Industriearbeitern siehe auch das Interview mit Jürgen Falter: Neun Millionen Deutsche … Interview: Christian Staas, in: Zeit Online, 28. Juni 2020, https://www.zeit.de/2020/27/juergen-w-falter-nationalsozialismus-nsdap-politologie [15. 11. 2023].

91 Hans Graf, Die Entwicklung der Wahlen und politischen Parteien in Gross-Dortmund, Hannover/Frankfurt a. M. 1958, S. 42 f.

NS-Regime im Grunde katastrophale Ergebnis war zweifellos dem hohen Arbeiteranteil an der Gesamtbevölkerung der Stadt geschuldet: 60,2 % der Wohnbevölkerung Dortmunds gehörten 1930 der Arbeiterschaft an, ihr Anteil an den Erwerbsstätigen lag sogar bei 68 %.[92]

In den Wahlbezirken des Hoesch-Viertels erreichten die Nationalsozialisten bei den Reichstagswahlen vom 5. März 1933 – mit einer Ausnahme, auf die unten noch eingegangen wird – lediglich zwischen 9 und 16 %. Da der Anteil der Arbeiterschaft an der Gesamtbevölkerung im Viertel bei über 80 % lag und zudem auch der Anteil der Katholiken hier höher war als in der Stadt insgesamt, waren eben die beiden Lager überrepräsentiert, die sich am wenigsten anfällig für die Nazi-Ideologie zeigten. Ganz ähnliche politische Verhältnisse und nahezu identisches Wahlverhalten lassen sich auch für das zweite große Quartier der Industriearbeiterschaft Dortmunds konstatieren, für die Wahlbezirke im Umkreis des Werks der Dortmunder Union im Nordwesten der Stadt.

Ein weiterer Faktor für die auffällige Schwäche der NSDAP in den Vierteln der Arbeiter tritt mit Blick auf die Arbeits- bzw. Erwerbslosigkeit hinzu. Als Folge der Weltwirtschaftskrise sank die Belegschaft in der Dortmunder Bergbau- und Eisenindustrie von 75 300 Beschäftigten im Sommer 1929 auf 38 100 Beschäftigte im Sommer 1932, also um 49,3 %.[93] In den Dortmunder Industrievierteln war also spätestens im Sommer 1932 etwa die Hälfte aller Arbeiter der großen Betriebe arbeitslos. Parallel zur stark ansteigenden Arbeitslosenzahl wuchsen in dieser Zeit auch die Stimmenanteile für die NSDAP stark. Das wurde und wird häufig so interpretiert, als hätten sich die Arbeiterfamilien aufgrund ihrer desolaten wirtschaftlichen Lage und großen sozialen Not in hoher Zahl der NSDAP zugewandt. Das Gegenteil war der Fall: Für das gesamte Deutsche Reich ist seit Langem belegt, dass dort, wo es

92 Vgl. Henny Hellgrewe, Dortmund als Industrie- und Arbeiterstadt. Eine Untersuchung der wirtschaftlichen und sozialen Entwicklung der Stadt, Dortmund 1951, S. 82 f.

93 Statistisches Amt der Stadt Dortmund (Hrsg.), Wirtschaftslage und Arbeitslosigkeit seit 1929, Dortmund 1933, S. 1.

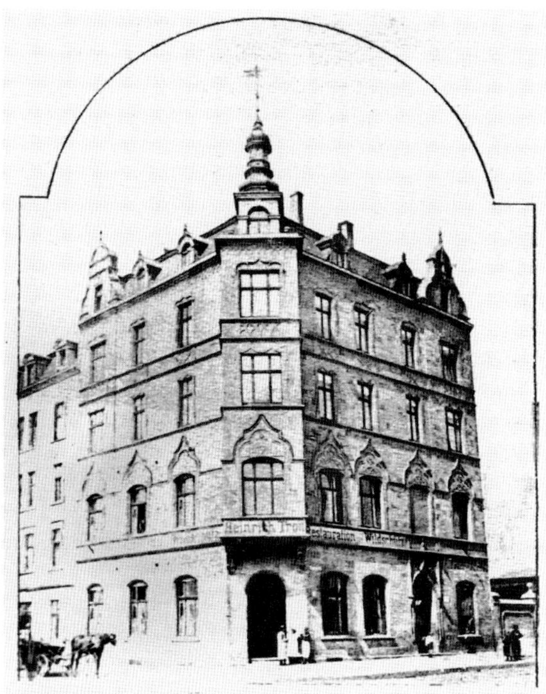

Restauration Zum Wildschütz, Gründungslokal des BVB, 1910. *BORUSSEUM, Archiv*

die meisten Arbeitslosen gab, die NSDAP nur unterdurchschnittliche Resultate erzielen konnte. Die Wählerhochburgen der NSDAP lagen hingegen in den Gebieten mit den wenigsten Arbeitslosen.[94] Die Wahlergebnisse im Hoesch-Viertel belegen das in exemplarischer Weise.

Die Gaststätte Trott (Zum Wildschütz) in der Oesterholzstraße 60 war Gründungs- und frühes Vereinslokal des BVB und zugleich im ausgehenden Kaiserreich wie auch in der Weimarer Republik Wahllokal. In den beiden Straßenzügen (dem nördlichen Teil der Oesterholzstraße

94 Jürgen W. Falter/Dirk Hänisch, Die Anfälligkeit von Arbeitern gegenüber der NSDAP bei den Reichstagswahlen 1928–1933 [1986], in: Historical Social Research/Historische Sozialforschung. Supplement 25 (2013): Zur Soziographie des Nationalsozialismus. Studien zu den Wählern und Mitgliedern der NSDAP, S. 145–193, hier S. 165.

und dem nördlichen Teil der Schlosserstraße), deren Bewohner in der Gaststätte wählten, wohnte ein Großteil der „Ruhrpolen" des Viertels – was sich in den Wahlergebnissen deutlich bemerkbar machte. Bei den Reichstagswahlen von 1912, bei denen nur Männer ab 25 Jahren wahlberechtigt waren, stellten die nationalpolnischen Verbände für den Wahlkreis Dortmund/Hörde einen eigenen Kandidaten auf. Im Wahllokal Trott erhielt dieser Kandidat die meisten Stimmen (30 %), mit leichtem Vorsprung vor den Kandidaten der SPD (29,4 %) und des Zentrums (27,6 %). Typisch für das gesamte Hoesch-Viertel war das nicht, denn dort konnten die Sozialdemokraten mit 48,6 % fast die Hälfte aller Stimmen gewinnen, gefolgt vom Zentrum (24,9 %) und den Polen (14,2 %). Damit errang die SPD im Hoesch-Viertel deutlich mehr Stimmenanteile als in Dortmund gesamt, wo die Sozialdemokraten aber mit 41,4 % ebenfalls als stärkste Partei aus den letzten Wahlen vor dem Ersten Weltkrieg hervorgingen.[95] Im gesamten Deutschen Reich konnte die SPD 34,8 % der Stimmen gewinnen, womit sie erstmals als stärkste Fraktion in den Reichstag einzog.

Der Erste Weltkrieg und die ihm folgenden revolutionären Ereignisse und Unruhen sowie die Wirtschaftskrisen der frühen und dann vor allem der späten Jahre der Weimarer Republik (1919–1933) führten zu einer Polarisierung der politischen Lager, die in den Wahlergebnissen deutlich ablesbar war. Die Entwicklung im Hoesch-Viertel (wie auch im Industriearbeiter-Viertel der Dortmunder Union) unterschied sich dabei stark von der Entwicklung in den bürgerlichen Vierteln der Stadt. Während die große Mehrheit der Industriearbeiter innerhalb der linken Parteien zum extremen Flügel, zur Kommunistischen Partei, wanderte, wechselten die bürgerlichen Wähler innerhalb der

95 Vgl. Graf, Die Entwicklung der Wahlen, S. 42 f. Die Zahlen für das Hoesch-Viertel sind auf der Grundlage der Ergebnisse in sechs Wahllokalen des Viertels errechnet worden: Oesterholzstraße 41, Oesterholzstraße 60, Wambeler Straße 2, Hirtenstraße 17, Ostermärschstraße 47 und Bleichmärschstraße 29. Es gab weitere Wahllokale im Viertel und an dessen Rand, ein Blick auf die dortigen Ergebnisse zeigt aber, dass sie mit denen der ausgewählten weithin übereinstimmen.

alten Stadtgrenze mehrheitlich zunächst zu den rechtskonservativen, deutschnationalen Parteien und schließlich zur NSDAP. In vielen der 1928/29 eingemeindeten Orte, vor allem den südlichen, konnte hingegen die SPD bis 1932 ihre dominierende Stellung behaupten. Grundsätzlich zu beachten ist dabei, dass in der Weimarer Republik erstmals auch Frauen wahlberechtigt waren.

Die Entwicklung im Hoesch-Viertel spiegelt der Blick auf die Wahlergebnisse im BVB-Lokal Zum Wildschütz wider: Bei den Reichstagswahlen von Juni 1920 gewann das linke Lager aus SPD, USPD und Kommunisten (Spartakusbund) 48 % der Stimmen, wobei die Unabhängigen Sozialdemokraten mit Abstand am erfolgreichsten waren. Der Kandidat der Polen erreichte 33 %. Das konservative Lager aus Deutscher Volkspartei und Deutsch-Nationalen konnte nur 11 % der Wählerinnen und Wähler auf seine Seite ziehen. Für jene Wahlbezirke im Hoesch-Viertel, in denen die „Polen" bedeutend weniger stark vertreten waren, lag der Anteil des linken Lagers noch wesentlich höher. So gewannen die SPD und die USPD im Wahllokal in der Dreifaltigkeitsschule zusammen über 61 % der Stimmen, wobei die Unabhängigen Sozialdemokraten nahezu doppelt so viele Stimmen auf sich vereinten wie die SPD. Das katholische Zentrum war mit 15 % die dritte Kraft.

Bei den Reichstagswahlen im Dezember 1924 und Mai 1928, als sich die junge Republik konsolidiert hatte und es auch wirtschaftlich bergauf ging, stieg die SPD im Hoesch-Viertel zur dominierenden Partei auf. Die beiden sozialdemokratischen Parteien hatten sich im September 1922 wieder vereinigt, viele frühere Wähler der linken Unabhängigen SPD wechselten aber zur KPD, die schon 1924 zwei der Wahlbezirke des Viertels gewinnen konnte. (Körnebachstraße 53 und Oesterholzstraße 27).

1928 gewann die SPD sämtliche Wahlbezirke des Viertels mit deutlichem Vorsprung vor der KPD und dem Zentrum. Auch in Dortmund insgesamt – seinerzeit aufgrund der zahlreichen Eingemeindungen von 1928/29 auch Groß-Dortmund genannt – konnte die SPD 1928 ihre Vormachtstellung weiter ausbauen, lag allerdings mit 38,3 % weit unter den Anteilen, den sie in den Arbeitervierteln erzielte.

Bei den Stadtverordnetenwahlen im November 1929 gelang es dem ersten Nationalsozialisten, einen Sitz im Rat der Stadt zu erlangen. Die noch wenigen Wähler (4115 Stimmen) fand die NSDAP vornehmlich im Wahlbezirk Innenstadt, in den bürgerlichen Wohnvierteln im Süden, Südwesten und Südosten sowie in Mengede.[96] An den Machtverhältnissen im Stadtparlament, dem seit 1924 der auch von den bürgerlichen Parteien geachtete Sozialdemokrat Fritz Henßler vorstand, änderte sich zunächst kaum etwas – außer dem Ton und dem Umgang miteinander. Der Nationalsozialist Heinrich König provozierte mit rüden demagogischen Reden, die Vertreter der KPD stützten sich auf fundamentale Opposition und revolutionäre Forderungen. Dabei zielte der politische Kampf der KPD in Verkennung der eigentlichen Gefahr seitens der extremen Rechten vor allem auf die „Sozialfaschisten" der SPD. In den folgenden, von Wirtschaftskrise, Arbeitslosigkeit und großer sozialer Not geprägten Jahren sollte der politische Kampf der extremen Parteien auf der Linken und Rechten nicht mehr nur in erhitzten Debatten und Wahlkämpfen, sondern in Straßenkämpfen, Überfällen und selbst in Form von Mord und Totschlag ausgetragen werden. Das Viertel um den Borsigplatz gehörte dabei zu den Zentren des Geschehens.

Bei den Krisenwahlen der Jahre 1930 bis 1933, bei denen die Nationalsozialisten zum Teil spektakuläre Erfolge erzielen konnten und in einer Reihe von Kreisen und Städten im Reich innerhalb kurzer Zeit von einer Splitterpartei zur stärksten politischen Kraft aufstiegen, entwickelte sich im Hoesch-Viertel die KPD zur dominierenden Partei. Bei den Wahlen vom November 1932 gewannen die Kommunisten in sämtlichen 18 Wahllokalen des Viertels die Mehrheit, meist mit großem Vorsprung vor Sozialdemokraten und Zentrum.

Ende Januar 1933 gelangten die Nationalsozialisten an die Macht, und in der Wahl vom 5. März 1933 schlug sich ein großer Teil der Wahlberechtigten auf die Seite der Sieger. Auch im Hoesch-Viertel legte die NSDAP zu, blieb jedoch mit durchschnittlich 12 bis 14 % auf niedrigem Niveau: In 15 der 18 Wahllokale konnte die KPD ihre Stellung als

96 Vgl. Graf, Die Entwicklung der Wahlen, S. 35.

stärkste Partei bestätigen, zwei gewann jetzt das Zentrum und in der Hirtenstraße 17 lag – mit wenigen Stimmen vor Kommunisten und Zentrum – die NSDAP vorn.

Ein Blick auf die soziale Schichtung der Bewohner dieses Wahllokals in der Hirtenstraße lässt erkennen, warum die NSDAP eben dort die relative Mehrheit gewann: Der Anteil der Stimmberechtigten aus den Führungsschichten des Werkes war in der Hirtenstraße so groß wie in keinem der anderen Wahllokal des Viertels. In der Hirtenstraße gaben Werksleiter, Ingenieure, Obermeister und Meister, Betriebsleiter und -inspektoren, Werkmeister und Techniker ihre Stimmen ab. Der Einzugsbereich des Wahllokales umfasste jene Straßen nahe dem Werksgelände, in denen die Werksleitung und die höheren Hüttenbeamten und -angestellten wohnten. Die NSDAP erreichte in der Hirtenstraße 23,5 % der Stimmen. Zwar blieb das linke Lager, Sozialdemokraten und Kommunisten, mit zusammen 41,5 % auch hier deutlich vorn und das Zentrum mit 22,3 % stabil, doch der höhere Anteil der „besseren Kreise“ unter den Wählern machte sich deutlich zugunsten der NSDAP bemerkbar.

Dieser Sachverhalt bestätigt sich im Blick auf ganz Dortmund auf eindringliche Weise: Die Hochburgen der Nationalsozialisten lagen – sowohl was die Wählerschaft als dann auch die Mitgliedschaft in NS-Organisationen betrifft – in den gehobenen und den besten Wohnvierteln der Stadt, während die NSDAP in den Arbeitervierteln über ein Diaspora-Dasein kaum hinauskam. Im direkten Vergleich der Ergebnisse von Wahllokalen des Hoesch-Viertels mit solchen in den Wohngebieten der gehobenen Mittel- und der Oberschicht wird die Frage, welche sozialen Schichten die Nationalsozialisten zunächst gewählt und dann mittels Eintritt in NS-Organisationen getragen haben, eindeutig beantwortet:

– Bei den Märzwahlen 1933 gewann die NSDAP im Wahllokal Assauer-Kino am Borsigplatz 14,6 % der Stimmen, die KPD 42,2 %, die SPD 18,6 % und das Zentrum 16,6 %. Im Wahllokal Wittekindshof, Westfalendamm 270, hingegen erreichte die NSDAP 47 %, die deutsch-nationale Kampffront Schwarz-Weiß-Rot 26 %, die SPD 7,6 und die KPD 0,9 %. Im Wittekindshof wählten vor allem die Bewohner der Gartenstadt, vornehmlich Direktoren, Ingenieure, Geschäftsführer und Kaufleute, höhere Beamte wie Stadtinspektoren, Rektoren und Polizeioffiziere, Studienräte, Lehrerinnen und Lehrer, Prokuristen. Nur acht Arbeiter und wenige kleine Angestellte waren hier unter den Wählern.[97]

– Im Wahllokal Naumann, Oesterholzstraße 27, kam die NSDAP lediglich auf 10,6 % der Stimmen, hier gewann die KPD mit 53,6 % die absolute Mehrheit, die SPD erreichte 17,2 %, das Zentrum 12,2 % der Stimmen. Im Wahllokal Fohrmann im Kreuz-Viertel an der Lindemannstraße 29 lag hingegen die NSDAP mit 46,2 % vorn, gefolgt vom Zentrum mit 20,5 % und der deutsch-nationalen Kampffront mit 15,7 %. Die beiden Arbeiterparteien SPD und KPD konnten zusammen lediglich 11,6 % der Stimmen auf sich vereinen.

Dieses Wahlverhalten ist für die gesamte Stadt zu konstatieren: In den „guten Wohngebieten“ wie dem Kreuzviertel, dem Saarlandstraßenviertel, an der Märkischen Straße und Hainallee, im Gerichtsviertel wie an der Kaiserstraße und in der Innenstadt innerhalb der Wälle lagen schon vor 1933 die Wählerhochburgen der NSDAP. Nach deren Machtantritt Ende Januar 1933 sprangen in diesen Stadtteilen besonders viele Bürgerinnen und Bürger auf den Zug der Sieger auf. Zwar konnten die Nationalsozialisten auch in den Arbeitervierteln bei den Märzwahlen 1933 Stimmengewinne verbuchen, sie blieben aber auf vergleichsweise niedrigem Niveau.

Für Dortmund ist damit festzuhalten, dass die NSDAP vor allem in den bürgerlichen Bezirken dominierte, wo die Arbeitslosigkeit eher gering war, während sie von der grassierenden Arbeitslosigkeit in den industriell geprägten, proletarischen Vierteln nicht profitieren konnte. In Dortmund kam die NSDAP – wie oben erwähnt – insgesamt auf 27 % der Stimmen. Dass die Nationalsozialisten in Dortmund damit das schlechteste Ergebnis aller Großstädte einfuhren, lag jedoch nicht

97 Die Berufe der im Wahllokal Wittekindshof wählenden Bürgerinnen und Bürger wurden anhand der Adressbücher von 1927 und 1935 für die entsprechenden Straßen ausgezählt.

an einer grundsätzlich kritischeren Haltung der Bürgerinnen und Bürger der Stadt gegenüber den neuen Machthabern, sondern ist vor allem mit dem hohen Industriearbeiter-Anteil an der Gesamtbevölkerung zu erklären.

Wie stark sich die konfessionelle Zugehörigkeit in der Wahlentscheidung niederschlug, mag ein Blick auf zwei Wahllokale verdeutlichen: Im evangelischen Altersheim an der Ernst-Eichhoff-Straße (heute Theodor-Fliedner-Heim, Wittekindstraße) bekam die NSDAP 82,7 % der Stimmen und damit mehr als in jedem anderen Wahllokal der Stadt. Die Leitung und die Geistlichen scheinen ganze Arbeit bei den Wahlempfehlungen geleistet zu haben, wenn es sich denn wirklich um geheime Wahlen gehandelt haben sollte. Im katholischen Christinenstift am Südrandweg 6 zeigte sich unter umgekehrten Vorzeichen ein ähnlich eindeutiges Bild: Das Zentrum kam dort auf 76,1 %, die NSDAP holte lediglich 12,1 %.

Die letzten Wahlen zur Dortmunder Stadtverordnetenversammlung fanden am 12. März 1933 statt. Sie standen bereits unter den Auswirkungen des offenen Terrors der neuen Machthaber gegen ihre erklärten politischen Feinde. Eine Reihe bekannter Kommunisten saß bereits im Gefängnis der Steinwache ein, andere waren abgetaucht, um Gewalt und Inhaftierung zu entgehen. Auch Sozialdemokraten waren betroffen, die Hauptschläge richteten sich aber gegen die Führer und Mitglieder der Dortmunder KPD.

Die NSDAP gewann die relative Mehrheit und 26 Sitze im städtischen Parlament, die SPD und das Zentrum je 17 Sitze, die KPD 16. Im Hoesch-Viertel konnte sich die KPD als stärkste Kraft halten. Unter den 16 Kommunisten, die über die Parteiliste einen Sitz im Parlament errungen hatten, aber umgehend aus der Stadtverordnetenversammlung ausgeschlossen wurden, befand sich auch Heinrich Czerkus,[98] langjähriges Mitglied und Platzwart des BVB. Vier der 16 von den

98 Ausführlich zu Heinrich Czerkus und seiner Rolle im Verein wie im Widerstand siehe das Kapitel „BVB-Mitglieder im Widerstand".

Kommunisten gewonnenen Sitze hatten KPD-Mitglieder aus dem Hoesch-Viertel gewonnen.

6. Straßenkämpfe zwischen Rot und Braun

Es ist für nachgeborene Generationen kaum nachzuvollziehen, welch offene Gewalt in den Jahren 1930–1933 auf den Straßen Dortmunds herrschte. Der politische Konflikt zwischen dem linken Lager aus Kommunisten und Sozialdemokraten auf der einen und den Nationalsozialisten auf der anderen Seite sowie auch zwischen KPD und SPD untereinander gärte schon einige Jahre, als er infolge von hoher Arbeitslosigkeit und sozialer Not im Zuge der Weltwirtschaftskrise eskalierte. Demonstrationen, Streiks und Unruhen, Schießereien, Messerstechereien und Schlägereien blieben dabei nicht auf die Nordstadt beschränkt, sondern weiteten sich bis in die Innenstadt aus.

Marta Appel, die Ehefrau des Dortmunder Rabbiners Ernst Appel, schrieb nach ihrer Emigration in die USA im Jahr 1937 umfassende Memoiren über das Leben ihrer Familie in Dortmund. Sie berichtet darin auch über Erlebnisse im Jahr 1932: „Menschenmassen, die mit ihrem Geschrei durch die Straßen marschierten: Hunger! – Brot! Die langen Schlangen wurden immer größer und das mürrische, schreckliche Geschrei war sehr beunruhigend. Es war fürchterlich, weil wir nur zu gut wussten, dass sie wirklich hungrig waren. Seit Monaten und Jahren hatten diese Männer und Frauen nicht gearbeitet, ihre Familien waren in bitterem Elend.“[99]

Als Marta Appel zufällig in einen dieser Aufstände auf dem Alten Markt geriet, konnte sie einer Pistolenkugel nur um Haaresbreite entkommen:

99 Marta Appel, Memoirs, o.J. [1940/41], Leo Baeck Institute, New York, S. 169.

> „Von irgendwo her brach eine Kugel ein und zerschnitt die Luft mit einem zischenden Geräusch direkt über unseren Köpfen. Ich konnte mich danach nie mehr klar an alle Einzelheiten erinnern. Ich weiß, dass die Kugeln von überallher kamen, dass mein Bruder mich gerade noch rechtzeitig erwischte, als ich von einem der reitenden Polizisten fast zu Boden geworfen wurde. Ohne Rücksicht auf irgendjemanden ritten sie in die Massen, während andere wahllos schlugen, wobei ihre Peitschen auf jeden in Reichweite trafen. Wilde Rufe und Schreie vermischten sich mit dem Wehklagen der Verwundeten. Ich sah Menschen auf dem Boden liegen und andere marschierten über sie hinweg."[100]

Am 5. Juni 1931 titelte die *Dortmunder Zeitung*: „Anhaltende Unruhen in Dortmund. Wilde Jagden auf die Aufrührer".[101] Nach Gerüchten um einen angeblichen Aufenthalt Adolf Hitlers in einem am Königswall gelegenen Hotel war es zu Protesten und Unruhen in der Nähe des Hotels gekommen. Anhänger der Kommunisten strömten auf die Straßen rund um das Hotel, um unter lauten Rufen wie: „Hitler ist tot – Dortmund bleibt rot!"[102] gegen den Aufenthalt des Anführers der Nationalsozialisten zu protestieren. Die Demonstrationen weiteten sich auf ein großes Gebiet des Dortmunder Nordens aus. Immer wieder seien auch hier die Rufe nach „Arbeit und Brot!" aus der Menge der Demonstrierenden zu hören gewesen. Es habe sich eine „tausendköpfige Menschenmenge" angesammelt, die den Verkehr auf den Verbindungsstraßen der Innenstadt blockierte: „Etwa ab 14 Uhr waren die obere Münsterstraße und die Steinstraße von Menschenmengen derart angefüllt, daß auf den Bürgersteigen kein Durchkommen mehr möglich war. Sie standen wie eine Mauer bis an die Fahrbahn."[103] Die Demonstranten wurden von Überfallkommandos der Polizei unter Anwendung

100 Ebenda, S. 187.
101 Dortmunder Zeitung, 5. Juni 1931.
102 Ebenda.
103 Ebenda.

von Gummiknüppeln und Androhung von Schusswaffengebrauch in die Nebenstraßen abgedrängt. Es erfolgten auch Verhaftungen und Inhaftierungen im Polizeigefängnis der Steinwache, bevor die Demonstrationen am Abend aufgelöst wurden.

Im Sommer 1932 – vor und nach den Juliwahlen jenes Jahres – fand die Gewalt auf den Straßen ihren Höhepunkt. Da die NSDAP aus diesen Wahlen reichsweit als Sieger hervorgegangen war, hielt die SA als ihr paramilitärischer Arm die Zeit für gekommen, endlich auch die Arbeiterviertel in Dortmund mit Gewalt zu erobern.[104] Um die Vorherrschaft dort zu erlangen, setzten die Braunhemden vor allem darauf, die Arbeiterviertel durch dauerhafte Präsenz und regelmäßig provozierte Ausschreitungen „in permanenter Unruhe zu halten".[105] In vielen Städten richtete die SA ihre Stammlokale gezielt in den Vierteln ihrer politischen Gegner ein und setzte auf „infrastrukturelle Durchdringung",[106] um die Hoheit zu erlangen. Im Hoesch-Viertel traute sie sich das jedoch nicht. Als Nazis bekannte Einwohner oder Personen in SA-Uniform mussten ständig mit Angriffen auf sie selbst und Überfällen auf ihre Wohnungen rechnen. Das führte dazu, dass als Parteigänger der Nationalsozialisten bekannte Personen aus dem Viertel wegzogen und, wenn überhaupt, erst nach 1933 dorthin zurückkehrten. Bewaffnete KPD-Patrouillen kontrollierten zeitweilig an den großen Einfallstraßen in den Norden mehr oder minder offen, welche Personen Zugang in die Arbeiterviertel suchten.

Wenn die SA ins Viertel marschierte, dann nur in starken Gruppierungen und größeren Verbänden in Form von Propagandazügen.

104 Zur Taktik und zum Vorgehen der SA in Dortmund siehe Daniel Schmidt, Terror und Terrainkämpfe. Sozialprofil und soziale Praxis der SA in Dortmund 1925–1933, in: Beiträge zur Geschichte Dortmunds und der Grafschaft Mark 96/97 (2005/2006), S. 251–292.

105 Daniel Schmidt, „Soldaten der Bewegung". Gewaltpraxis und Gewaltkult in der SA während der nationalsozialistischen „Kampfzeit", in: Jan Schedler/Alexander Häusler (Hrsg.), Autonome Nationalisten. Neonazismus in Bewegung, Wiesbaden 2011, S. 263–272, hier S. 266.

106 Ebenda, S. 265.

Am 16. Oktober 1932 drangen Scharen uniformierter SA-Männer in das Hoesch-Viertel ein und gaben vor, Wahlwerbung verteilen zu wollen. Sie kündigten die „Wiedereroberung des roten Nordens" auf einer Versammlung am Vorabend an, sodass sich die Bewohner des Hoesch-Viertels am Morgen des 16. Oktober bereits in Erwartung eines Aufmarsches befanden und sich zum Widerstand rüsteten.[107] Die „etwa 800 uniformierte[n]Nationalsozialisten"[108] provozierten zunächst verbal, griffen bald darauf jedoch Passanten an und verschafften sich Zutritt zu den Wohnungen ihrer Gegner, bis schließlich Steine flogen und Schüsse fielen.[109] Zwei Menschen wurden an diesem „Dortmunder Blutsonntag"[110] durch Schüsse getötet, zwölf wurden schwer verletzt.[111]

Ein Propagandazug der SA durch den nördlichen Stadtteil am 22. Januar 1933 war wiederum Anlass für massenhafte Unruhen. Die Polizei schirmte den Marsch der Nationalsozialisten zwar ab, „da die berechtigte Annahme bestand, dass der Zug von der kommunistischen Seite aus gesprengt werden sollte",[112] konnte aber nicht verhindern, dass sich vielerorts dennoch Tumulte entwickelten. An der Oestermärschstraße und in der Schmiedestraße kam es zu Messerstechereien, Schlägereien und Schießereien.[113]

Der Arbeiter Richard Stahlberg geriet versehentlich in einen dieser Tumulte, bei dem er von einem SA-Mann mit einer Eisenstange derart verletzt wurde, dass er noch im November 1933, elf Monate nach den Geschehnissen, an den Folgeschäden litt. Er sei an der Oestermärschstraße in eine „größere politische Schlägerei" geraten, als er die

107 Daniel Schmidt, Die Straße beherrschen, die Stadt beherrschen. Sozialraumstrategien und politische Gewalt im Ruhrgebiet 1929–1933, in: Alf Lüdtke/Herbert Reinke/Michael Sturm (Hrsg.), Polizei, Gewalt und Staat im 20. Jahrhundert, Wiesbaden 2011, S. 225–248, hier S. 225.

108 Dortmunder Zeitung, 17. Oktober 1932.

109 Schmidt, Die Straße beherrschen, die Stadt beherrschen, S. 225.

110 Ebenda, S. 226.

111 Dortmunder Zeitung, 17. Oktober 1932.

112 Polizeibericht vom 3. November 1933, Stadtarchiv Dortmund, Best. 130/46, Tumultschaden Richard Stahlberg.

113 Dortmunder Zeitung, 17. Oktober 1932.

Gegend auf dem Heimweg durchquerte. Den Umweg durch die Oestermärschstraße habe er nur deshalb eingeschlagen, weil er die ihm bereits bekannten Tumulte auf dem Borsigplatz umgehen wollte. Die Unruhen endeten an diesem Tag erst, als die Polizei den Borsigplatz räumte.[114]

Fast täglich berichtete die lokale Presse über derartige Szenarien und kommentierte die Entwicklung der politischen Lage im Dortmunder Norden, die durch den Versuch der Nazis geprägt war, zu provozieren und Terrain zu gewinnen. In der *Dortmunder Zeitung* finden sich zahlreiche Auszüge aus Polizeiberichten über die wiederkehrenden Ausschreitungen. Am 24. Juli 1932 berichtet sie gleich über zwei Vorfälle, bei denen Personen aus der Dortmunder Nordstadt aus politischen Gründen in gewalttätige Auseinandersetzungen gerieten. Am Morgen des 22. Juli 1932 sei der Hoesch-Arbeiter und NSDAP-Angehörige Franz R. an der Ecke Robertstraße/Oesterholzstraße von etwa 15 Personen überfallen und misshandelt worden.[115] Am Mittag desselben Tages sei es zu einer Schlägerei mit Steinwürfen zwischen Kommunisten und Nationalsozialisten an der Weißenburger Straße gekommen, nachdem die Nationalsozialisten dort ihre Wahlwerbung verteilt hatten. Das hinzugerufene Überfallkommando der Polizei kam zu spät und konnte die Beteiligten nur noch flüchten sehen.[116] Die Polizei versuchte immer wieder, die Ausschreitungen zwischen Kommunisten und Nationalsozialisten aufzulösen, und geriet hierbei oftmals zwischen die Fronten. Die *Dortmunder Zeitung* berichtet am 9. Juli 1932 von einem Vorfall, bei dem ein Schutzpolizist auf der Missundestraße von einem Arbeiter angegriffen und verletzt wurde. Bei dessen Festnahme sei es zu Aufständen mehrerer Passanten gekommen, die gegen die hinzugezogenen Überfallkommandos eine drohende Haltung eingenommen hätten und letztlich eine Straßenschlacht provozierten, bei der auch Unbeteiligte durch Schüsse verletzt wurden.

114 Dortmunder Zeitung, 23. Januar 1932.
115 Dortmunder Zeitung, 24. Juli 1932.
116 Ebenda.

Die zeitweilig bürgerkriegsähnlichen Geschehnisse im Dortmunder Norden und besonders im Hoesch-Viertel steigerten offensichtlich – wie von den Nazis beabsichtigt – die Furcht des bürgerlichen und großbürgerlichen Milieus vor den Kommunisten und ließen die zuvor liberal bis konservativ wählenden Bürgerinnen und Bürger in Scharen zu den Nationalsozialisten überlaufen. Nicht nur in der Nazi-Presse wurden die Verhältnisse in den roten Arbeitervierteln als Bedrohung durch „üble Elemente" angesehen. Schon im Sommer 1932 verstieg sich die rechtskonservative *Dortmunder Zeitung* dazu, vom „Untermenschentum" im Hoesch-Viertel zu schreiben.[117]

117 Dortmunder Zeitung, 15. Juli 1932.

IV.

Borussia Dortmund 1933–1945 – Auf Linie gebracht und durchgemogelt

Das auffälligste vereinsinterne Geschehen in der Phase der frühen Gleichschaltung des Fußballs und seiner „bürgerlichen" Vereine war beim BVB ein doppelter Wechsel in der Vereinsführung in den Jahren 1933/34. Leider sind diese Wechsel weder im Vereinsregister des Amtsgerichts Dortmund[118] noch in anderen vereinsinternen Schriften oder auch in Zeitungsberichten dokumentiert, sodass der genaue Zeitpunkt der Veränderungen in der Vereinsleitung nicht bekannt ist. Das ist umso misslicher, als in diesen Zeitraum der 30. Januar 1933 fällt, der Tag, an dem sich mit der Machtübergabe an die Nationalsozialisten nicht alles, aber vieles grundlegend änderte.

August Busse, seit 1910 im Verein zunächst als Spieler, dann als Funktionär aktiv, hatte im Mai 1929 das Amt des Vorstandsvorsitzenden von Heinrich Schwaben übernommen. Im Jahr 1933 erfolgte ein erneuter Wechsel in der Leitung des Vereins: Egon Pentrup übernahm den Vorsitz, und auch im engeren Vorstand wurden mit Josef Brock, Fritz Niesel und Fritz Rekittke Mitglieder aktiv, die zuvor keine Ämter innehatten.[119] Ein vollständiger Austausch des Führungspersonals kommt im Vereinsleben leicht einer kleinen Palastrevolution gleich, wenn er nicht vorher von allen Beteiligten geplant und eingeleitet worden ist. Eine Absprache scheint diesem Wechsel jedoch nicht vorangegangen zu sein.

118 Die Akten zum BVB werden im Vereinsregister des Amtsgerichts Dortmund unter der Signatur VR 1425 geführt.

119 Die Namen der engen Mitarbeiter Egon Pentrups im Vorstand sind der Schrift zum 60-jährigen Vereinsjubiläum zu entnehmen: 60 Jahre Ballspielverein Borussia 09 Dortmund, 1909–1969, Dortmund 1969, hier S. 11.

Pentrup selbst erklärte 1980 in einem Interview mit Gerd Kolbe, dass einige Spieler der ersten Mannschaft eine Art Wahlkampf unter den Mitgliedern für ihn betrieben hätten, der dann auch erfolgreich gewesen sei.[120] Was der Hintergrund dieser Kampfabstimmung um den Vereinsvorstand war, lässt sich nur mutmaßen. In der Schrift zum 30-jährigen Vereinsjubiläum im Jahr 1939 führt der als Dietwart im Verein tätige Karl Brettin aus, Anlass des Wechsels im Vorstand sei eine Krankheit Busses gewesen.[121] Das scheint vorgeschoben und wenig wahrscheinlich, da doch der gesamte Vorstand abgewählt wurde. Hätte es nur eines Interims-Vorsitzenden bedurft, bis Busse wieder zur Verfügung stand, wäre sicherlich eine andere Lösung gefunden worden. Zu vermuten ist, dass es sich bei dem Vorstandswechsel um Reibereien unterschiedlicher Gruppierungen oder Freundeskreise innerhalb des Vereins gehandelt hat.[122]

Sollte Egon Pentrup nach dem 30. Januar 1933gewählt worden sein, wäre seine Wahl zweifellos ein politisches Statement gewesen, denn der neue Vorsitzende war als Person bekannt, die keine politischen Sympathien für die Nationalsozialisten, ihre Ideologie und Politik hegte. Er selbst charakterisierte sich als „gläubigen Katholiken und politisch streng neutralen Menschen“, und eine Reihe ehemaliger Vereinskameraden äußersten sich rückblickend ähnlich über ihn.

Egon Pentrup, geboren 1906, entstammte einer katholischen Familie, die 1905 der Arbeit wegen aus dem Münsterland nach Dortmund gezogen war.[123] Als begeisterter Fußballer spielte er als Jugendlicher zunächst für einen Nordstadt-Verein der katholischen „Deutschen Jugendkraft (DJK)“, ehe er 1926 nach einem Umzug der neunköpfigen Familie in die Schmiedestraße zum BVB wechselte. Die Familie lebte wie fast alle Arbeiterfamilien im Hoesch-Viertel in bescheidenen bis

120 Kolbe, Der BVB in der NS-Zeit, S. 113 f.

121 30 Jahre B.V. Borussia e. V. Dortmund. Festbuch zur Feier des 30-jährigen Bestehens, Dortmund 1939, S. 12.

122 Zur Diskussion um die Vorstandswechsel 1933/34 vgl. auch Bormann/Schnutz, Der BVB in der NS-Zeit, S. 70.

123 Zum Folgenden siehe Kolbe, Der BVB in der NS-Zeit, S. 111–114.

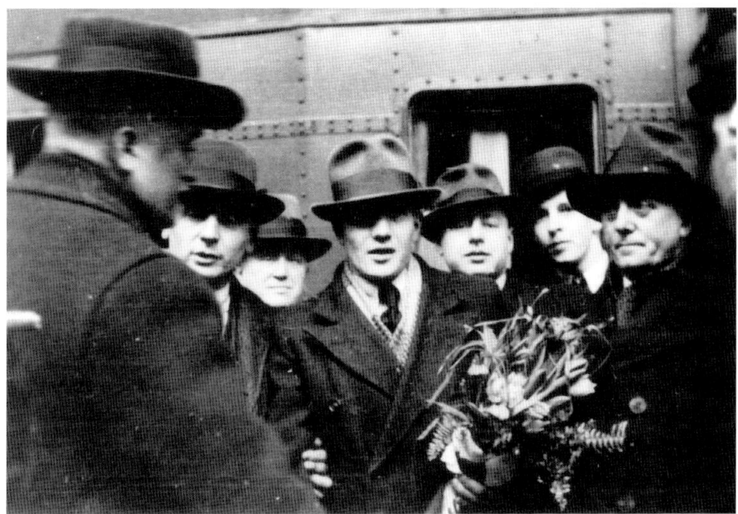

Egon Pentrup (links) und August Busse (rechts) beim Empfang von August Lenz (Mitte) auf dem Dortmunder Hauptbahnhof nach seinem Länderspieldebut, 1935.
BORUSSEUM, Archiv

ärmlichen Verhältnissen. Als Egon Pentrups Vater 1927 im Alter von 52 Jahren starb, musste er als zweitältestes von sieben Kindern fortan vor allem für den Unterhalt der Familie sorgen und seine aktive Laufbahn bald beenden – auch weil die Kosten für die Ausrüstung, die vom Trikot bis zu den Schuhen nicht erstattet wurden, die finanziellen Möglichkeiten der Familie überstieg.

Der gelernte Sattler und Polsterer blieb aber dem Verein als Mitglied verbunden – und wurde unversehens sein Vorstandsvorsitzender. Dass er mit gerade einmal 26 Jahren in dieses Amt gewählt wurde, lässt vermuten, dass er ein gutes Standing im Verein hatte, und wirft zugleich die bisher nicht zu beantwortende Frage auf, ob es andere Kandidaten gegeben hat. Wer sich im Vereinsleben ein wenig auskennt, weiß, dass es zuweilen schwierig ist, Kandidaten für die bei vielen unbeliebten, mit viel Zeit- und Arbeitsaufwand verbundenen und zudem ehrenamtlichen

Vorstandsämter zu finden. Und Renommee war in der bürgerlichen Stadtgesellschaft mit dem Amt des Vorsitzenden des Fußballvereins aus dem abgelegenen Arbeiterviertel bis in die 1950er-Jahre nicht zu gewinnen. Auch die engeren Mitarbeiter Pentrups stammten sämtlich aus dem Hoesch-Viertel und dem Arbeitermilieu. Fritz Niesel war Former und wohnte am Borsigplatz, Fritz Rekittke war Schlosser und wohnte ebenso wie der Vorabeiter Josef Brock in der Borsigstraße.

Dass sich ein bekannter Nicht-Nazi wie Egon Pentrup nach dem 30. Januar 1933 mehrere Jahre an der Spitze eines deutschen Sportvereins hätte halten können, war unter den gegebenen politischen Verhältnissen nicht möglich. Dass er nicht bereits 1933 abgelöst wurde, ist angesichts der frühen Erlasse und Anordnungen der Reichssportführung, des DFB und vor allem des WSV zur Einführung des „Führerprinzips" in den Vereinen auffällig.

Am 30. Mai 1933 hatte der zwei Wochen zuvor zum Verbandsführer des WSV gewählte notorische Nazi Josef Klein in Bezug auf die „Gleichschaltung" der Vereine in der Verbandszeitung angeordnet:

> „1. Mitglieder des WSV können nur solche Vereine sein oder werden, die volksgemeinschaftliche Gesinnung pflegen, die die Jugend mit den Mitteln der Leibesübungen und der Sportkameradschaft zu staatsbejahenden Volksgenossen erziehen und in ihrer Führung die Gewähr bieten, dass diese Grundsätze verwirklicht werden.
> 2. Bis zum 15. Juni sind die Satzungen der Vereine von den dafür zuständigen Vereinsorganen durch folgende Beschlüsse nach dem Führergrundsatz umzuformen: a.) Die HV [Hauptversammlung] der Vereine bestimmt den Vereinsführer. […]"[124]

Es blieben also den Vereinen nur gut zwei Wochen Zeit, diese Anordnung umzusetzen. Einige Vereine im Bereich des WSV schafften es gerade noch, einen Tag vor Ablauf der Frist eine Hauptversammlung abzuhalten: Die Mitglieder von Alemannia Aachen etwa setzten am

124 Fußball und Leichtathletik, 30. Mai 1933.

14. Juni 1933 einen neuen „Vereinsführer" ein,[125] bei Rot-Weiß Essen wurde am selben Tag der bereits amtierende Vorsitzende zum „Vereinsführer" gewählt.[126] Schalke 04 war etwas spät dran: Am 24. Juni fand eine Generalversammlung statt, auf der die Integrationsfigur Fritz Unkel, der nicht der NSDAP angehörte und auch nicht als überzeugter Nazi bekannt war, zum „Vereinsführer" gewählt wurde.[127] Am 20. Juni 1933 sahen sich Klein und der Verband genötigt, noch einmal an die Anordnung zu erinnern, da offensichtlich eine Reihe von Vereinen noch nicht reagiert hatte und zudem viele Anfragen zur Umsetzung eingegangen waren.[128]

Wie der BVB auf die Anordnung reagiert hat, ist quellenmäßig nicht überliefert, dass er sie einfach ignorieren konnte, scheint jedoch eher unwahrscheinlich. Weder eine entsprechende Satzung noch andere schriftliche Quellen oder auch Stellungnahmen aus späterer Zeit liegen dazu vor, und das Vereinsregister enthält für die Jahre zwischen 1929 und 1936 keinerlei Dokumente. Es kommen nur zwei Möglichkeiten in Betracht: Entweder wurde Egon Pentrup nicht im Januar, sondern erst im Juni 1933 zum „Vereinsführer" gewählt oder er wurde Mitte 1933 als amtierender Vorsitzender in der Funktion des „Vereinsführers" bestätigt. Denn dass er bis 1934 amtierte, ist von mehreren Seiten überliefert. Auf jeden Fall handelte es sich um einen Vorgang und eine Personalie, die den Intentionen der braunen Sportführung deutlich entgegenliefen.

1. Wechsel in der Vereinsführung 1933/34

Es sei Druck auf ihn ausgeübt worden, der NSDAP beizutreten, erläuterte Pentrup 1980, doch das sei für ihn nicht infrage gekommen.[129] Daher sei er Anfang 1934 als BVB-Vorsitzender zurückgetreten. Damit

125 Rohrkamp/Deloie, „Und Salomon spielt längst nicht mehr", S. 66 f.
126 Havemann, Fußball unterm Hakenkreuz, S. 131.
127 Goch/Silberbach, Zwischen Blau und Weiß liegt Grau, S. 73 ff.
128 Fußball und Leichtathletik, 30. Juni 1933.
129 Kolbe, Der BVB in der NS-Zeit, S. 114.

machte er Platz für die Rückkehr seines Vorgängers. August Busse war zwar 1934 auch noch nicht Mitglied der NSDAP, aber wohl als mit ihr sympathisierend bekannt, sonst hätte er sich nicht bis Kriegsende 1945 als „Vereinsführer" halten können.

August Busse, 1890 in Hörde geboren, war Schlosser und Schmied, zunächst in kleineren Betrieben und bei der Reichsbahn, dann auf der zum Hoesch-Konzern gehörenden Zeche Kaiserstuhl tätig. 1910 war er gemeinsam mit anderen Spielern des Vereins Britannia dem BVB beigetreten, wo er lange Jahre Spieler der ersten Mannschaft war und 1929 den Vorstandsvorsitz übernahm. Busse beantragte seine Aufnahme in die NSDAP erst am 11. März 1940 und wurde am 1. Juli 1940 mit der Mitgliedsnummer 8 054 939 in die Partei aufgenommen.[130] Er war also alles andere als ein „Alter Kämpfer". Seine Mitgliedskarte wurde erst am 25. April 1941 ausgestellt.

Es sind keinerlei schriftliche Äußerungen August Busses überliefert, auf deren Grundlage ein Urteil oder zumindest eine Aussage über seine politisch-ideologische Einstellung getroffen werden könnte. Ein überzeugter Parteigänger oder gar fanatischer Aktivist der Bewegung war er nicht, das hat niemand aus seinem Umkreis behauptet und das belegen auch spätere Ereignisse aus dem Vereinsleben recht deutlich. Seine Zeitgenossen und Vereinskameraden beschrieben seine Haltung und sein Handeln rückblickend unterschiedlich: Egon Pentrup bezeichnet ihn offen als „Nazi", der sich jedoch um den Verein in seiner Zeit als Vereinsführer verdient gemacht habe.[131] Peter Paul Elisko, am Borsigplatz aufgewachsen und nach dem Krieg SPD-Ratsvertreter für den Bezirk Borsigplatz, war mit den beiden Söhnen Busses befreundet und blieb in seiner Einschätzung zurückhaltender: „Politisch waren die Busses schlecht einzuordnen, hielten sich bedeckt."[132]

August Busses Sohn Gerhard, Jahrgang 1930, wusste um die Vorgänge beim BVB nach 1933 nur aus Gesprächen mit seinen Eltern und

130 BArch, 9361-VIII Kartei/4901486 (NSDAP-Mitgliederkartei).

131 Kolbe, Der BVB in der NS-Zeit, S. 114.

132 Ebenda, S. 54.

seinem älteren Bruder.[133] Seine Aussagen deuten das Geschehen also hauptsächlich aus Sicht des Vereinsführers. Dennoch sind sie mit Blick auf das Gesamtbild interessant:

> „Als ich erwachsen war, habe ich die Erkenntnis gewonnen, dass mein Vater kein politisch denkender und handelnder Mensch im eigentlichen Sinn war. Seine ‚Politik' und seine Lebensphilosophie waren der BVB und die Kameradschaft innerhalb des Vereins, innerhalb der BVB-Familie. […] 1933 musste mein Vater wegen einer Erkrankung das Amt des Vorsitzenden an Egon Pentrup abgeben. Es tauchten später SA-Leute auf, um den Verein in einer der monatlichen Vereinssitzungen zu übernehmen. Das würde man heute eine ‚feindliche Übernahme' nennen. Immerhin stand der BVB ja in dem Ruf, ein linker, ein kommunistischer, sozialistischer Verein zu sein. Dem wollte man wohl einen Riegel vorschieben und plante eine Palastrevolution.
> Um diese Übernahme zu verhindern, trat mein Vater, dem von Willi Röhr und Karl Brettin politisch der Rücken freigehalten wurde, wieder an die Vereinsspitze. Das Motto lautete: ‚Mach Du das mal, dann geht die Sache schon in Ordnung'. Die Nazis ließen uns anschließend weitgehend in Ruhe."[134]

Das Argument, Großvater, Vater oder andere Familienmitglieder seien zwar in der NSDAP, aber „eigentlich" kein Nazis gewesen, sondern aus pragmatischen Gründen bzw. zwangsweise in die Partei eingetreten, kennt man aus Millionen deutscher Familiengeschichten der Nachkriegszeit. Jeder, der in die Partei eintrat, aus welchen Gründen auch immer, stützte das Regime und trug dazu bei, jene breite gesellschaftliche Grundlage zu schaffen, auf der dann auch die Massenverbrechen an Millionen Menschen möglich waren, ohne dass sich nennenswerter Widerstand dagegen erhoben hätte. Natürlich waren darin auch Zehn-

133 Zum Folgenden siehe das Interview mit Gerhard Busse, ebenda, S. 118–126.
134 Kolbe, Der BVB in der NS-Zeit, S. 120 f.

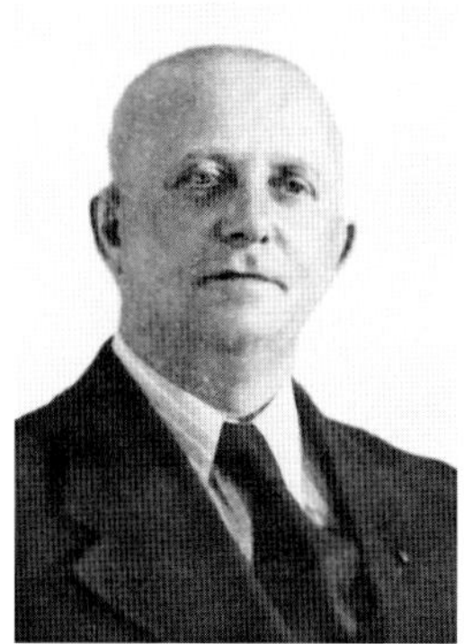

August Busse, 1939.
30 Jahre B.V. Borussia 09 e. V. Dortmund. Festschrift 1939

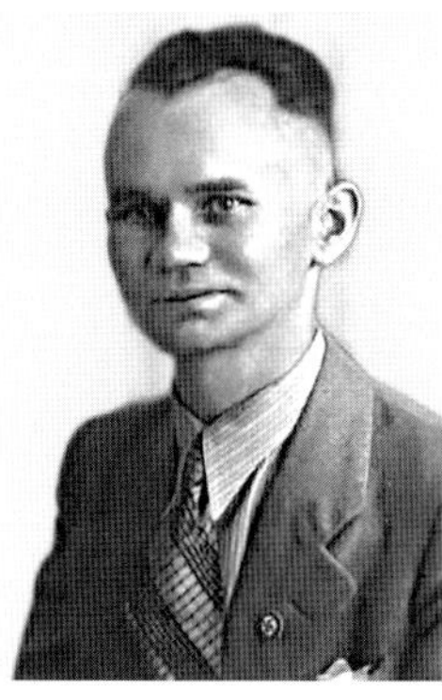

Wilhelm Röhr, 1936.
Bundesarchiv Berlin, Pers 11, WstB I, Röhr, Wilhelm

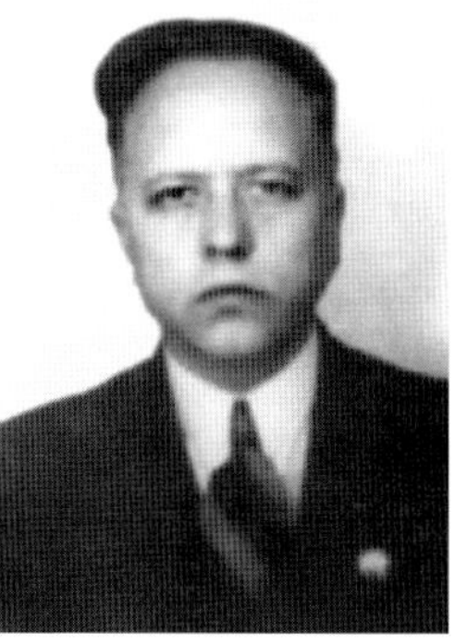

Karl Brettin, als Dietwart für die Schulung der Vereinsmitglieder im Sinne nationalsozialistische Ideologie zuständig, 1939.
Bundesarchiv Berlin, R 9361-VIII/ Kartei/3950552

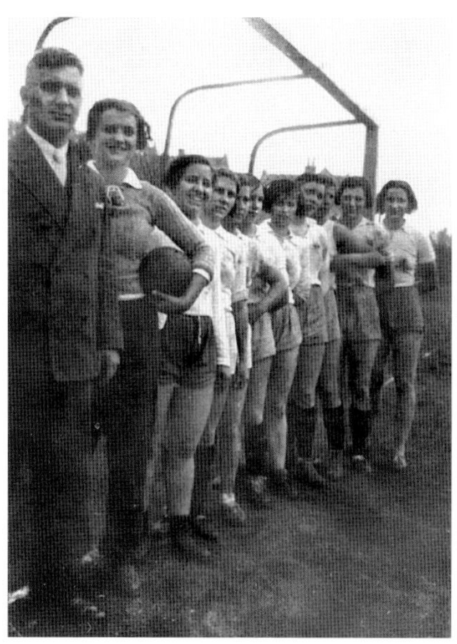

Karl Hagedorn, Stellvertreter des Vereinsführers, trainierte die Handballerinnen des BVB, um 1934.
BORUSSEUM, Archiv

tausende verstrickt, die keine Parteimitglieder waren, dennoch war der NSDAP-Eintritt ein demonstrativer Akt zugunsten des Regimes.

Wenn es stimmt, was Gerhard Busse erzählt, dass Willi Röhr, NSDAP-Mitglied und SA-Funktionär, sowie der Dietwart Karl Brettin dem Vereinsführer politisch den Rücken freigehalten haben, dann heißt das auch, dass August Busse den Machthabern nicht unbedingt als eifriger, linientreuer nationalsozialistischer „Vereinsführer" galt. Wozu hätte er sonst Rückendeckung gebraucht? Das passt zu der zitierten Einschätzung von Peter Paul Elisko, Busse sei politisch nicht eindeutig zuzuordnen gewesen.

Mit der Verdrängung Egon Pentrups aus dem Vereinsvorsitz scheint die Frage der Personalie für die „Gleichschaltung" des BVB „gelöst" gewesen zu sein. Da auch Dietwart Karl Brettin erst im Juli 1937 seine Aufnahme in die NSDAP beantragt hatte und rückwirkend zum 1. Mai 1937 aufgenommen wurde, war der SA-Funktionär Willi Röhr der einzige aktive und bekannte Parteigenosse und nationalsozialistische Funktionär im Umkreis des Vorstands. Röhr bekleidete zu keiner Zeit ein Vorstandsamt, war aber zweifellos die braune Eminenz im Verein. Es ist kein Zufall, dass der Vorzeige-Nazi des BVB im Gegensatz zu den meisten Funktionären, Spielern und Mitgliedern des Vereins nicht katholisch und kein Arbeiter war, sondern protestantisch und Druckereibesitzer. Die Wahrscheinlichkeit, unter protestantischen selbstständigen Kaufleuten früh Anhänger und Parteigänger des Nationalsozialismus zu finden, war um ein Vielfaches höher, als es unter Katholiken und Arbeitern der Fall war. Willi Röhr gehörte eben jenen gesellschaftlichen Gruppen an, die in Dortmund wie im gesamten Reich wesentlich für den Aufstieg der NSDAP verantwortlich waren.

Die Familie Röhr war dem BVB schon seit den frühen 1920er-Jahren verbunden, der Vater Willi Röhrs hatte sich um die Errichtung des Borussia-Sportplatzes verdient gemacht und gehörte zu den frühen Mäzenen des Vereins. Mit einigen Vereinsgründern, darunter der langjährige Vorsitzende Franz Jacobi, war die Familie Röhr freundschaftlich verbunden. Willi Röhr war ein „Alter Kämpfer", also einer jener Nazis, die schon vor dem Machtantritt im Januar 1933 der Partei angehörten und die von der Führung der Partei, vor allem von Hitler selbst, besonders geschätzt und gefördert wurden.[135] 1931 war Röhr in die NSDAP eingetreten, 1932 in die SA.[136] In der SA wurde er 1937 zum Obersturmführer befördert, in der Wehrmacht 1943 zum Feldwebel.

Röhr soll nach Aussage seiner Söhne stets darum bemüht gewesen sein, Spieler vor wichtigen Spielen vom Reichsarbeitsdienst bzw. der Wehrmacht loszueisen. Häufig mit Erfolg, wie aus vielen Mannschaftsaufstellungen der 1930er- und 1940er-Jahre zu ersehen ist. Aber auch Vereinsführer Busse war in diesem Sinn umtriebig und ersuchte die Wehrbezirk-Kommandos wiederholt um nahe an Dortmund gelegene Einsatzorte für die Stammspieler der ersten Mannschaft.[137]

1939 trat Willi Röhr, wie seiner Entnazifizierungsakte zu entnehmen ist, aus allen NS-Organisationen aus – aus der NSDAP, aus der SA, aus dem Reichsluftschutzbund und aus der Nationalsozialistischen Volkswohlfahrt (NSV). Was Anlass für diesen 1939 äußerst seltenen und drastischen Schritt war, ist ungewiss. Es erklärt aber zugleich, warum sich in der nahezu vollständig erhaltenen NSDAP-Kartei für Willi Röhr – im Gegensatz zu August Busse, August Lenz oder auch Karl Brettin – keine Mitgliedskarte finden lässt. Zwar wurden die Angaben in den Entnazifizierungsakten von den Betreffenden selbst gemacht, es war aber bekannt, dass die zuständigen Kommissionen die Möglichkeit hatten, die Angaben auf ihren Wahrheitsgehalt zu überprüfen und Recherchen durchzuführen. Es ist daher wahrscheinlich, dass Willi Röhr tatsächlich 1939 alle Parteiorganisationen verlassen hat. Er scheint

135 Interview mit den Söhnen Willi Röhrs, in: Kolbe, Der BVB in der NS-Zeit, S. 127–131.

136 Diese und die folgenden Angaben stammen aus der Entnazifizierungsakte Wilhelm Röhrs, die sich im Hessischen Hauptstaatsarchiv Wiesbaden befindet, da er sich nach dem Krieg bei seiner evakuierten Familie in Hessen aufhielt: HHStAW, Abt. 520/FH (Betroffene) A–Z Röhr, Wilhelm (R 4713 K 269). Für den Hinweis auf den Aufbewahrungsort der Akte danken wir Wilfried Harthan, der schon manches Wichtige zur frühen Geschichte des BVB aufgespürt hat.

137 BArch, Pers 11, WStB I, Stachorra, Emil.

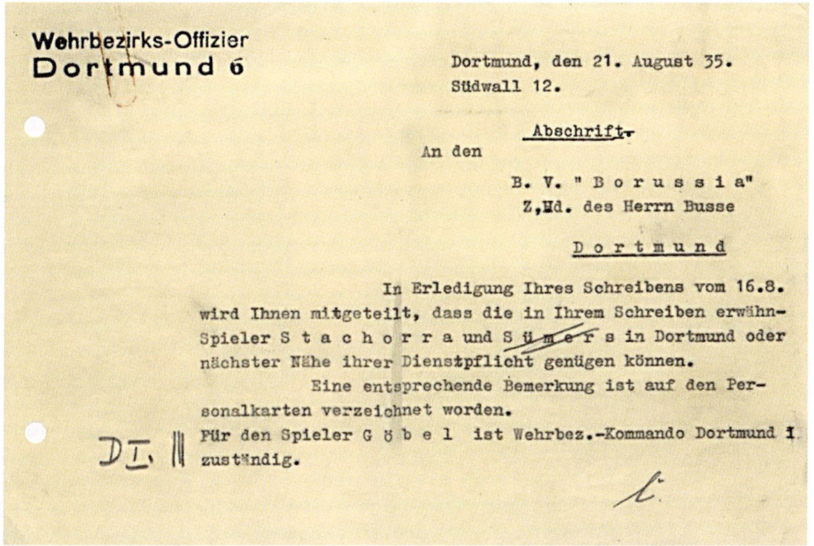
Wehrbezirks-Offizier
Dortmund 6

Dortmund, den 21. August 35.
Südwall 12.

Abschrift.

An den

B. V. " B o r u s s i a"
Z,Hd. des Herrn Busse

D o r t m u n d

In Erledigung Ihres Schreibens vom 16.8. wird Ihnen mitgeteilt, dass die in Ihrem Schreiben erwähn- Spieler S t a c h o r r a und S ü m e r s in Dortmund oder nächster Nähe ihrer Dienstpflicht genügen können.

Eine entsprechende Bemerkung ist auf den Personalkarten verzeichnet worden.

Für den Spieler G ö b e l ist Wehrbez.-Kommando Dortmund I zuständig.

Antwortschreiben eines Wehrbezirks-Offiziers an August Busse, der um einen nahe an Dortmund gelegenen Standorteinsatz für Spieler des BVB nachgesucht hatte.
Bundesarchiv Berlin, Pers 11, WstB I, Stachorra, Emil

diesen Schritt aber unter der Decke gehalten zu haben, denn auch seine Söhne wussten selbst nach dem Krieg offensichtlich nichts davon.

Dieser Rückzug Röhrs aus den NS-Organisationen ist wohl auch die Erklärung dafür, dass August Busse noch 1940 in die NSDAP eingetreten ist. Als „Schutzschild“ hätte ein aus der Partei und der SA ausgetretener Willi Röhr sicherlich nicht mehr dienen können.

2. Machtdemonstration im Hoesch-Viertel

In der Spielzeit 1933/34 ging der BVB wiederum in der zweitklassigen Bezirksklasse an den Start. Dieser gehörten zwölf Vereine an, die nicht mehr nur aus Dortmund kamen, sondern auch aus Bochum und

Wetter. Erklärtes Ziel der Borussen war der Aufstieg in die erstklassige Gauliga Westfalen. Neben den Meisterschaftsspielen absolvierten die Vereine auch ein Reihe sogenannter Gesellschaftsspiele, also Freundschaftsspiele. Ein ganz besonderes, wenn auch wohl nicht ersehntes hatte der BVB Anfang Oktober 1933 auf dem Borussia-Sportplatz auszutragen, Gegner war eine neu gebildete SA-Mannschaft. Wahrscheinlich ist dieses Spiel auf Betreiben und Drängen von Willi Röhr organisiert worden. Wie die Mannschaft, die Mitglieder und die Zuschauer dazu standen, lässt sich nicht einschätzen. Ein Spiel gegen die SA konnte man in diesen Monaten nicht einfach absagen, dafür hätte es schon außergewöhnlich guter Gründe bedurft. Schließlich drangsalierte und terrorisierte die SA zur gleichen Zeit auf Dortmunds Straßen, in SA-Gebäuden und im Steinwachen-Gefängnis die Bürgerinnen und Bürger nach Belieben.

Jedenfalls geriet das Spiel des BVB gegen den SA-Sturm I/217 am 1. Oktober 1933 zu einer gewaltig aufgebauschten Machtdemonstration der Nationalsozialisten im noch vor Kurzem so umkämpften „roten" Viertel. Es war Teil einer gewaltigen Propaganda-Veranstaltung anlässlich des Erntedankfestes, das in der gesamten Stadt mit Aufzügen, Massenveranstaltungen und Fanfarenklängen begangen wurde und vom Aufwand her der bisher größten Massenveranstaltung der Nazis, den Feiern zum „Tag der nationalen Arbeit" am 1. Mai 1933, kaum nachstand. Den SA-Mitgliedern, die noch vor wenigen Monaten regelmäßig aus dem Viertel gejagt und geprügelt worden waren, muss diese Veranstaltung eine große Genugtuung gewesen sein. Der BVB und das Viertel waren wohl ganz bewusst für das Spiel ausgewählt worden. Der Kommentator des von den Nazis übernommenen *Generalanzeigers für Dortmund* berichtete in entsprechend begeistertem Ton:

> „Das erste Auftreten der SA-Mannschaft hatte dem Borussenplatz mit 3000 Zuschauern einen durchaus guten Besuch beschert. Eingeleitet wurde der Tag mit einem Abmarsch vom Borsigplatz zum Borussiasportplatz, an dem sich ein Zug des SA Sturmes sowie die Sportler des BV. Borussia unter Vorantritt der Kapelle der 4. Brigade unter

> Leitung des Kapellmeisters Rotz jun. und des Spielmannzuges 1/141 beteiligten. Als der Festzug den Sportplatz erreichte, wurde er von den Besuchern stürmisch empfangen. Auf dem Spielfeld bildeten die unteren Mannschaften der Borussen ein Hakenkreuz, während die Kapelle das Horst-Wessel-Lied intonierte. Der Sportbeauftragte Dr. Wagner hielt die Begrüßungsansprache und der Spielführer der SA-Mannschaft überreichte den Borussen einen Hakenkreuz-Wimpel. Dann erschien ein Flugzeug über dem Sportplatz und warf einen Ball ab. Nachdem der Vereinsführer der Borussia Worte des Dankes gefunden hatte, und ein dreifaches Sieg-Heil über den Platz brauste, nahm das Spiel seinen Anfang. [...] In der Pause führte eine Riege der Borussenturner Kürübungen am Barren und Reck vor, die von den Zuschauern mit großem Beifall aufgenommen wurden. Inzwischen war auch Standartenführer Schumann mit seinem Stabe erschienen."[138]

Der Reporter der *Dortmunder Zeitung* hob einen Gedanken hervor, der die Intention für die Entscheidung der SA-Führung, das erste Fußballspiel einer SA-Mannschaft ausgerechnet im Norden der Stadt zu veranstalten, durchaus getroffen haben mag: Es sei auch ein weiterer „Beweis der Verbundenheit aller Volksgenossen"[139] gewesen. Die Regimegegner und jene, die man dafür hielt, gnadenlos zu verfolgen und alle anderen – soweit sie deutsch und „arisch" sind – für die „Volksgemeinschaft" auf diversen Wegen und mit unterschiedlichsten Mitteln zu gewinnen, war eine Maxime der Nazis, die sie in den folgenden Jahren auch im Sport hochhielten. Das Spiel endete übrigens 7:1 für den BVB, und der Reporter merkte an, dass sich die Sieger in der zweiten Halbzeit in ihrem Drang zum Tor merklich zurückgehalten hätten, um das Ergebnis nicht noch höher ausfallen zu lassen.

138 Generalanzeiger für Dortmund, 2. Oktober 1933.
139 Dortmunder Zeitung, 2. Oktober 1933.

3. Einführung der Einheitssatzung 1935

Die einzige überlieferte Satzung des BVB aus der Zeit des Nationalsozialismus ist die Einheitssatzung des Deutschen Reichsbundes für Leibesübungen (DRL) von 1935, die zum 1. Januar 1936 in Kraft trat.[140] Diese von der Reichssportführung erlassene Satzung enthielt in den vorgedruckten Passagen keinen expliziten „Arierparagrafen", sondern überließ den Vereinen, ob sie einen solchen aufnahmen oder nicht. §4 der Satzung enthielt keinen Text, sondern bestand aus einem freien Feld, in das die Vereine eintragen konnten, wer Mitglied werden konnte. In der Satzung des BVB ist an dieser Stelle eingefügt: „Die Mitgliederschaft setzt sich aus ordentl.[ichen] Mitgliedern, Ehrenmitgliedern und jugendl.[ichen] Mitgliedern zusammen." Dass der BVB und viele andere Fußballvereine keinen „Arierparagrafen" in die Satzung aufnahmen, war – zumindest im Ruhrgebiet – eher die Regel als die Ausnahme und ist nicht als bewusster Akt gegen die Intention der Nationalsozialisten zu verstehen. Die Durchsicht der Vereinsregister von sechs weiteren Dortmunder Fußballvereinen ergab, dass keiner der Vereine einen entsprechenden Paragrafen einfügte bzw. die Einheitssatzung gar nicht in den Akten enthalten war.[141]

Einen expliziten „Arierparagrafen" aufzunehmen war indes auch gar nicht notwendig, um „Nichtariern" die Aufnahme zu versagen, denn unter §2 der Satzung lautete der vorgedruckte Text: „Der Verein bezweckt die leibliche und seelische Erziehung seiner Mitglieder im Geiste des nationalsozialistischen Volksstaates durch die planmäßige Pflege der Leibesübungen." Damit war zu jener Zeit jedem bewusst, dass der Eintritt bzw. die Aufnahme und die Mitgliedschaft von Juden ausgeschlossen waren. Zudem wäre kein Jude nach nun schon drei

140 Amtsgericht Dortmund, Vereinsregister, VR 1245.

141 Beim Amtsgericht Dortmund wurden die Akten folgender Vereine daraufhin eingesehen: Arminia Marten (VR 2188), TBV Mengede (VR 2095), ÖSG Viktoria (VR 2152), BSV Schüren (VR 1705), Westfalia Hörde (VR 2180). Die Akte des SC Aplerbeck 09 (VR 2547) enthält keine Dokumente aus der Zeit vor 1945.

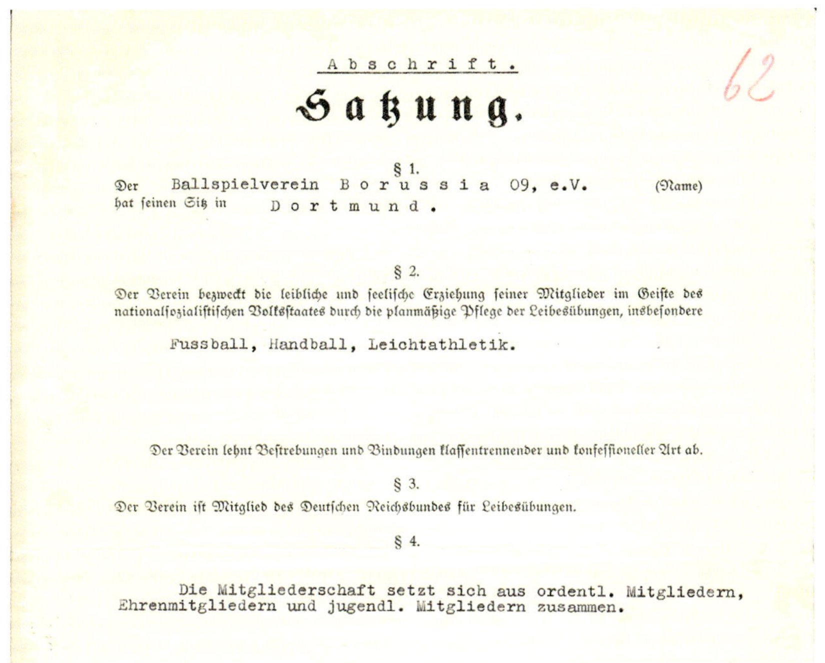

Abschrift.

62

Satzung.

§ 1.

Der Ballspielverein B o r u s s i a 09, e.V. (Name)
hat seinen Sitz in D o r t m u n d .

§ 2.

Der Verein bezweckt die leibliche und seelische Erziehung seiner Mitglieder im Geiste des nationalsozialistischen Volksstaates durch die planmäßige Pflege der Leibesübungen, insbesondere

Fussball, Handball, Leichtathletik.

Der Verein lehnt Bestrebungen und Bindungen klassentrennender und konfessioneller Art ab.

§ 3.

Der Verein ist Mitglied des Deutschen Reichsbundes für Leibesübungen.

§ 4.

Die Mitgliederschaft setzt sich aus ordentl. Mitgliedern, Ehrenmitgliedern und jugendl. Mitgliedern zusammen.

Erste Seite der Einheitssatzung von 1935 mit dem berüchtigten § 2.
Amtsgericht Dortmund, Vereinsregister, VR 1245

Jahren der fortschreitenden Entrechtung und sozialen Isolierung auf die Idee gekommen, einem der gleichgeschalteten Sportvereine beizutreten. Trotzdem stellte der Rechtsreferent des Reichssportführers in seiner Schrift „Sport und Recht" von 1936 noch einmal klar: „Die Aufnahme von Personen nichtarischer Abstammung und für Personen, welche die deutsche Reichsangehörigkeit nicht besitzen, ist durch die Einheitssatzung nicht geregelt, der Verein ist daher an sich in seiner Entschließung frei, soweit nicht bestehende Verbandsbindungen ihm den Weg weisen. Hinsichtlich der Nichtarier ergibt sich indessen die Entscheidung bereits aus dem § 2 der Einheitssatzung von selbst."[142]

142 Nürck, Sport und Recht, S. 47.

Die in der Literatur kontrovers geführten Diskussionen um „Arierparagrafen“ in den Satzungen von Sportvereinen und die Frage, wie deren Vorhandensein oder Nichtvorhandensein zu interpretieren ist, sind lediglich für die ersten zwölf bis achtzehn Monate der Herrschaft des NS-Regimes von Belang, für die spätere Zeit sind sie müßig. Das Fehlen eines solchen Paragrafen sagt 1936 angesichts der Etablierung des Regimes, der Durchsetzung der Gleichschaltung und vor allem der Systematisierung der Judenverfolgung kaum noch etwas aus. Viel eher sagt es etwas über die „Vereinsführer“ jener Sportvereine aus, die trotz der fortgeschrittenen Ausschließung der Juden aus der Gesellschaft meinten, ihre Judenfeindschaft noch einmal in einem Paragrafen besonders betonen zu müssen.

Die Einheitssatzung legte ferner fest, dass der Vereinsführer von der ordentlichen Mitgliederversammlung gewählt wird, aber der Bestätigung durch den Reichssportführer bedarf. Der Vereinsführer ernennt seinen Stellvertreter und den für die Verwaltungsarbeit notwendigen Beirat. Die Geschäftsführung und Vertretung des Vereins liegen in der Hand des Vereinsführers oder seines Stellvertreters. Der Vereinsführer kann jederzeit vom Reichssportführer abberufen werden. Die Vereinsleitung bestimmt, in welchem Monat die alljährliche Mitgliederversammlung stattfinden soll. Der BVB legte den April für die Mitgliederversammlung fest. Das könnte darauf hindeuten, dass auch in den Jahren zuvor die Versammlung jeweils im April stattfand und Egon Pentrup noch nach dem Machtantritt der Nationalsozialisten gewählt worden war.

In der Frage der „Arisierung“ des Sports und hier speziell in der Frage nach Aufnahme eines „Arierparagrafen“ in die Einheitssatzung von 1935 gab es nicht nur in der Haltung der einzelnen Vereine einer Sportart Unterschiede, sondern vor allem zwischen den unterschiedlichen Sportarten. Der Fußball in Gestalt des Dachverbandes DFB und eines Gutteils seiner Vereine gehörte nicht zu jenen Sportarten, in denen die „Arisierung“ in besonders eifriger Form und vorauseilendem Gehorsam betrieben wurde (mit Ausnahme der an anderer Stelle behandelten Vereine). Ganz im Gegensatz etwa zu den Dachverbänden der Turner, der Schwimmer, der Boxer, der Ruderer, der Tennisspieler und Skifahrer, die schon im Frühjahr und Sommer 1933 explizite „Arierparagrafen" aufnahmen und Juden aus ihren Vereinen ausschlossen. Regional angelegte empirische Studien zur Frage, wie die Vereine (vor allem auch die kleinen und mittleren, die kaum untersucht sind) die Vorgaben ihrer Dachverbände umsetzten und wie vorhandene Handlungsspielräume genutzt wurden, fehlen leider noch weitgehend.

Eine erste Untersuchung dieser Art hat Berno Bahro mit seinem Aufsatz über die Einführung des „Arierparagrafen" in Berliner und Brandenburger Sportvereinen vorgelegt.[143] Gegenstand der Untersuchung sind Vereine des DFB, der Deutschen Turnerschaft (DT) und des Deutschen Ruderverbandes (DRV). Der Autor führt die Vorgabe der Verbände bzw. der Fachämter an, wie sie jetzt offiziell hießen, und analysiert in einer Stichprobe von insgesamt 63 Vereinen die Umsetzung bis hin zur Einheitssatzung von 1935.

Von 41 Fußballvereinen nahmen 1933 nur vier einen „Arierparagrafen" in ihre Satzungen auf. Als die Einheitssatzung von 1935 keine entsprechende Bestimmung vorschrieb, ließen auch diese vier Vereine den Paragrafen wieder fallen. Die Deutsche Turnerschaft und der Deutsche Ruderverband hingegen verpflichteten ihre Vereine schon 1933/34, „Nicht-Arier" auf diesem quasi-rechtlichen Weg auszuschließen. Ein einziger Ruderverein verzichtete auf die Aufnahme der Bestimmung.

Als ein Ergebnis seiner Studie hält Bahro daher fest:

> „Vergleicht man das Verhalten nach der Zugehörigkeit zu den Verbänden bzw. Fachämtern, so fällt auf, dass sich das Vorgehen der untersuchten DFB-Vereine von den meisten Vereinen der DT oder des DRV unterscheidet. Der Großteil der untersuchten kleineren und mittleren Fußballvereine nahm im Untersuchungszeitraum nur die notwendigsten Anpassungen vor. Das bisher ausgewertete Material

143 Berno Bahro, Die Einführung des „Arierparagraphen" in Berliner und Brandenburger Sport- und Turnvereinen, in: Herzog (Hrsg.), Die „Gleichschaltung" des Fußballsports, S. 115–136.

> erweckt den Anschein, dass es sich bei diesen Vereinen nicht in erster Linie um politisch-ideologische Gesinnungsgemeinschaften handelte, sondern um heterogene Vereinigungen, die eine vorrangig an Fußball interessierte Klientel sammelten und sich während des 1933 einsetzenden politischen Umbruchs pragmatisch verhielten."[144]

Rund um die vom BVB übernommene Einheitssatzung gab es einige Ungereimtheiten und Verwirrungen bezüglich ihrer Einreichung beim Amtsgericht und des fälligen Eintrags im Vereinsregister. Die Reichssportführung hatte verfügt, dass die Satzung zum 1. Januar 1936 in Kraft trete. Das vom BVB eingereichte Exemplar trägt ursprünglich das Datum 29. Dezember 1935. Es scheint, als hätte der Vorstand schlichtweg vergessen oder verdrängt, sich im Laufe des Jahres 1935 um die Anordnung zu kümmern, um dann zwei Tage vor Torschluss die Satzung rasch noch einzureichen. In der offensichtlichen Hektik beging die Vereinsführung einen formalen Fehler: Sie hielt nicht die laut eigener Satzung für eine Satzungsänderung oder neue Satzung notwendige Hauptversammlung ab, auf der eine Änderung mit Dreiviertel-Mehrheit beschlossen werden musste. Das Fachamt Fußball (DFB) im Gau IX Westfalen kümmerte sich um vereinsrechtliche Angelegenheiten offenbar nicht, denn es antwortete dem BVB am 28. Februar 1936, dass die zugesandte Einheitssatzung bestätigt und August Busse in seinem Amt als Vereinsführer vom Gaufachamtsleiter bestätigt worden sei. Der Vorstand war wohl der Meinung, damit seine Pflicht getan zu haben, denn beim Amtsgericht reichte er den Antrag auf Eintragung der Einheitssatzung ins Vereinsregister erst zwei Jahre später ein, am 17. Februar 1938. Die Satzung trug als Datum immer noch den 29. Dezember 1935.

Das Amtsgericht verweigerte nun die Eintragung der Satzung, da die Protokollbücher zeigten, dass am 29. Dezember 1935 keine Hauptversammlung stattgefunden habe. So musste der Verein am 14. Mai 1938 eine Jahreshauptversammlung abhalten, auf der August Busse ohne Gegenstimme zum Vereinsführer wiedergewählt wurde. Das ursprüng-

144 Ebenda, S. 133.

liche Datum unter der neuen Satzung wurde maschinenschriftlich durchgestrichen und durch die Angabe „14. Mai 1938" ersetzt. Damit zeigte sich das Amtsgericht zufrieden. Erstaunlich ist, dass auch der Polizeipräsident Dortmunds der Satzungsänderung zustimmen musste, wie ein im Vereinsregister enthaltenes Dokument aus dem März 1938 belegt.

4. Das 30-jährige Vereinsjubiläum 1939

Am 8. Juli 1939 feierte der BVB sein 30-jähriges Bestehen mit einem großen Jubiläumsfest. Es war bereits die dritte offizielle Feier des Vereins, die nicht mehr im heimischen Hoesch-Viertel, sondern in repräsentativen Gaststätten der Innenstadt begangen wurde. Das 25-jährige Jubiläum hatte der Verein 1934 im „Kölnischen Hof" nahe dem Alten Markt veranstaltet, die Aufstiegsfeier im Juli 1936 in der Gaststätte „Reinoldus". Nun wählte man das Restaurant „Kronenburg" an der Märkischen Straße 83, direkt neben der Kronenbrauerei.

Das war sicherlich auch der Tatsache geschuldet, dass der BVB 1939 nicht mehr nur der Stadtviertel-Verein der ersten zweieinhalb Jahrzehnte seines Bestehens war. Die Mannschaft gehörte seit drei Jahren der erstklassigen Gauliga an, war damit unumstritten Dortmunds Spitzenverein im Fußball und trug ihre Spiele im größten und repräsentativen Stadion der Stadt aus, in der Roten Erde. Am sozialen Gepräge des Vereins hatte sich indessen kaum etwas geändert, die meisten Spieler hatten schon in der Saison 1932/33 gespielt und der sportliche Erfolg scheint nur August Lenz, dem ersten und bis in die Nachkriegszeit einzigen Nationalspieler des Vereins, am Arbeitsplatz einige Erleichterungen eingebracht zu haben. Ein bekanntes bürgerliches Lokal wie die „Kronenburg" schien den Verantwortlichen daher wohl angemessener als eine Gaststätte am Borsigplatz. Das Bestreben, auf größerer Bühne zu spielen, war Konsequenz des sportlichen Erfolgs.

Man begab sich damit aber auch auf ein Terrain, das politisch im Gegensatz zum eigenen Revier stand und das schon vor 1933 bei

Nationalsozialisten und SA-Männern beliebt war, fanden sie doch hier viele Anhänger, Wähler und Mitglieder. Das Viertel um die Kronenbrauerei zwischen (heutiger) Saarlandstraße, Landgrafenstraße, Markgrafenstraße und Hainallee mit seinen bei der oberen Mittel- und Oberschicht beliebten Wohnlagen war eine der Nazihochburgen Dortmunds. Lagen bei den Reichstagswahlen vor dem Machtwechsel 1933 in den Wahllokalen des Viertels noch meist die Deutsch-Nationalen vor der NSDAP als zweitstärkster Kraft, so liefen die deutsch-nationalen Wähler nach der Ernennung Hitlers zum Reichskanzler in Scharen zu den siegreichen Braunen über.[145] Bei den Märzwahlen 1933 erreichte die NSDAP in den dortigen Wahllokalen mit Stimmenanteilen von 41 bis 45 % einige ihrer besten Ergebnisse auf Dortmunder Gebiet.

An der Jubiläumsfeier nahmen zwei Vertreter der Gau-Sportführung, der Kreisdietwart und zwei Vertreter der SA als Ehrengäste teil. Die Präsenz der SA – es handelte sich um einen Vertreter der SA-Westfalen sowie um einen Vertreter der Dortmunder SA-Brigade 97 – könnte darauf hindeuten, dass SA-Obersturmbannführer Willi Röhr von Vereinsseite für die Auswahl der „Kronenburg“ als Veranstaltungsstätte verantwortlich war. Zudem kamen regelmäßig fünf bis sechs BVB-Fußballer gemeinsam mit Spielern von Schalke 04 in der SA-Mannschaft Westfalen zum Einsatz.[146] Auffällig ist hingegen die Abwesenheit von Vertretern der NSDAP. Auch die Stadtspitze scheint weiterhin kein besonders inniges Verhältnis zu ihrem sportlich führenden Fußballverein gehabt zu haben, denn weder Oberbürgermeister Willi Banike noch ein Bürgermeister waren anwesend, statt ihrer vertrat ein Stadtobersekretär die Kommune.

Die *Westfälische Landeszeitung – Rote Erde*, das „einzige amtliche Organ der Stadt Dortmund“, berichtete am 10. Juli 1939 unter der Überschrift „Herzlichen Glückwunsch, Borussia!“ recht ausführlich über

145 Vgl. etwa die Ergebnisse der Reichstagswahlen im Juli 1932 und März 1933 in den Wahllokalen „Südschänke“, „Schneider“ und „Ophoff“ an der Märkischen Straße, in: Dortmunder Zeitung, 1. August 1932 und 6. März 1933.

146 Zur Frage der Mitgliedschaft von BVB-Spielern in der SA siehe das Kapitel „BVB-Spieler in NS-Organisationen“.

das Jubiläumsfest. Der Reporter geht zunächst in einem kurzen Rückblick auf die Gründung des Vereins ein, erwähnt anschließend die auf solchen Feiern obligatorischen Reden des Vereinsführers August Busse und des Vertreters der Gau-Sportführung sowie die Ehrung von Jubilaren durch den stellvertretenden Vereinsführer Karl Hagedorn. Einen großen Teil des Berichtes nimmt die Kommentierung des Umstandes ein, dass der BVB als Dortmunds Spitzenmannschaft im Jubiläumsjahr über keine eigene Sportplatzanlage mehr verfügt:

> „Eigentlich ist es ein Kuriosum, daß der BV. Borussia seit beinahe zwei Jahren nicht mehr über eine eigene Sportplatzanlage verfügt. Seine Anlage auf städtischem Boden mußte Neubauten weichen und seither sind die Borussen mit all ihren Mannschaften, von denen die Jugendmannschaft erst vor kurzem in einem schweren Kampf gegen die des Großdeutschen Meisters Schalke 04 die Gebietsmeisterschaft erkämpfen konnte, gewissermaßen heimatlos geworden. Ein Schulhof dient dem Nachwuchs heute als Uebungsgelegenheit. Daß sich unter so nachteiligen Verhältnissen auch die besten Talente auf die Dauer nicht entfalten können, liegt klar auf der Hand. Wir wollen hoffen, daß für die Sportkameraden vom Borsigplatz bald Rat geschaffen wird. Es wäre bedauerlich, wenn die mißlichen Platzverhältnisse dazu führen würden, daß Dortmund einmal nicht mehr in der Spitzenklasse des Fußballsports vertreten ist.“[147]

Der Verlust des eigenen Sportplatzes im Herbst 1937 aufgrund der geplanten Expansion des Hoesch-Werkes war tatsächlich das größte und am heftigsten diskutierte Problem des Vereins und sollte es bis weit in die Nachkriegszeit bleiben. Für das *Amtliche Organ Rote Erde* bedeutete diese kritische Stellungnahme schon fast einen Verstoß gegen die übliche Linie der verordneten Lobhudelei auf alles, was seit 1933 in der Stadt geschehen war. Sicherlich war die Stadt in dieser Frage verantwortlich, aber die Stadt, das waren die Nazis, die hier regierten.

147 Dortmunder Zeitung, 10. Juli 1939.

Kreisdietwart Dutz hob in seiner kurzen Ansprache hervor, dass der Vereinsname „Borussia“ ja so viel wie „Preußen“ bedeute und diese Namenswahl glücklich gewesen sei, denn preußische Tugenden wie Opfermut und Kampfesgeist hätten den Verein zum sportlichen Erfolg geführt. Dabei war ihm nicht bekannt, dass die Vereinsgründer den Namen weniger mit Blick auf die preußischen Tugenden als auf das in ihrem Stammlokal ausgeschenkte Bier der gleichnamigen Dortmunder Brauerei gewählt hatten.

August Busse wurde in diesem Artikel der *Roten Erde* als „Parteigenosse“ bezeichnet, obwohl er das 1939 noch nicht war. Diese Vereinnahmung ungeachtet der fehlenden Mitgliedschaft scheint den Nazis überall dort, wo es ihnen gelegen kam, leicht über die Lippen gekommen zu sein. Wahrscheinlich verhielt es sich bei der Bezeichnung der BVB-Spieler, die in der SA-Mannschaft spielten, als „SA-Männer“ ähnlich. Für keinen der Dortmunder und Schalker Fußballer, die wiederholt in der SA-Mannschaft Westfalen gespielt hatten, konnte bisher eine ordentliche Mitgliedschaft in der NS-Organisation nachgewiesen werden.[148] Eine Behauptung und Vereinnahmung dieser Art findet sich auch in der Festschrift, die der BVB zum Jubiläum herausgab.

Das Cover der Jubiläumsschrift „30 Jahre B.V. Borussia 09 e.V. Dortmund“ war in Braun gehalten, was sicherlich als Reminiszenz an die Machthaber zu interpretieren ist. Die Vereinsfarben Schwarz und Gelb treten demgegenüber deutlich zurück. In Gelb gehalten ist der Reichsadler im Emblem des Nationalsozialistischen Reichsbundes für Leibesübungen (NSLR), das alle Vereine seit 1939 in leicht abgewandelter Form auch auf dem Trikot trugen, in Schwarz der Hintergrund für den Titel.

Die folgenden Vorsatzblätter zeigen ein ganzseitiges Porträt Adolf Hitlers sowie ein klein gehaltenes Porträt und ein Zitat des Reichssportführers Hans von Tschammer und Osten: „Die Gesunderhaltung und

148 Vgl. Goch/Silberbach, Zwischen Blau und Weiß liegt Grau, S. 125. Im Fall Schalke gab es die Behauptung der SA, alle Spieler der ersten Mannschaft hätten der SA angehört. Ein Beleg dafür fand sich für keinen Spieler.

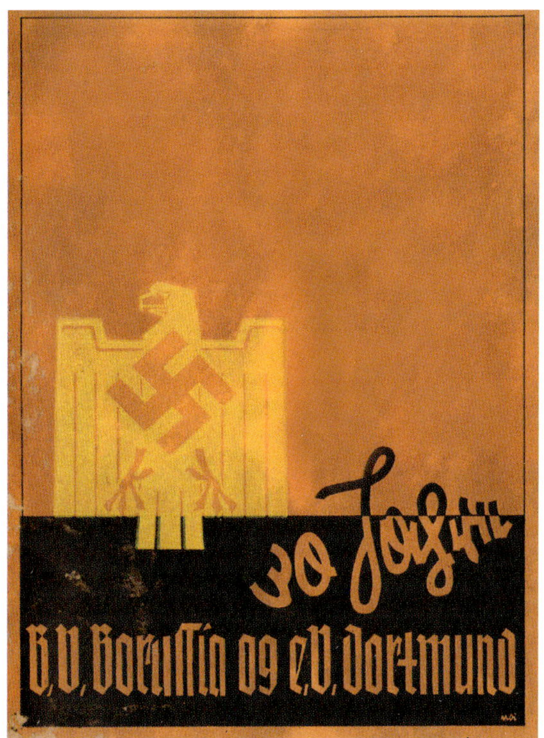

Titelblatt der Festschrift zum 30-jährigen Jubiläum des Vereins, 1939.

körperliche Ertüchtigung des schaffenden deutschen Menschen ist eine der dringlichsten Aufgaben unserer Zeit." Ehe der eigentliche Text zum Jubiläum einsetzt, folgt noch eine Liste der im Ersten Weltkrieg gefallenen Vereinsmitglieder und der Vereinsgründer von 1909.

Den Haupttext für die Jubiläumsschrift hat Karl Brettin verfasst, von Beruf Techniker und Dietwart des Vereins. Er beginnt seine Ausführungen mit einem Rückblick auf die Vereinsgeschichte, beschreibt recht ausführlich die sportliche Entwicklung der ersten Mannschaft seit dem Aufstieg in die Gauliga 1936 und kommt dann auf den Punkt zu sprechen, der „unsere Festgefühle arg betrübt".[149] Wieder ging es um

149 30 Jahre B.V. Borussia e. V. Dortmund, S. 20.

die fehlende Platzanlage: „Das schönste und größte Jubiläumsgeschenk, das man uns machen könnte, wäre die Überlassung eines für unsere Zwecke geeigneten Stück Geländes in der Nähe unserer alten Platzanlage. Hoffen wir, daß diesem öffentlichen Appell endlich ein Erfolg beschieden sein möge."[150]

Der Verlust des Borussia-Platzes an der Wambeler Straße schmerzte die Borussen verständlicherweise sehr, da er mehr als nur ihre sportliche Heimat gewesen war. 1924 war die Anlage grundlegend renoviert und mit einer Mauer eingefriedet worden. Alles war auf dem von der Stadt gepachteten Grundstück durch Arbeit der Mitglieder und auf eigene Kosten geschaffen worden. 1937 verlängerte die Stadt den Pachtvertrag nicht und verkaufte das Gelände an das benachbarte Hoesch-Werk, das es aber erst Jahre später nutzte.

> „An allem hing man mit Leib und Seele. Wir waren froh, dass wir diesen schönen Platz hatten. Weil das ganze Gelände immer sehr weich und feucht war, ein echtes Feuchtgebiet eben, haben wir noch eine besondere Kanalisation gelegt, um die Anlage trocken zu legen. Mit Erfolg! Dann diese Wegnahme. Diesen Eingriff in die Vereinsrechte haben die Borussen der Stadt und den Nazis nie verziehen. […] So ein bisschen litten wir auch unter unserer Herkunft als ‚armer' Arbeiterverein aus dem Norden."[151]

Obwohl die Nicht-Verlängerung eines Pachtvertrages ein gewöhnlicher bürokratischer Vorgang ist, waren der Ärger und der sehr emotionale Umgang des BVB mit diesem Thema nur verständlich. Der Dreiklang aus Wohnviertel, Arbeitsstätte und Sportplatz in enger nachbarlicher Umgebung, der nicht nur die ersten Jahrzehnte des Vereins geprägt, sondern auch dessen Gründung und sportlichen Erfolg wesentlich gefördert hatte, war damit zerstört. Dass der Verein zudem keinen Pfennig Entschädigung für die Anlage erhalten hatte, war rechtlich in

150 Ebenda.
151 Interview mit Irmbert Kistner, in: Kolbe, Der BVB in der NS-Zeit, S. 84 f.

Ordnung, aber zumindest das prosperierende Eisen- und Stahlwerk hätte sich zu einer finanziellen Geste bereitfinden können. Die Reserve- und die Jugendmannschaft mussten fortan fürs Training über Schulhöfe und durch Turnhallen tingeln. Zumindest die A-Jugend aber besaß so viele fußballerische Talente, dass sie 1939 dennoch mit einem Sieg über die Schalker Jugend Gebietsmeister wurde.

Dietwart Karl Brettin kam in der Festschrift auch auf das Dietwesen zu sprechen. Die Vereinsführung habe, so führte er aus, seinerzeit die wichtige Aufgabenstellung der Dietwarte und die Notwendigkeit von Erziehungsarbeit für die „Sport- und Volksgemeinschaft" sofort begriffen und ihm den Posten des Vereinsdietwarts übertragen.

> „[Jede Gelegenheit], sei es nach dem Training unserer 1. Fußball- oder Handballelf, sei es in den Mitgliederversammlungen oder besonders eingelegten Dietstunden, wird dazu benutzt, um durch Wort, Lied, Vorlesungen und zeitgemäße Vorträge Volkstum, Brauchtum und Heimatliebe zu pflegen, denn im heutigen N.S.R.L. [Nationalsozialistischer Reichsbund für Leibesübungen] wird nicht die Sportgemeinschaft am höchsten bewertet, die lediglich einen äußeren erfolgreichen Spielbetrieb aufweisen kann, sondern diejenige, welche für die vom Führer gebildete große deutsche Volksgemeinschaft den höchsten Erziehungsbeitrag beisteuert."[152]

Man stelle sich junge Männer vor, beim BVB fast ausschließlich Arbeiter, die nach einem anstrengenden Arbeitstag zum Fußballtraining gehen und sich dort körperlich weiter verausgaben und nach dem Training noch Lieder und Vorträge zu den Themen „Volkstum, Brauchtum und Heimatliebe" anhören sollen. Wäre die Dietarbeit tatsächlich so geleistet worden, wie Brettin es beschrieb, wäre sie wohl für die allermeisten Sportler der Anlass gewesen, das dafür verantwortliche System und seine Maßnahmen zu verfluchen. Auch die immer wieder gepredigte NS-Maxime, der individuelle wie äußere sportliche Erfolg eines

152 30 Jahre B.V. Borussia e. V. Dortmund, S. 18.

Vereins sei weniger wichtig als seine Verdienste um die Ausbildung der Volksgemeinschaft, kann eigentlich nur von Personen verbreitet worden sein, die niemals ernsthaft Mannschaftssport ausgeübt haben.

Ein Fußballer will Spiele gewinnen und Meisterschaften erringen, für sich selbst und für seinen Verein. Schon der Arbeitersport hatte in seinen Anfängen nach dem Motto „Uns geht es nicht um Tore und Meisterschaften" versucht, das Sporttreiben und den sportlichen Wettkampf ideologischen Zielen wie der Kräftigung der Arbeiterschaft für den Klassenkampf unterzuordnen. Das Ergebnis war, dass sich vor allem unter den Fußballern bedeutend mehr Arbeiter den bürgerlichen Fußball- als den Arbeitersportvereinen anschlossen. Fußballer feiern Tore und Siege weder im Blick auf den Klassenkampf noch auf die „Volksgemeinschaft". Den Höhepunkt der Realitätsferne jener, die für die Richtlinien der Dietarbeit zuständig waren, bildete die Aufforderung, auch während des laufenden Trainings zwischen den einzelnen Übungen „Dietminuten" abzuhalten.[153]

Auch auf den Mitgliederversammlungen werde Dietarbeit geleistet, behauptete Karl Brettin in der Festschrift. Aus der NS-Zeit ist nur das Protokoll einer einzigen Hauptversammlung erhalten, jener vom 14. Mai 1938. Dort heißt es gleich zu Beginn, nach Verlesung der Tagesordnungspunkte, unter denen sich kein Punkt „Dietarbeit" befand, habe Vereinsführer August Busse dem Dietwart Karl Brettin das Wort erteilt. Laut Protokoll gab dieser dann „eine Erklärung ab über die Aufgaben, die ein Dietwart innerhalb der Vereinsbewegung zu vollziehen hat. Er führte an, dass der Dietwart den Weltanschauungsunterricht im nationalsozialistischen Sinne zu geben und somit in engster Verbundenheit die Kameradschaft zu fördern [hat]".[154]

Wenn Brettin nach vier Jahren Dietarbeit, die doch angeblich bei jeder Gelegenheit geleistet wurde, den versammelten Mitgliedern noch erklären zu müssen glaubte, welche Aufgaben er damit zu erfüllen habe,

153 BArch, NS 22/929, Amtliche Anordnungen zur Dietarbeit, 1937, S. 22

154 Protokoll der Jahreshauptversammlung vom 14. Mai 1938, Amtsgericht Dortmund, VR 1425.

dann scheint seine Arbeit weder besonders zeitaufwendig noch effektiv gewesen zu sein. Irmbert Kistner, der in den späten 1930er- und frühen 1940er-Jahren in der BVB-Jugend spielte, antwortete auf die Frage, wie die Stellung des Dietwarts im Verein gewesen sei:

> „Der Dietwart war eine Pflichtübung und beim BVB eine Person ohne Resonanz. Er hat innerhalb des Clubs das Deutschtum nicht besonders pflegen können, es sei denn bei sich selbst. […] Deshalb habe ich nie etwas vom Dietwart Brettin erlebt. Er trat nicht in Erscheinung. Ich würde mich nicht wundern, wenn alle damaligen Borussen mit dem Brustton der Überzeugung abstreiten würden, einen Dietwart beim BVB überhaupt gekannt oder erlebt zu haben."[155]

Ähnlich äußerten sich weitere ehemalige Vereinsmitglieder wie die Handballerin Hedwig Trautmann oder der während des Krieges als „Gastspieler" eingesetzte Erich Trapp.[156] Bei allen handelte es sich um Personen, die keine Funktionen im Verein innehatten und daher auch keinen Anlass, die Arbeit und den Einfluss des Dietwarts kleinzureden. Die systematische und regelmäßige Schulung der Sportlerinnen und Sportler im Sinne der nationalsozialistischen Weltanschauung war offensichtlich eine Wunschvorstellung der Machthaber.

Das war nicht nur beim BVB so, das galt für viele Sportvereine. Entgegen der Anordnung des Reichssportführers vom 14. April 1934, dass jeder Verein einen Dietwart zu ernennen habe, hatte bis Ende 1936 fast ein Drittel der Vereine nicht einmal formal die Stelle besetzt.[157] Von den über 32 000 Dietwarten, die es im September 1937 im Bereich des DRL gab, waren 9000 weder Parteimitglieder, noch gehörten sie anderen NS-Organisationen an, nur jeder Fünfte hatte eine Schulung besucht,

155 Interview mit Irmbert Kistner, in: Kolbe, Der BVB in der NS-Zeit, S. 84.

156 Ebenda, S. 77 (Trautmann) und S. 168 (Trapp).

157 Zu diesen und den folgenden Zahlen siehe Havemann, Fußball unterm Hakenkreuz, S. 132.

obwohl dies für alle Dietwarte vorgegeben war. Selbst auf dem Papier hatten die Vereine durchschnittlich nur 2,8 Dietstunden im Jahr durchgeführt.

Das wundert kaum, bedenkt man, welche Ansprüche das Hauptschulungsamt an die Dietwarte stellte und zu welchen Themen sie sprechen sollten: nordische Leibeskultur, Leibeserziehung bei Griechen, Römern und Germanen, Harmonie von Körper, Seele und Geist, Geschichte der deutschen Leibesübungen, rassekundliche und bevölkerungspolitische Fragen, Fragen des Grenz- und Auslandsdeutschtums in seinen Beziehungen zur Leibeserziehung und andere mehr. Zudem sollten sie monatlich Schulungen besuchen und regelmäßig die zum Thema erscheinenden Schriftenreihen lesen.[158]

Ergebenheitsadressen an den „Führer" fehlten in den braunen Jahren äußersten selten in Publikationen von Vereinen, Verbänden und Firmen. Auch Karl Brettin fügte eine in seinen Text ein: „Durch die vom Führer nach der Machtübernahme befohlene Neuorganisation des gesamten deutschen Sportlebens erhielt auch unser Verein mächtigen Auftrieb."[159] Eine Erklärung, warum die NS-Neuorganisation für den „mächtigen Auftrieb" verantwortlich gewesen sein soll, gibt Brettin jedoch nicht, stattdessen lobt er im folgenden Satz August Busse, der für den sportlichen Aufstieg verantwortlich sei, da er die Notwendigkeit eines planmäßig betriebenen Trainings erkannt und einen Trainer verpflichtet habe.

Als Verneigung vor den Machthabern muss auch Brettins Behauptung angesehen werden, 80 % der ersten Mannschaft würden der SA angehören. Wie bereits erwähnt, hat sich bisher kein Beleg für die ordentliche Mitgliedschaft eines BVB-Spielers in der SA ermitteln lassen. In den von der Presse veröffentlichen Aufstellungen der SA-Mannschaft Westfalen findet sich hinter den Namen der BVB-Spieler in Klammern die Angabe „SA-Standarte 98". Diese Standarte trug den Beinamen „Standarte Hallermann" nach dem jung verstorbenen „Alten

158 BArch, NS 22/929, Amtliche Anordnungen zur Dietarbeit, 1937, S. 10 f.

159 30 Jahre B.V. Borussia e.V. Dortmund, S. 14.

Kämpfer" Georg Hallermann und war die Vorzeige-Standarte der Dortmunder SA. Ihr Terrain war in den 1930er-Jahren die östliche Innenstadt, ihre Dienstelle befand sich in der Märkischen Straße 15. In der Borsigstraße im Hoesch-Viertel hatte hingegen die Standarte 217 ihren Sitz. Bei ordentlicher Mitgliedschaft der BVB-Spieler wäre zu erwarten, dass zumindest einige von ihnen der lokal zuständigen Standarte angehört hätten, was aber nicht der Fall war.

Dennoch ist eine gewisse Nähe zur SA auch aufgrund der Präsenz der Braunhemden auf der Jubiläumsfeier nicht zu übersehen. Die Frage, ob eine Seite diese Nähe besonders intensiv suchte, ist aufgrund der fehlenden Quellen bisher nicht zu beantworten. Wahrscheinlich war sie beiden Seiten recht: der SA, weil sie sich im sportlichen Erfolg des Vereins sonnen konnte, dem Verein, weil die Nähe nützlich schien. Dass eine politisch-ideologische Nähe der Mehrheit der BVB-Spieler und Mitglieder zur SA vorgelegen haben könnte, ist aufgrund der Vorgeschichte der gewalttätigen Auseinandersetzungen zwischen den Braunhemden und den Einwohnern des Hoesch-Viertels eher unwahrscheinlich. Dennoch ist es natürlich möglich, dass es neben dem SA-Funktionär Willi Röhr unter den zahlreichen nicht namentlich bekannten Akteuren und Mitgliedern des BVB weitere SA-Leute oder zumindest SA-Sympathisanten gab.

Bemerkenswert ist das offenkundige Fehlen von Vertretern der NSDAP auf der Feier des 30-jährigen Jubiläums. In der Regel packten zumindest die Ortsgruppenleiter auf solchen Festen von Vereinen und Vereinigungen die Gelegenheit beim Schopf, durch ihre Präsenz die Bedeutung der Partei in allen gesellschaftlichen Bereichen zu demonstrieren.

Das in der Festschrift enthaltene Gruppenfoto zeigt Willi Röhr in SA-Uniform in exponierter Position direkt neben Vereinsführer August Busse, obwohl Röhr kein Amt im Vorstand innehatte. Dies deutet auf seine außergewöhnliche Bedeutung im und für den Verein hin. Sein Kragenspiegel weist ihn als Obersturmführer aus. Ganz links sitzt der 1. Jugendleiter Willi Wessel, die beiden anderen Personen in der ersten Reihe konnten nicht identifiziert werden. In der hinteren Reihe ist als

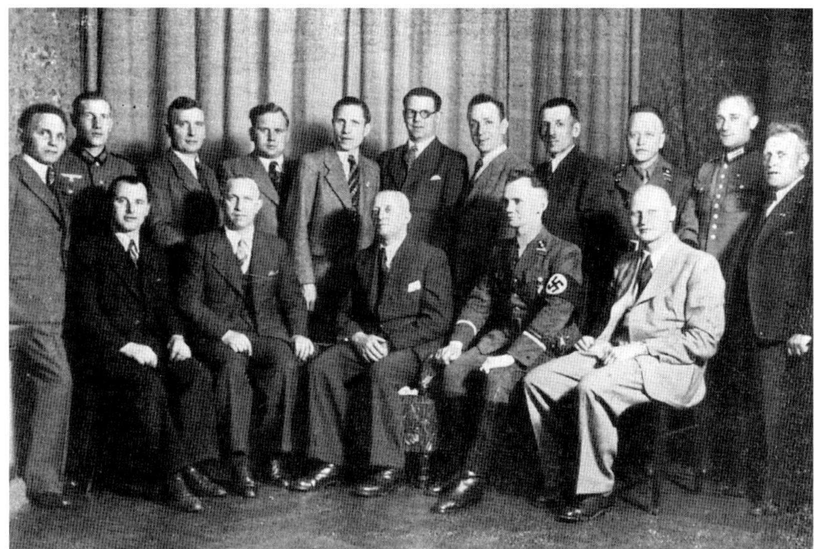

Der Vorstand des BVB 1939, Foto anlässlich des Vereinsjubiläums 1939. Sitzend in der Mitte Vereinsführer August Busse, neben ihm in SA-Uniform Wilhelm Röhr, ganz links sitzend Jugendleiter Wilhelm Wessel. In der hinteren Reihe sind August Lenz in Wehrmachtsuniform als Zweiter von links und Karl Brettin als Dritter von rechts zu erkennen.
30 Jahre B.V. Borussia 09 e. V. Dortmund

Zweiter von links August Lenz in Wehrmachtsuniform auszumachen, ebenso ein weiterer Wehrmachtsangehöriger als Zweiter von rechts. Dritter von rechts ist Dietwart Karl Brettin. Insgesamt dominiert stark das Zivil, und außer Röhrs Hakenkreuzbinde sind weder Anstecker des Parteiabzeichens noch andere Embleme von NS-Organisationen auszumachen.

Karl Brettin schloss seinen Text mit einem „kräftigen Ball-Heil" und dem traditionellen Sportlergruß „Hipp-Hipp Hurra", nicht aber mit dem seit Herbst 1933 auch im Sport angeordneten und üblichen „Sieg-Heil". In ihrer Gesamtheit ist die Festschrift eher zurückhaltend mit Ergebenheitsadressen an und Verbeugungen vor dem NS-Regime, vor allem wenn man sie mit ähnlichen Publikationen jener Vereine vergleicht, in deren Führung überzeugte Nazis saßen und die sich als Teil der braunen Bewegung verstanden.[160]

5. Rundbrief für die Borussen an der Front 1942

Das einzige erhaltene vereinsinterne Dokument aus den Kriegsjahren ist ein über die Feldpost versandter Rundbrief des Vereins vom 1. Oktober 1942 an die „lieben Kameraden" an der Front.[161] Laut Aufdruck handelte es sich bei diesem Brief bereits um „Rundschreiben 28".

Es muss während des Krieges eine äußerst rege Kommunikation der Spieler mit dem Verein geherrscht haben, denn allein in diesem Rundbrief werden 96 Namen von Spielern und Funktionären genannt, die über den Verein „von Front zu Front und zur Heimat" grüßen. Der den Rundbrief unterzeichnende Emil Heuser, über den keine weiteren Informationen vorliegen, berichtet von 111 Grüßen, die in wenigen Wochen beim Verein eingegangen seien. Somit blieben fast alle Spieler während ihres Dienstes in der Wehrmacht in Kontakt zu ihrem Verein, was auf innige Bindung und das große Interesse an Nachrichten von Zuhause schließen lässt.

Der Rundbrief war inhaltlich in zwei Abschnitte geteilt. Der erste brachte Informationen über neu eingezogene, an der Front stehende sowie gefallene Vereinsmitglieder, im zweiten folgten Berichte über das sportliche Geschehen im Verein. Allein von Juli bis September 1942 waren fünf Vereinsmitglieder im „Kampf gegen den Bolschewismus" gefallen, unter ihnen der 20-jährige Paul Tregel, der 1940 aus der Jugend in die erste Mannschaft aufgerückt war und als eines der größten fußballerischen Talente des BVB galt. Gemeinsam mit dem gleichaltrigen Max Michallek (seinerzeit noch Max Michalski) hatte Tregel im März

160 Siehe hierzu das Kapitel VI.

161 Feldpostbrief BVB an den Wachtmeister Paul Burghardt in Paris, BORUSSEUM, Archiv.

1941 noch an einem Sichtungslehrgang in Berlin unter Reichstrainer Sepp Herberger teilgenommen.[162]

Die im Rundbrief enthaltenen sprachlichen Wendungen: Sie „gaben ihr Leben im Kampf gegen den Bolschewismus“ oder: Sie ließen „ihr Leben für Führer und Vaterland“ sind nicht als aufgesetzte Floskeln zu verstehen. Die Kriegspropaganda war so allgegenwärtig und eindringlich, dass sicherlich die allermeisten Bürgerinnen und Bürger an den Inhalt dieser Worte und die Notwendigkeit dieses Kampfes glaubten.

6. Einblicke ins Innere des Vereins – Ehemalige berichten

Das 2002 von Gerd Kolbe vorgelegte Buch „Der BVB in der NS-Zeit“ enthält auch neun Interviews mit Zeitzeugen der NS-Zeit. Bei den Gesprächspartnern handelt es sich um den kurzzeitigen Vereinsvorsitzenden Egon Pentrup, um ehemalige Spieler der 1. Mannschaft und eine Spielerin der Frauen-Handballmannschaft, um die Söhne Willi Röhrs, der braunen Eminenz des Vereins, und einen Sohn des Vereinsführers August Busse sowie um langjährige Mitglieder des BVB und Bewohner des Hoesch-Viertels.

Diese Dokumente der Oral History sind die einzigen vorliegenden Quellen, die Einblicke in das Innenleben des Vereins in den 1930er- und 1940er-Jahren erlauben. Aber sie sind mehr als das, sie zeichnen auch jenseits des Fußballs ein zwar bruchstückhaftes, aber doch sehr interessantes Bild der sozialen Verhältnisse, der nachbarschaftlichen Bindungen und der Identitäten in einem Arbeiterviertel in den Jahren der NS-Herrschaft. Vergleichbares lässt sich für kein anderes Viertel Dortmunds in der NS-Zeit finden, und so sind diese Interviews, deren Informationen sich alle auf einen eng begrenzten Raum rund um den Borsigplatz beziehen, auch für die allgemeine Stadtgeschichte von Bedeutung.

In Zeitzeugeninterviews finden sich häufig irrige Angaben, wenn es um Daten und Namen von lang zurückliegenden Geschehnissen geht.

162 Kicker, 25. Februar 1941.

Das ist angesichts der Begrenztheit des menschlichen Gedächtnisses nicht verwunderlich, zu fragen bleibt aber stets, ob nicht auch bewusst falsche Angaben gemacht bzw. unbewusst weitergegeben wurden.

Das Interview mit den Söhnen des SA-Mannes Willi Röhr enthält eine ganze Reihe nicht zutreffender Informationen. Dass sie diese vom Vater erhalten haben, ist wahrscheinlich, da sie selbst zur fraglichen Zeit noch Kinder waren. So datieren sie den Beitritt des Vaters zur NSDAP (tatsächlich: 1931) und zur SA (1932) in die Zeit nach dem Machtantritt der Nationalsozialisten und verklären die SA von einer Terrororganisation zu einer Truppe, die in den 1930er-Jahren „gesellschaftliche Reputation" habe wiedererlangen wollen.[163] Erst ein Jahr nach dem Krieg sei ihr Vater aus „schwedischer Kriegsgefangenschaft" zurückgekehrt, heißt es in dem Interview weiter, dabei war der Vater schon im September 1945 wieder in Dortmund gemeldet,[164] während sein Familie noch in Hessen lebte, wohin sie wegen des Bombenkrieges 1944 evakuiert worden war.

Auch Gerhard Busse, Sohn des Vereinsführers, berichtete vor allem das, was er von seinem Vater über die NS-Zeit gehört hat, wie er selbst zu Beginn des Interviews erklärt. In den folgenden Ausführungen sind daher Informationen aus diesen beiden Interviews nicht einbezogen worden. In allen anderen Interviews sprechen Personen, die keinen Anlass hatten, die Ereignisse wegen einer eigenen oder familiären Verstrickung in die Politik und Verbrechen der Nationalsozialisten bewusst zu schönen.

Auf die Frage nach Einordnung und Charakterisierung des BVB zur Nazizeit und zur Präsenz von Parteigenossen im Verein fallen die Antworten recht eindeutig aus. Dabei ist zu beachten, dass sich das fragliche Geschehen auf engem Raum abspielte und die Protagonisten nicht nur Vereinskameradinnen und -kameraden waren, sondern sich auch als Nachbarn im alltäglichen Leben kannten und sich häufig über den Weg

163 Kolbe, Der BVB in der NS-Zeit, S. 129.

164 HHStA Wiesbaden, Abt. 520/FH (Betroffene) A–Z Röhr, Wilhelm (R 4713 K 269).

liefen. Man wusste im Viertel nicht nur, ob jemand in der „Partei" war oder nicht, ob er den Nazis nahestand oder nicht, sondern auch, wie sich der Betreffende ansonsten verhielt und was man über ihn erzählte.

Irmbert Kistner formulierte diesen Sachverhalt der sozialen Kontrolle so:

> „Jeder kannte jeden und konnte ihn beurteilen. Wenn man einen Zirkel nimmt und einen Radius von einem Kilometer um den Borsigplatz herum schlägt, dann hatte man den BVB und sein Einzugsgebiet. [...] Borussia war nie von Nazis durchsetzt, sondern blieb immer das, was es war: ein Verein, der sich aus Arbeitern rekrutierte und mehr als alles andere geprägt war durch den über lange Zeit hinweg ‚roten' Borsigplatz."[165]

Die Handballerin Hedwig Trautmann formulierte ihre Einschätzung ähnlich kurz und bündig: „Borussia Dortmund war ein Arbeiterverein, auf keinen Fall ein Naziverein. Ein Verein ohne Hass und Missgunst."[166] Auch Paul Göbel, der bis 1936 im Sturm des BVB spielte und dann zum Betriebssport wechselte, vertrat eine vergleichbare Auffassung: „Insgesamt war Borussia aber ein Arbeiterverein. Dran änderten auch die Nazizeit und einige ganz wenige Vorstandsmitglieder nichts."[167]

An anderer Stelle nahm Paul Göbel die wohlfeile Position ein, die nach dem Krieg weitverbreitet war: „Manche Sachen musste man einfach mitmachen, das war Pflicht. Wir durften ja auch nicht ohne Hitlergruß auf den Platz laufen. Hätten wir ihn verweigert, wären wir gar nicht auf das Feld gelaufen."[168] Man „musste" eben nicht mitmachen, das Mitmachen war auch keine Pflicht, jeder hatte für sich zu entscheiden, ob er mitmacht oder nicht. Die Konsequenz wäre in diesem Fall gewesen, nicht weiter Fußball spielen zu können. Für junge, passionierte Sportler

165 Kolbe, Der BVB in der Nazizeit, S. 82 f.
166 Ebenda, S. 80.
167 Ebenda, S. 175.
168 Ebenda.

ein hoher Preis. Es sind aus der gesamten reichsweiten Fußballszene der höchsten Spielklassen bisher keine Fälle bekannt geworden, in denen etablierte Fußballer diesen Preis zu zahlen bereit gewesen wären.

Peter Paul Elisko, wohnhaft am Borsigplatz und nach dem Krieg SPD-Ratsvertreter für den Wahlkreis Borsigplatz, hebt in seinen Ausführungen hervor, dass es auch im Hoesch-Viertel genug „Märzgefallene“[169] gegeben habe, die 1933 schnell auf die Seite der politischen Sieger übergelaufen seien:

> „Für meine Begriffe gab es bis auf einige Geschäftsleute und Wirte zunächst so gut wie keine Nazis. Das änderte sich aber bereits nach der Machtübernahme. Auch vermehrt Sozialdemokraten, die im Reichsbanner waren, wandten sich der NSDAP zu. Um den Arm ihrer Reichsbanneruniform hatten sie dann eine Hakenkreuzbinde, und da waren das plötzlich Nazis. Der Grund aus meiner Sicht: Die Nazis versprachen ihnen Arbeit und Brot.“[170]

Dass auch im Hoesch-Viertel nach dem Machtwechsel von 1933 zahlreiche Wähler zur NSDAP überliefen, ist bereits dargelegt worden. Die Zahlen zeigen aber auch, dass dieser Trend dort wesentlich weniger ausgeprägt war als in den bürgerlichen Vierteln der Stadt. Speziell auf den BVB bezogen, kam Elisko zu einem ähnlichen Urteil wie die bereits zitierten Zeitzeugen: „Die BVB-Anhänger und die BVB-Familie im engeren Sinne, die BVB-Mitglieder, waren alles andere als Nazis. […] Mit Ausnahme von Röhr und ganz wenigen anderen gab es dort

169 Der Begriff „Märzgefallene“ bezeichnet die große Gruppe von neuen NSDAP-Mitgliedern, die nach der Regierungsübernahme durch Adolf Hitler am 30. Januar 1933 und besonders nach den Reichstagswahlen am 5. März 1933 in die Partei eintraten. Sie standen innerparteilich oft den „alten Kämpfern“ gegenüber, die in der „opfer- und entbehrungsreichen Kampfzeit“ eingetreten waren, und galten diesen als Opportunisten, die ihre Zugehörigkeit und Loyalität erst beweisen mussten. Ursprünglich wurden als „Märzgefallene“ die Todesopfer der Revolution von 1848 bezeichnet.

170 Kolbe, Der BVB in der NS-Zeit, S. 52.

keine Hitler-Anhänger."[171] Elisko ist in diesem Punkt als glaubwürdiger Zeitzeuge anzusehen, war er doch selbst in den braunen Jahren bei der jugendlichen Protestbewegung der „Latscher" aktiv, die heute zumeist unter dem Begriff „Edelweißpiraten" subsumiert werden, und als solcher für einige Tage auch in der Gestapo-Zentrale in Hörde inhaftiert.

Elisko verweist im Interview auch auf die einflussreiche Rolle, die die katholische Dreifaltigkeitsgemeinde und ihre geistliche Führung bei den Bewohnerinnen und Bewohnern des Viertels innegehabt habe. Pfarrer Theodor Lepper, der die Gemeinde von 1919 bis 1953 führte, war als Gegner der Nationalsozialisten bekannt. So soll er sich vor 1933 geweigert haben, bekennende Nazis in seiner Kirche zu trauen. Auch den Nazis blieben die kritischen Positionen Leppers nicht verborgen. Am 16. April 1935 wurde er unter dem Vorwand, sich eines Devisenvergehens schuldig gemacht zu haben, verhaftet, in der Steinwache inhaftiert und von dort am 18. April 1935 in die Haftanstalt Berlin-Moabit überführt.[172] Die Vorwürfe gegen den Pfarrer waren aber offensichtlich so absurd, dass selbst die Nazi-Justiz ihm nichts nachweisen konnte und ihn nach längerer Haftzeit wieder auf freien Fuß setzte. Nach seiner Rückkehr nach Dortmund sei Lepper, so Elisko, am „Borsigplatz fast wie ein Heiliger verehrt" worden.[173] Irmbert Kistner, der bis 1943 in der Jugend des BVB spielte, bezeichnete die katholische Dreifaltigkeitsgemeinde als „Korrektiv" am „roten" Borsigplatz, die über vieles ihre Hand gehalten habe: „Die scheinbaren Widersprüchlichkeiten ‚roter Borsigplatz', ‚Dreifaltigkeitsgemeinde', ‚Messdiener', ‚Fußballverrückte' und vieles mehr schlossen einander keineswegs aus. Das klingt paradox, war aber so. Verstehen kann man das nur, wenn man den Schmelztiegel Borsigplatz in der damaligen Zeit selbst erlebt hat."[174]

Die Handballerin Hedwig Trautmann wusste viel über jüdische Bürgerinnen und Bürger des Viertels zu berichten, da sie als Tochter

171 Ebenda, S. 57.

172 Landesarchiv Münster K700 Do, Haftbücher Steinwache, Nr. 1444, lfd. Nummer 1263.

173 Kolbe, Der BVB in der NS-Zeit, S. 59.

174 Ebenda, S. 83.

eines Metzgerehepaares und Mitarbeiterin im elterlichen Geschäft in der Oesterholzstraße recht viel Kontakt zu ihnen hatte und es in unmittelbarer Nachbarschaft auch jüdische Geschäfte gab. Sie erzählt, wie traurig es gewesen sei, wenn geschätzte jüdische Vertreter, Kunden und Bekannte gekommen seien, um sich vor ihrer Ausreise ins Ausland zu verabschieden. Ein Bekannter des Vaters, der bereits nach England geflohen war, habe regelmäßig bei den Trautmanns angerufen, damit seine noch in Dortmund weilende Mutter auf diesem Weg mit ihm habe sprechen können. Hedwig Trautmann kam auch auf eine jüdische Familie zu sprechen, die im Nachbarhaus, in der Oesterholzstraße 80, wohnte und deren Geschichte seit einigen Jahren auch aus der Perspektive der Opfer bekannt ist, da sie verfilmt wurde:

> „Das war eine Familie Siegel [richtig: Spiegel] mit ihren zwei Kindern; er war Pferdehändler. Frau Siegel war eine feine Dame und schämte sich ihres Judensterns. Wenn sie zu uns ins Geschäft kam, dann hielt sie immer ihre Tasche davor, damit man ihn nicht sah. Es war schrecklich, sie hat mir sehr leid getan. Diese Familie hat mich nach dem Krieg einmal nach Hamm, dort wohnte man jetzt, eingeladen. Frau Siegel erzählte mir, dass man sich im Münsterland bei einem Bauern versteckt hätte und dadurch in Deutschland überleben konnte.“[175]

Hinsichtlich des Namens irrte Hedwig Trautmann, die Familie hieß Spiegel, nicht Siegel, und sie hatte nicht zwei Kinder, sondern nur eine Tochter.[176] Die „feine Dame“ war Marga Spiegel, ihr Mann der Pferdehändler Siegmund Spiegel. Die Spiegels lebten zunächst in Ahlen, flohen aber aufgrund des Verfolgungsdrucks in der Kleinstadt nach Dortmund, wo sie Anfang der 1940er-Jahre in der Oesterholzstraße 80

175 Ebenda, S. 79.

176 Zur Geschichte der Familie Spiegel siehe das von Marga Spiegel verfasste und zuerst 1969 erschienene Erinnerungsbuch „Retter in der Nacht“, 2009 neu aufgelegt unter dem Titel „Bauern als Retter. Wie eine jüdische Familie überlebte“, Berlin/Münster 2009.

wohnten. Siegmund Spiegel war von einem Dortmunder Polizisten gewarnt worden, niemals in einen Zug einzusteigen, der die Juden angeblich zum Arbeitseinsatz in den Osten bringen würde.

Als die Familie im Vorfeld der Dortmunder Auschwitz-Deportation vom 2. März 1943 die Aufforderung erhielt, sich an einer Sammelstelle einzufinden, beschloss sie unterzutauchen. Dabei kam ihnen zu Hilfe, dass Siegmund Spiegel beruflich enge Kontakte zu Bauern im Münsterland hatte. Katholische Bauernfamilien in der Nähe von Ascheberg brachten den Mut auf, die Verfolgten getrennt nach Vater bzw. Mutter und Tochter aufzunehmen. Dort überlebten sie Verfolgung und Krieg. Marga Spiegel berichtete in ihrem Buch in wenigen Sätzen auch über ihre Zeit im Hoesch-Viertel, als sie und ihre Tochter schon den Gelben Stern tragen mussten (seit Herbst 1941) und für jeden als Jüdinnen zu erkennen waren. Sie betonte, dass sie dort etwas erfuhr, was sie zuvor nicht kennengelernt hatte: „In einem großen Schaufenster am Borsigplatz, da hing ja die Europakarte, und die Fähnchen wurden gesteckt. Deutschland wurde immer größer und mächtiger. In dieser proletarischen Gegend Dortmunds sah man mich mit dem Kind oft sehr traurig und mitleidig an."[177]

Wenn Mitleid mit den im buchstäblichen Sinn des Wortes Gezeichneten schon als eher unübliche Geste und einer Erwähnung wert empfunden wird, kann man leicht nachfühlen, wie groß die Bedrängnis und seelische Not der Verfolgten gewesen ist. Die außergewöhnliche Geschichte der Rettung der Familie Spiegel ist durch die einfühlsame Verfilmung des Buches von Marga Spiegel, mit Armin Rohde und Veronica Ferres in den Hauptrollen, auch einem breiteren Publikum bekannt geworden.[178]

Hedwig Trautmann gibt sich am Ende ihrer Ausführungen sicher: „Ich bin übrigens davon überzeugt, dass wir zum Beispiel auch ein jüdisches Mädchen ohne Probleme bei uns gehalten und gedeckt hätten."[179]

177 Spiegel, Bauern als Retter, S. 34.

178 Filmtitel: Unter Bauern – Retter in der Nacht, Regie: Ludi Boeken, 2009.

179 Kolbe, Der BVB in der NS-Zeit, S. 80.

Das mag man der offenherzig und mit viel Sympathie für die jüdischen Nachbarn erzählenden Frau durchaus abnehmen, aber man ist zugleich sofort gewillt zu fragen: Warum nicht die Spiegels? Natürlich prägen eine jahrelange gemeinsame Mitgliedschaft in einem Verein und das gemeinsame Spiel in einer Mannschaft die Verbundenheit untereinander bedeutend stärker als eine zeitweilige Nachbarschaft oder ein Kundenkontakt. Der noch zu beschreibende Fall des BVB-Platzwartes Heinrich Czerkus ist ein treffliches Beispiel dafür. Aber auch die Bauern aus dem Münsterland kannten Siegmund Spiegel in erster Linie als Geschäftspartner und waren daher eher locker mit ihm verbunden. Dennoch brachten sie den Mut auf, das Risiko einzugehen. Sie gehörten allerdings zu einer verschwindend kleinen Gruppe von mutigen Hilfsbereiten in Deutschland.

Betrachtet man die Aussagen der Zeitzeugen in der Gesamtschau, so ergibt sich das Bild eines Viertels und eines Vereins, in dem die wenigen Nazis vor 1933 allseits bekannt waren. Man konnte die frühen Parteigänger mit Namen nennen und wusste, wo sie sich trafen. Alle betonen, dass Willi Röhr meist in SA-Uniform unterwegs war und aus seiner politischen Haltung keinen Hehl machte. Nach Auskunft seiner Söhne hatte er eine lange Narbe im Gesicht, die Folge eines Überfalls von Kommunisten gewesen sei, und das Wohnhaus der Familie in der Wambeler Straße 3 habe er mit einem Stacheldrahtverhau als Schutz vor Überfällen gesichert.[180] Dennoch, so glaubte Irmbert Kistner mit „definitiver Sicherheit" zu wissen, habe Röhr nicht zu den Leuten gehört, „die andere aus politischem Opportunismus in die Pfanne hauten".[181] Die Vorgänge um die beiden Widerstandskämpfer Heinrich Czerkus und Franz Hippler sind geeignet, diese Meinung durchaus als begründet erscheinen zu lassen.

Dass politische und weltanschauliche Differenzen im Verein kaum eine Rolle gespielt hätten, dass vielmehr die Verbundenheit innerhalb des Vereins das Handeln in solidarischem Sinn bestimmt hat, wurde

180 Ebenda, S. 130.
181 Ebenda, S. 82.

von fast allen Zeitzeugen betont. So wenig realistisch das auf den ersten Blick auch erscheint – schließlich geht es um einen Zeitraum und eine Diktatur, die Kollaboration und Denunziation zu ihren wichtigsten Verbündeten zählte –, so scheint es praktisch doch weitgehend so gewesen zu sein. Keiner der Protagonisten jener Zeit hat dieser Ansicht widersprochen, auch der kurzzeitige Vorsitzende Egon Pentrup nicht, der 1934 von August Busse abgelöst wurde. Er bezeichnet August Busse zwar als „Nazi", teilt aber nichts Verwerfliches mit, was er als solcher im Verein getan habe. Pentrup selbst blieb im Verein und leistete für den Vorstand auch Verwaltungsarbeit. So organisierte er u. a. die Feierlichkeiten zum 25-jährigen Bestehen des Vereins im Jahr 1934.[182]

Für diesen engen Zusammenhalt und das Handeln von Mitgliedern einer eng umgrenzten Gruppe ungeachtet der außerhalb der Gruppe geltenden Gesetze, Regeln und Moralvorstellungen gibt es auch sozialwissenschaftliche Erklärungsmuster. Max Weber (1864–1920), einer der geistigen Väter der deutschen Soziologie, hat diesbezüglich zwischen „Binnenmoral" und „Außenmoral" unterschieden. Sehr vereinfacht zusammengefasst, liegt dieser Unterscheidung die Annahme zugrunde, dass persönliche Beziehungen und Beziehungen innerhalb einer Gruppe Vorrang vor anderen Beziehungen haben. Hieraus resultiert die sogenannte Binnenmoral, die Normen und Wertmaßstäbe, die außerhalb der Eigengruppe gelten, in den Hintergrund schiebt und sich auf das moralische Verhalten gegenüber den Mitgliedern jener Gruppe bzw. Gruppen konzentriert, denen man selbst angehört. Eine Binnenmoral kann der gesamtgesellschaftlichen Entwicklung zu humanerer Verfasstheit äußerst hinderlich sein, falls sie einer auf universellen Werten beruhenden demokratischen Außenwelt gegenübersteht. Wenn die Außenwelt aber – wie im Deutschen Reich zwischen 1933 und 1945 – eine mörderische Diktatur ist, so kann eine wirkende Binnenmoral, wie der Fall des BVB nahelegt, durchaus positive Folgen zeitigen.

182 Ebenda, S. 114.

Die politische Orientierung an den Parteien der Arbeiterbewegung vor 1933, die Autorität einer offensichtlich widerspenstigen katholischen Gemeinde, die Identifizierung mit dem BVB und ein ausgeprägtes Nachbarschaftsverhältnis prägten das Miteinander im Hoesch-Viertel und vor allem das Vereinsleben nach Meinung der Zeitzeugen bis Mitte der 1930er-Jahre. Es blieb nicht aus, dass die Nazis mit der Etablierung der neuen Machtverhältnisse und der Konsolidierung der wirtschaftlichen Verhältnisse an Zustimmung gewannen, dass die Treue zur traditionellen Arbeiterbewegung bröckelte, dass die SA ein Büro im Viertel errichtete, dass die Hakenkreuzfahnen wehten und die NS-Institutionen Aufmärsche mit Vorliebe über den Borsigplatz führten. Doch zumindest bei einem Teil der BVB-Mitglieder wie der Viertelbewohner setzte dieser Wandel offensichtlich das solidarische Handeln nach Werten und Normen der Zeit vor 1933 nicht vollständig außer Kraft. Die Zeitzeugenberichte aus den Reihen des BVB deuten darauf hin. Um dem im Detail nachzugehen, fehlen leider weitere Quellen.

7. Jüdische Mitglieder beim BVB?

Das Thema „Arisierung“, in diesem Zusammenhang als Ausschluss jüdischer Sportler aus ihren angestammten Sportvereinen verstanden, ist innerhalb des umfassenderen Vorgangs der Gleichschaltung der Vereine aus triftigem Grund von besonderer Bedeutung und steht in vielen Darstellungen der Geschichte von Vereinen in der NS-Zeit im Fokus.

Im Zuge der Forschungen zu dieser Studie konnten keine jüdischen Spieler oder Funktionäre ermittelt werden, die 1933 aus dem BVB ausgeschlossen worden oder „freiwillig“ aus dem Verein ausgetreten sind. Da keine Mitgliederlisten und keine Vereinszeitung überliefert sind, konnte jedoch nur ein begrenzter Teil der infrage kommenden Personen überprüft werden. Dabei handelt es sich vornehmlich um Spieler aus der ersten Mannschaft und dem sportlichen Umkreis der Reservespieler sowie um Funktionäre. Als Quelle zur Sammlung der Namen standen lediglich die in der Presse veröffentlichen Mannschaftsaufstellungen und Spielberichte der letzten Jahre vor 1933 sowie der Jahre bis 1944 zur Verfügung.

Unter den wenigen Aktiven, die in den letzten Jahren vor dem Machtwechsel spielten, aber nicht mehr danach, befanden sich keine Juden. Zur Überprüfung dienten hier nach Ermittlung der Adresse der Betreffenden die Hausstandsbücher, in denen auch die Konfession der Personen angeführt ist. Das gilt ebenso für die wenigen bekannten Spieler aus den unteren Mannschaften und den Jugendmannschaften.

Aus den Jahren 1913/14 sowie 1919–1922 liegen Vereinsprotokolle vor, die die Namen von 347 neu eingetretenen aktiven und passiven Mitgliedern nennen, häufig leider nicht den Vornamen. Unter all jenen, deren Vorname bekannt war und zu denen auch eine Adresse ermittelt werden konnte, befanden sich keine Juden. Allenfalls ein als „Lewis“ benanntes Neumitglied aus dem Jahr 1919 könnte einer Dortmunder jüdischen Familie namens Levis angehört haben. Sie war aber nicht im Hoesch-Viertel, sondern in der Innenstadt wohnhaft und konnte Ende der 1930er-Jahre nach England fliehen.

Alle aktenkundig gewordenen Fälle von Zwangsenteignung und „Arisierung“ jüdischer Geschäfte und Betriebe im Hoesch-Viertel und seiner näheren Umgebung sind für diese Studie dahingehend untersucht worden, ob Funktionäre oder Spieler des BVB in das Geschehen verwickelt waren. Es konnte kein Vorgang gefunden werden, in dem dies der Fall gewesen wäre. Das war auch kaum anders zu erwarten, denn die Nutznießer der „Arisierung“ von Wirtschaftsbetrieben sowie von Grundstücken und Häusern waren in aller Regel keine Arbeiter, sondern Kaufleute, hohe Beamte und andere Angehörige der Mittel- und der Oberschicht.

Auch in der Leichtathletik und der Handballabteilung (Damen und Herren) des BVB waren nach bisherigem Kenntnisstand keine Juden aktiv. In der 1924 gegründeten und mit Unterbrechungen bis 1932 bestehenden Box-Abteilung des Vereins kämpften die jüdischen Brüder Max und Israel Mordka. Zwischenzeitlich stiegen die beiden aber auch für den jüdischen Klub Hakoah Dortmund in den Ring, der mit den

Borussen-Boxern Wettkämpfe austrug.[183] Die Mordkas flohen schon 1933 aus Deutschland und lebten schließlich in den USA.

Das Hoesch-Viertel war im Gegensatz zur Innenstadt und zur zentralen Nordstadt ein Gebiet, in dem recht wenige der insgesamt etwa 4500 (1933) Dortmunder Jüdinnen und Juden lebten. Zwar gab es auch jüdische (meist ostjüdische) Arbeiter und Bergleute, aber nicht in dem Maße, wie jüdische Kaufleute, Händler, Schuster, Schneider, Banker und Angehörige der freien Berufe in der Stadt vorzufinden waren, die eben nicht in den reinen Arbeitervierteln wohnten und lebten. Zudem zogen die in großer Anzahl seit dem Ersten Weltkrieg (1914–1918) ins Ruhrgebiet und nach Dortmund eingewanderten ostjüdischen Arbeiter häufig um bzw. weiter in andere Städte.[184] Es ist durchaus möglich, dass einige von ihnen, unter denen Fußballspielen und -schauen laut jüdischen Zeitzeugen sehr populär waren, in den 1920er-Jahren in den BVB eintraten, aber nur kurze Zeit verweilten und sich daher keine Spuren erhalten haben.

Jüdische Einzelhändler und jüdische Geschäfte hingegen fanden sich auch am und rund um den Borsigplatz. Für zwei dieser jüdischen Kaufleute bzw. Kaufmannsfamilien, Orlean und Littmann, ist eine Beziehung zum BVB in Form der Schaltung von Anzeigen in der ab 1925 monatlich herausgegebenen *Vereins-Zeitung des B.V. Borussia 09* belegt, ein weiterer jüdischer Betrieb, das Fotoatelier Hammerschlag vom Westenhellweg, warb wie viele andere Firmen auch auf der Innenseite der den Borussia-Platz umgebenden Mauer mit einer Reklame-Aufschrift.

183 Vereins-Zeitung des BV. Borussia 09 e. V., Februar 1926, BORUSSEUM, Archiv.

184 Vgl. Katharina Wojatzek, Liberale, Orthodoxe, Zionisten. Demografische Entwicklung der jüdischen Bevölkerung Dortmunds 1806—1933, in: Historischer Verein für Dortmund und die Grafschaft Mark e. V. unter Mitwirkung des Stadtarchivs (Hrsg.), Jüdische Heimat Dortmund. Stadtgeschichte in Bildern und Berichten, Bd. 2, Münster 2021, S. 27–31, sowie dies., Abgeschoben, deportiert, ermordet. Demografische Entwicklung der jüdischen Bevölkerung in Dortmund, 1933–1945, in: ebenda, S. 52–56.

Da insgesamt nur drei Ausgaben der Vereinszeitung aus den Jahren 1925/26 überliefert sind und sich darin zwei Annoncen jüdischer Kaufleute finden, scheint es gut möglich, dass weitere jüdische Geschäfte und Betriebe des Viertels in der Vereinszeitung für sich warben, damit den BVB finanziell unterstützten und natürlich auch auf neue Kunden aus dem Kreis der BVB-Anhänger hofften. Wie lange und in wie vielen Ausgaben die Vereinszeitung erschien, ist ungewiss. Da aus den 1930er-Jahren keine einzige Ausgabe überliefert und die Zeitung auch über Archive und Bibliotheken einschließlich der Nationalbibliothek nicht nachzuweisen ist, wird ihr wohl kein langes Leben beschieden gewesen sein. Wie für viele andere kleine Publikationsreihen auch könnte die Ende der 1920er-Jahre einsetzende Wirtschaftskrise das Aus der Publikation bedeutet haben.

Die in der Vereinszeitung werbenden jüdischen Familien Orlean und Littmann führten beide ihre Geschäfte in der Oesterholzstraße, die Orleans hatten Damen- und Herrenkonfektion sowie Arbeiterkleidung im Angebot, die Littmanns handelten mit Lebensmitteln. Beide Familien waren in den 1910er-Jahren nach Dortmund gekommen. Die Orleans stammten aus den polnischen Gebieten Russlands, die Littmanns aus der historischen Landschaft Galizien, die seinerzeit zum Habsburgerreich gehörte und nach dem Ersten Weltkrieg Polen zugesprochen wurde. Viele der polnischsprachigen Arbeiter des Hoesch-Viertels schätzten es, mit den Geschäftsinhabern in ihrer Muttersprache sprechen zu können.

Wie die Geschichte aller jüdischen Familien in der Zeit des Nationalsozialismus ist auch jene der Orleans und Littmanns von Verfolgung, Vertreibung und Mord geprägt. Wolf und Sara Littmann bekamen 1926, als sie in der Oesterholzstraße 34 ihr Lebensmittelgeschäft betrieben, einen Sohn, der den Namen Bernhard erhielt. Alle drei besaßen nicht die deutsche, sondern die polnische Staatsbürgerschaft. Nach über fünf Jahren der Bedrängung und Verfolgung in Dortmund wurden sie am 28. Oktober 1938 – gemeinsam mit weiteren 600 Dortmunder Jüdinnen und Juden polnischer Staatsbürgerschaft – in der „Polenaktion“ abgeschoben und an die polnische Grenze deportiert.

W. Littmann
Oesterholzstraße 34
Spezial Eier- u. Butterhandlung
Täglich
frischgeleuchtete Trinkeier
Feinste Landbutter

Werbung für das Lebensmittelgeschäft der Familie Littmann in der Vereinszeitung des BVB, Februar 1926. *BORUSSEUM, Archiv*

Die Abschiebung geschah unter Gewaltanwendung und demütigenden Bedingungen. Mitten in der Nacht wurden die Betroffenen von Gestapo- und Polizeibeamten aus ihrer Wohnung geholt. Die Beamten übergaben ihnen den Abschiebungsbescheid, ließen sie ein paar Sachen zusammenpacken und trieben sie dann zum Sammelpunkt nahe dem Bahnhof oder direkt zum Bahnhof.

Auch bei dieser Abschiebung gab es Handlungsspielräume für die agierenden Beamten. Einige zeigten Verständnis für die geschockten Menschen und ließen ihnen wenigstens Zeit, die notwendigsten Sachen zusammenzupacken, andere machten sich einen sadistischen Spaß daraus, die Menschen in Bademantel oder Schlafanzug und ohne jegliches Gepäck zum Bahnhof zu treiben.[185]

Der Abschiebungstransport mit der Bahn endete in Bentschen an der polnischen Grenze. Da die polnischen Grenzer von der Ankunft der Züge aus dem Reich mit insgesamt etwa 9000 Menschen vollständig überrascht wurden, schlossen sie zunächst die Grenze. Daraufhin

185 Zur „Polenaktion“ in Dortmund siehe Fischer, Verfolgung und Vernichtung, S. 110–136.

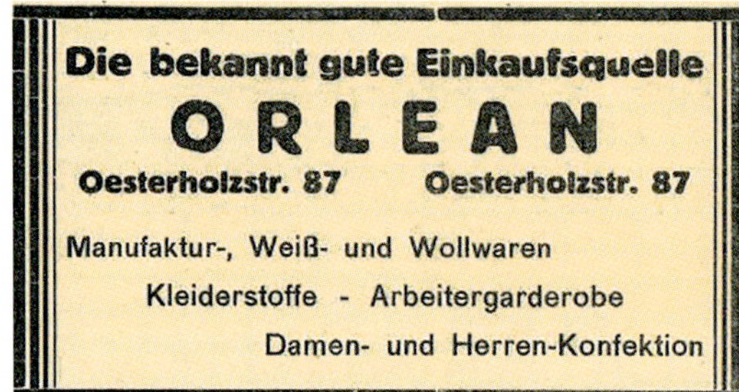

Werbung für das Geschäft der Familie Orlean in der BVB-Vereinszeitung, Februar 1926. *BORUSSEUM, Archiv*

trieben die deutschen Bewacher die Menschen mit Hunden und Warnschüssen über die grüne Grenze.

Wie die meisten anderen der Abgeschobenen auch mussten die Littmanns zunächst in einem Sammellager auf polnischem Terrain ausharren. Der weitere Leidensweg der Familie ist ungeklärt. Sicher ist lediglich, dass Wolf, Sara und Bernhard Littmann die Zeit im deutsch besetzten Polen und den Holocaust nicht überlebten.

Auch die verwitwete Paula Orlean, die das Textilgeschäft in der Oesterholzstraße 87 gemeinsam mit ihrem Mann David aufgebaut hatte, wurde in der „Polenaktion" abgeschoben. Während sie im Sammellager hinter der polnischen Grenze ausharrte, brach über die Juden in Dortmund wie im gesamten Reich der Novemberpogrom herein. Beginnend in der Nacht vom 9. auf den 10. November 1938 drangen SA- und SS-Leute in Synagogen, jüdische Geschäfte und Wohnungen ein, legten Brände, zerstörten Mobiliar und Waren, demütigten und verprügelten die Besitzer und ihre Angehörigen. Das Geschäfts- und Wohnhaus der Familie Orlean war einer der Orte im Hoesch-Viertel, an denen die antijüdische Gewalt tobte.

Die BVB-Handballerin Hedwig Trautmann erinnerte sich an die Vorgänge im Viertel:

> „Während der Reichskristallnacht haben meine Mutter und ich gesehen, mit welcher Wonne die Nazis die Nachbarn, unsere Nachbarn, die uns nahe standen und die wir mochten, beraubt, geschlagen,

Konzentrationslager Stutthof

Jude

Häftl.-Nr.: 62 368

Häftlings-Personal-Karte

Fam.-Name: O r l e a n	Überstellt	Personen-Beschreibung:
Vorname: Paula	am: an KL.	Grösse: 156 cm
Geb. am: 16.3.11 in: Leipzig		Gestalt: schlank
Stand: wwe Kinder: 1	am: an KL.	Gesicht: oval
Wohnort: Dortmund		Augen: braun
Strasse: Mallinkrodtstr.199	am: an KL.	Nase: normal
Religion: mos. Staatsang.: R.D.		Mund: normal
Wohnort d. Angehörigen:	am: an KL.	Ohren: normal
		Zähne: gut
	am: an KL.	Haare: braun
Eingewiesen am: 9.8.44		Sprache: deutsch
durch: Sipo Riga	am: an KL.	
in KL.: Stutthof		Bes. Kennzeichen: keine
Grund:	Entlassung:	
Vorstrafen: keine	am: durch KL.:	Charakt.-Eigenschaften:
	mit Verfügung v.:	Sicherheit b. Einsatz:

Strafen im Lager:

Grund:	Art:	Bemerkung:
verstorben am:	[illegible]0. Okt. 1944	
eingeäschert am: 31.- "		

Körperliche Verfassung: gut

Häftlingskarte Paula Orlean, geborene Stern, aus dem KZ Stutthof.
Arolsen Archives, Doc ID: 4586910

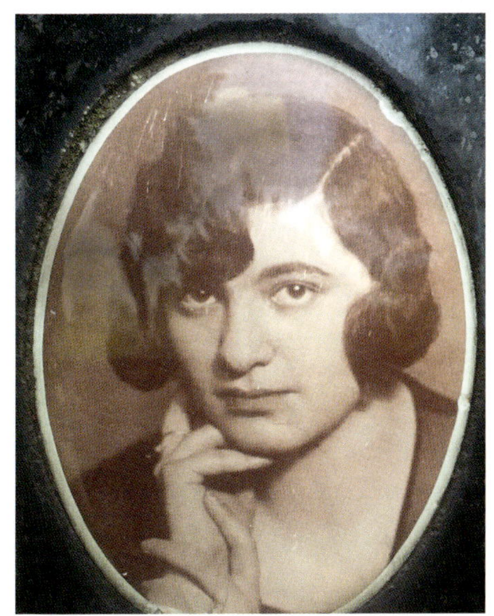

Porträt Paula Orlean, geborene Stern, auf dem Familiengrab in Paris.
Aus dem Privatbesitz der Familie Orlean

> gequält haben. Wir standen hinter der Gardine und haben geweint. […] Auf der anderen Straßenseite befand sich das jüdische Textilwarengeschäft Orlean. Das habe ich ja alles miterlebt, wie man dort plünderte und die Orleans verjagte."[186]

Das mittlerweile auf die beiden Söhne Paula Orleans übertragene Geschäft im Erdgeschoss wurde zerstört und geplündert, die Wohnung im ersten Stock aufgebrochen und das Mobiliar aus dem Fenster geworfen.

Die weitere Geschichte der Paula Orlean, ihrer zwei Töchter und ihrer zwei Söhne samt deren Familien ist äußerst verwickelt, dramatisch und tragisch. Einem Teil der Familie gelang die Flucht nach Frankreich, andere litten und starben in Konzentrations- und Arbeitslagern. Neun Familienmitglieder wurden Opfer des Holocaust, fünf überlebten in Frankreich.

Gustav Hammerschlag, der das Fotoatelier am Westenhellweg führte und für sein Studio auf der Mauer des Borussia-Sportplatzes warb, verstarb vor 1933 in Dortmund. Seine Frau verließ die Stadt und wurde später nach Theresienstadt deportiert und ermordet.

8. BVB-Mitglieder in NS-Institutionen

Die Mitgliedschaft in der NSDAP, der SA und der SS ist einer der wichtigsten Indikatoren für die Affinität einer Person zum Nationalsozialismus. Der Beitritt in die Partei war ein demonstrativer Akt des Bekenntnisses zum Nationalsozialismus und seiner politisch-ideologischen Ausrichtung. Dabei ist die Mitgliedschaft in der SA oder SS, für die in der Regel als Voraussetzung galt, dass man Parteigenosse war, ein Hinweis auf eine noch höhere Identifikation und ein aktiveres Engagement für die Sache der Nationalsozialisten.

186 Kolbe, Der BVB in der NS-Zeit, S. 79 f.

Der Zeitpunkt des Beitritts zur NSDAP und ihren Gliederungen kann seinerseits als Indikator für die Motive der Mitgliedschaft gelten. Jene, die vor der Ernennung Adolf Hitlers zum Reichskanzler am 30. Januar 1933 und der für die NSDAP erfolgreichen Reichstagswahl vom 5. März 1933 in die NSDAP eintraten, können eher als „überzeugte" Parteigänger gelten, während bei denen, die erst nach der Wahl auf den Zug der Gewinner aufsprangen, häufig pragmatische Gründe vorlagen, wie etwa der Glaube an bessere Karrieremöglichkeiten. Diese Trennung in „Alte Kämpfer" und „Märzgefallene" unter den Millionen Parteigenossen war auch in der Parteiführung selbst üblich, kann aber nur bis zu einem gewissen Grad generalisiert werden. Nicht selten waren die Fälle jener „Alten Kämpfer", die nach 1933 wieder aus der Partei austraten, während zahlreiche junge Menschen aus Altersgründen erst nach 1933 Mitglieder werden konnten und glühende Nationalsozialisten wurden. Zudem gab es allerorten fanatische Anhänger der nationalsozialistischen Ideologie und Politik, die keiner NS-Organisation angehörten.

Von 65 Funktionären und Spielern des BVB, von denen die für eine Recherche in der überlieferten NSDAP-Mitgliederkartei notwendigen Daten (Name, Vorname, Geburtsdatum) vorlagen bzw. ermittelt werden konnten, waren sieben Mitglieder der NSDAP, also gut 10 %. Der Einzige von ihnen, der bereits vor dem Machtwechsel in Berlin Ende Januar 1933 der Partei (1931) und der SA (1932) beitrat, war Wilhelm Röhr.[187]

Im März und April 1933 war der Ansturm von Beitrittswilligen auf die Parteibüros so stark, dass die Führung der NSDAP beschloss, ab Anfang Mai 1933 keine neuen Personen mehr aufzunehmen. Doch auf den letzten Drücker konnten sich noch rund eineinhalb Millionen Aspiranten mit dem Beitrittsdatum 1. Mai 1933 registrieren lassen.[188] Unter ihnen war auch Karl Knipprath, der in der zweiten Hälfte der

187 Die Angaben entstammen der Entnazifizierungsakte von Willi Röhr: Hessisches Hauptstaatsarchiv Wiesbaden (HHStAW), Abt. 520/FH (Betroffene) A–Z, Röhr, Wilhelm (R 4713 K 269). Seine Mitgliedskarte ist in der NSDAP-Kartei nicht mehr vorhanden, da er 1939 aus der Partei ausgetreten ist.

188 Falter, Hitlers Parteigenossen, S. 74 f.

1920er-Jahre als Torwart der ersten Mannschaft aktiv war, nach 1929 aber nicht mehr spielte. Ob er nach 1933 noch Mitglied des BVB war, ist unbekannt.

Vier weitere Beitritte von BVB-Mitgliedern erfolgten erst nach Aufhebung der Aufnahmesperre 1937 und wurden alle auf den 1. Mai 1937 zurückdatiert, und zwar in folgender Reihenfolge: Karl Leonhardt (Mitgliedsnummer 4447613), Karl Brettin (4569682), August Lenz (4569773), Otto Hagedorn (5139925). Karl Leonhardt wirkte 1937 und 1938 als Torwart neben Willi Ibel und verließ dann Dortmund wieder, Karl Brettin hatte in der Frühzeit des Vereins lange Jahre in der 1. Mannschaft gespielt und war Dietwart des BVB, August Lenz war Stammmittelstürmer und Nationalspieler. Otto Hagedorn, Bruder des stellvertretenden Vereinsführers Karl Hagedorn, hatte in der Frühzeit des Vereins über 20 Jahre für die 1. Mannschaft gespielt und war Ehrenmitglied.

Als Letzter trat schließlich der „Vereinsführer" August Busse der NSDAP bei. Am 11. März 1940 stellte er den Aufnahmeantrag, zum

Name: Busse August
Schlosser Geborene: Verehlichte:
Geb.-Datum: 7.9.90 Geb.-Ort: D.
Mitgl.-Nr.: 8054939 Aufn.: 1. JULI 1940
Aufnahme beantragt am: 11.3.40
Wiederaufn. beantragt am: genehm.:
Austritt:
Gelöscht:
Ausschluß:
Aufgehoben:
Gestrichen wegen:
Zurückgenommen:
Abgang zur / Zugang von Wehrmacht:
Gestorben:
Bemerkungen:

Wohnung: D. Wambelerstr. 25
Ortsgr.: Dortmund Gau: Westfalen-Süd
Monatsmeldg. Gau: Mt. Bl.
Lt. RL./ vom
Wohnung:
Ortsgr.: Gau:
Monatsmeldg. Gau: Mt. Bl.
Lt. RL./ vom
Wohnung:
Ortsgr.: Gau:
Monatsmeldg. Gau: Mt. Bl.
Lt. RL./ vom
Wohnung:
Ortsgr.: Gau:
Monatsmeldg. Gau: Mt. Bl.
Lt. RL./ vom
Wohnung:
Ortsgr.: Gau:

NSDAP-Karteikarte August Busse.
Bundesarchiv Berlin, R 9361-IX, Kartei, 5330219

Name: Brettin Karl
Beruf: [illegible] Geborene: Verehlichte:
Geb.-Datum: 30.12.00 Geb.-Ort: D.
Nr.: 4569682 Aufn.: 1.5.37
Aufnahme beantragt am: 16.7.37
Wiederaufn. beantragt am: genehm.:
Austritt:
Gelöscht:
Ausschluß:
Aufgehoben:
Gestrichen wegen:
Zurückgenommen:
Abgang zur / Zugang von Wehrmacht:
Gestorben:
Bemerkungen:

Wohnung: D. Schmiedestr. 15
Ortsgr.: Dortmund Gau: Wstf.Süd
Monatsmeldg. Gau: Mt. Bl.
Lt. RL./ vom
Wohnung:
Ortsgr.: Gau:
Monatsmeldg. Gau: Mt. Bl.
Lt. RL./ vom
Wohnung:
Ortsgr.: Gau:
Monatsmeldg. Gau: Mt. Bl.
Lt. RL./ vom
Wohnung:
Ortsgr.: Gau:
Monatsmeldg. Gau: Mt. Bl.
Lt. RL./ vom
Wohnung:
Ortsgr.: Gau:

NSDAP-Karteikarte Karl Brettin.
Bundesarchiv Berlin, R 9361-IX, Kartei, 4440345

Name: Lenz August
Beruf: [illegible] Geborene: Verehlichte:
Geb.-Datum: 29.10.10 Geb.-Ort: D.
Nr.: 4569773 Aufn.: 1.5.37
Aufnahme beantragt am: 12.8.37
Wiederaufn. beantragt am: genehm.:
Austritt:
Gelöscht:
Ausschluß:
Aufgehoben:
Gestrichen wegen:
Zurückgenommen:
Abgang zur / Zugang von Wehrmacht:
Gestorben:
Bemerkungen:

Wohnung: D. Unnaer 31
Ortsgr.: Dortmund Gau: Wstf.Süd
Monatsmeldg. Gau: Mt. Bl.
Lt. RL./ vom
Wohnung:
Ortsgr.: Gau:
Monatsmeldg. Gau: Mt. Bl.
Lt. RL./ vom
Wohnung:
Ortsgr.: Gau:
Monatsmeldg. Gau: Mt. Bl.
Lt. RL./ vom
Wohnung:
Ortsgr.: Gau:
Monatsmeldg. Gau: Mt. Bl.
Lt. RL./ vom
Wohnung:
Ortsgr.: Gau:

NSDAP-Karteikarte August Lenz.
Bundesarchiv Berlin, R 9361-IX, Kartei, 25510496

1. Juli 1940 wurde er aufgenommen und erhielt die Mitgliedsnummer 8054030. Dass ausgerechnet der „Vereinsführer" als Letzter in die Partei eintrat, deren Politik er im Verein seit sechs Jahren umsetzen sollte, wirft ein diffuses Licht auf den Vorgang. Wahrscheinlich war – wie bereits ausgeführt – der Beitrittsantrag August Busses im März 1940 die Reaktion auf den Austritt Willi Röhrs aus allen NS-Organisationen 1939. Nach diesem drastischen Schritt der braunen Eminenz des Vereins der Vorkriegsjahre erschien es Busse wohl notwendig, dass zumindest er als Chef der Vereinsführung in die Partei eintrat. Zumal auch sein Stellvertreter Karl Hagedorn keiner NS-Organisation angehörte.

Von Willy Wehram, der in der NS-Zeit das Amt des Vereinskassierers innehatte, meinten einige Ehemalige nach dem Krieg, er könnte NSDAP-Mitglied gewesen sein. In der Parteikartei findet sich allerdings kein Hinweis darauf. In seiner Entnazifizierungsakte gab Wehram an, von 1937 bis 1945 lediglich der Deutschen Arbeitsfront (DAF), der Nationalsozialistischen Volkfürsorge (NSV) und dem Nationalsozialistischen Reichsbund für Leibesübungen (NSRL) angehört zu haben.[189] Letzterem gehörten formal alle Sportvereine mitsamt ihrer Mitglieder an, Angaben dazu finden sich allerding nur in sehr wenigen Entnazifizierungsakten. Ebenso wie die Mitgliedschaft in der DAF, die zumindest für Arbeiter großer Werke obligatorisch war, sowie in der NSV wurde auch jene im NSRL nicht als primär politisches Bekenntnis zum Nationalsozialismus gewertet.

Betrachtet man diejenigen Personen, die im Verein in der Nazizeit eine wesentliche Rolle spielten, liegt eine Entnazifizierungsakte nur für Willi Röhr,[190] Willy Wehram[191] und August Lenz[192] vor. Willi Röhr, das einzig bekannte BVB-Mitglied, das schon vor 1933 in die NSDAP und

189 Landesarchiv Nordrhein-Westfalen (LAV NRW), Abteilung Rheinland, Duisburg, Entnazifizierungsakten, NW 1097-25963 (Willy Wehram).

190 HHStAW, Abt. 520/FH (Betroffene) A–Z, Röhr, Wilhelm (R 4713 K 269).

191 LAV NRW, Abt. Rheinland, Duisburg, Entnazifizierungsakten, NW 1097-25963 (Willy Wehram).

192 LAV NRW, Abt. Rheinland, Duisburg, Entnazifizierungsakten, Entnazifizierungsakten, NW 1097-14219 (August Lenz).

SA eingetreten war und das es bei den Braunhemden immerhin zum Obersturmführer brachte, wurde von der zuständigen Spruchkammer als „Mitläufer" und lediglich „nominelles Mitglied" eingestuft. Das war durchaus übliche Praxis in den Verfahren zur Entnazifizierung, selbst Personen, die tiefer in das NS-System und seine Verbrechen verstrickt waren als Röhr, wurden von den Spruchkammern nur sehr selten als „Belastete" eingestuft.[193]

Im Rahmen der „Sport- und Wehrwettkämpfe der SA Westfalen" im Stadion Rote Erde spielte am 2. Juli 1938 eine SA-Mannschaft Westfalen gegen eine solche des Niederrheins. Das Spiel kam laut dem Berichterstatter des *Sports vom Sonntag* durch die guten Kontakte von Willi Röhr zustande.[194] Für den BVB traten in der SA-Auswahl Torwart Karl Leonhardt, in der Läuferreihe Paul Marsiske, Karl Eron, Hans Büttner sowie im Sturm August Lenz und Wilhelm Dunay an. Das Spiel ging mit 2:1 verloren. Am 20. November 1938 fand ein weiteres Spiel der westfälischen SA-Mannschaft statt, Gegner war die SA-Gruppe Nordsee. Die fünf genannten Spieler vom BVB wurden auch in diesem Spiel eingesetzt, die übrigen stellte der FC Schalke 04. Durch zwei Tore von August Lenz gewann die Auswahl diesmal mit 2:1.[195] Am 2. Juli 1939 ging es wiederum gegen die SA-Nordsee. Neben Lenz und Eron waren in diesem Treffen vom BVB als Verteidiger Emil Stachorra und als Halbstürmer Paul Janowski dabei.[196] In einer reichsweiten SA-Auswahl, die am 15. August 1937 ein Testspiel gegen die Nationalelf bestritt, war von BVB-Seite nur August Lenz dabei.[197]

Wie erwähnt, konnte keine ordentliche SA-Mitgliedschaft eines BVB-Spielers ermittelt werden. Da es in der SA-Satzung hieß, „Mitglied

193 Ausführlich zum Thema, siehe etwa Norbert Frei, Vergangenheitspolitik. Die Anfänge der Bundesrepublik und die NS-Vergangenheit, München 2012.

194 Sport vom Sonntag, 4. Juli 1938. Dort findet sich auch die Aufstellung.

195 Dortmunder Zeitung, 28. November 1938.

196 Westfälische Landeszeitung – Rote Erde, 3. Juli 1939.

197 Dortmunder Zeitung, 16. August 1937.

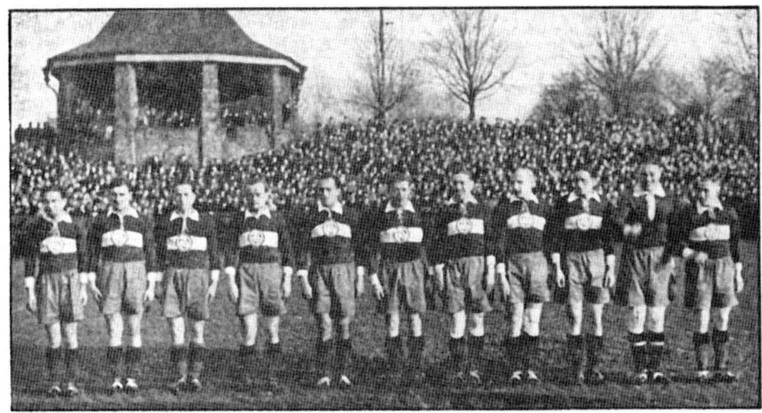

Die Elf der SA-Gruppe Westfalen.
Von links: Dunay, Büttner, Eron, Tibulski, Massiske, Urban, Kuzorra, Szepan, Gellesch, Klodt, Lenz.

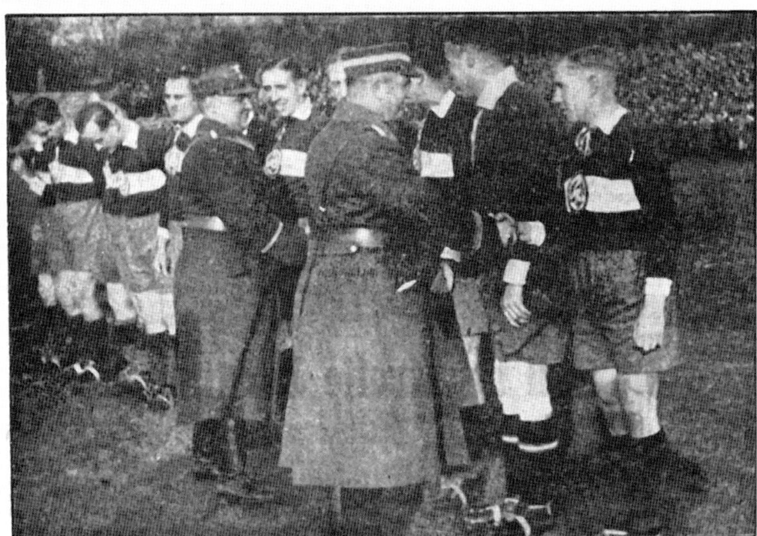

Westfalen — Westmark 2 : 1.
Die Obergruppenführer Schramme und Knickmann (Westmark) begrüßen die Spieler.
Photos (6): Tiefensee.

SA-Mannschaft Westfalen mit Kapitän August Lenz (auf beiden Fotos ganz rechts) vor dem Spiel gegen die SA-Mannschaft Westmark am 27. November 1938 im Stadion Rote Erde.
Sport vom Sonntag, 28. November 1938

kann nur werden, wer Parteigenosse ist",[198] von den Dortmunder Spielern in der SA-Mannschaft aber nur August Lenz Mitglied der NSDAP war, hätte von den anderen Spielern ohnehin keiner ordentliches SA-Mitglied sein können. Wie auch im Fall Charles/Karl Hoffmann, der für SS Straßburg spielte und während des Krieges beim BVB als Gastspieler aktiv war, bestand die einzige Voraussetzung, für einen SA- oder SS-Verein zu spielen, offensichtlich darin, ein guter Fußballer zu sein. Wer für eine SA-Mannschaft spielte, wurde kurzerhand als SA-Mann ausgegeben, so wie August Lenz. Ein Problem dürften der BVB-Vorzeigestürmer und die anderen BVB-Spieler damit wohl kaum gehabt haben, bedeutete es doch rein sportlich gesehen eine Auszeichnung, für eine solche Auswahlmannschaft nominiert zu werden.

Was die Mitgliedschaft in der NSDAP, der SA und der SS betrifft, ist beim BVB nur wenig Affinität zum Nationalsozialismus zu konstatieren. Das war zweifellos vor allem eine Folge des sozialen Hintergrunds des Vereins, in dem die Führung und fast alle Spieler sich auch Ende der 1930er-Jahre noch aus dem Industriearbeitermilieu rekrutierten, das in den Reihen der Parteigenossen unterrepräsentiert war. Zwar ist die These, dass es in der Arbeiterschaft eine generelle Resistenz gegenüber dem Nationalsozialismus gegeben habe, längst widerlegt, doch ist auch in dieser Frage eine differenzierte Betrachtungsweise notwendig.

Nur zwölf Prozent der zwischen 1925 und 1945 in die NSDAP eingetretenen Arbeiter kamen aus industriell geprägten Branchen, die Mehrheit von 52 Prozent rekrutierte sich aus dem Handwerk, die weiteren aus Arbeitern der Landwirtschaft und des Öffentlichen Dienstes.[199] Im Hoesch-Viertel dominierte aber eben das großstädtische Proletariat der Industriearbeiter die Sozialstruktur, was auch in der großen Zustimmung zur KPD bei Wahlen bis 1933 Ausdruck fand. Warum auch hätte ein Industriearbeiter, der kein überzeugter Nationalsozialist war, in die

198 Grundsätzliche Anordnungen der SA (GRUSA II), Anordnung, 31. Mai 1927, in: Bärbel Dusik (Hrsg.), Hitler. Reden, Schriften, Anordnungen, Februar 1925 bis Januar 1933, Bd. II, Teil 1: Juli 1926–Juli 1927, München/London/New York/Paris 1992, S. 326–328, hier S. 328.

199 Falter, Hitlers Parteigenossen, S. 214.

Partei eintreten sollen? Pragmatische Motive wie beispielsweise bessere Aufstiegschancen lassen sich da kaum ausmachen. Ganz im Gegensatz etwa zu den Beamten, bei denen das Motiv für einen Parteibeitritt auf der Hand lag und die im Verhältnis zu ihrem Bevölkerungsanteil in der Mitgliederschaft der NSDAP deutlich überrepräsentiert waren.

Schon die Tatsache, dass zwei Arbeiter, der Schlosser August Busse und der Fräser Karl Hagedorn, den BVB fast über die gesamte Zeit des Nationalsozialismus als Vereinsführer bzw. dessen Stellvertreter leiteten, stellt eine denkwürdige Ausnahme im Vergleich zu anderen bekannten Fußballvereinen jener Zeit dar. Bei vielen dieser Vereine drängten nach 1933 und dann wieder nach 1936 Parteigenossen und NS-Funktionäre in die Vereinsführung und lösten die amtierende ab. Das hatte auch damit zu tun, dass Vereine wie der 1. FC Nürnberg, der 1. FC Kaiserslautern, der TSV 1860 München, der FC Bayern München oder auch der Hamburger SV repräsentative Vereine ihrer Stadt, zuweilen gar einer ganzen Region waren und daher mit dem Posten des Vereinsführers auch einiges an Renommee und öffentliche Aufmerksamkeit verbunden war. Das galt nicht für den BVB. Zwar war er Dortmunds bester Fußballverein und spielte in der höchsten Klasse, aber an dem abseits der Innenstadt angesiedelten Klub, der in einem vom Bürgertum stets gemiedenen Viertel heimisch war, hatte die Polit- und NS-Prominenz der Stadt offensichtlich kein größeres Interesse, nachdem die Machtverhältnisse einmal grundsätzlich geklärt worden waren.

Ein Beispiel dafür lieferte die politische Spitze der Stadt, die zur Jubiläumsfeier des BVB subalterne Beamte als Vertreter schickte, es sich aber nicht nehmen ließ, die Mannschaft des FC Schalke 04 auf ihrer Rückreise vom gewonnenen Endspiel in Berlin im Sommer 1934 bei einem Zwischenstopp in Dortmund im Rathaus zu empfangen und von ihr Einträge in das Goldene Buch der Stadt zu erbitten.[200] Im Glanz des sportlichen Erfolges und des reichsweiten Ruhmes der Schalker Mannschaft sonnten sich die Nazis gern.

200 Westfälische Landeszeitung – Rote Erde, 26. Juni 1934.

9. BVB-Spieler in der Wehrmacht

In der 1949 erschienenen Festschrift zum 40-jährigen Bestehen des BVB teilte der Vorstand des Vereins mit, dass etwa 60 Mitglieder, fast alle aktive Sportler, im Krieg gefallen seien. Allein aus dem Kreis der 1. Mannschaften kehrten elf Spieler nicht aus dem Krieg zurück: Hans Büttner, Paul Burzik, Wilhelm Dunay, Karl Eron, Paul Ibel, Josef Lukasiewicz, Johann Piotrowicz, Johann Schimetzki, Hans Sombetzki, Emil Stachorra, Paul Tregel.

Die große Mehrheit der Soldaten aus den Reihen des BVB fiel in Russland, Hans Büttner in Nordafrika. Josef Lukasiewicz starb noch in den letzten Tagen des Krieges, am 24. April 1945, als Dortmund schon seit fast zwei Wochen von den Alliierten besetzt war, bei Rückzugskämpfen im Raum Bad Zwischenahn.

August Lenz und Paul Göbel standen vom ersten Tag des Krieges an im Dienst der Wehrmacht, und beide gerieten gegen Ende des Krieges

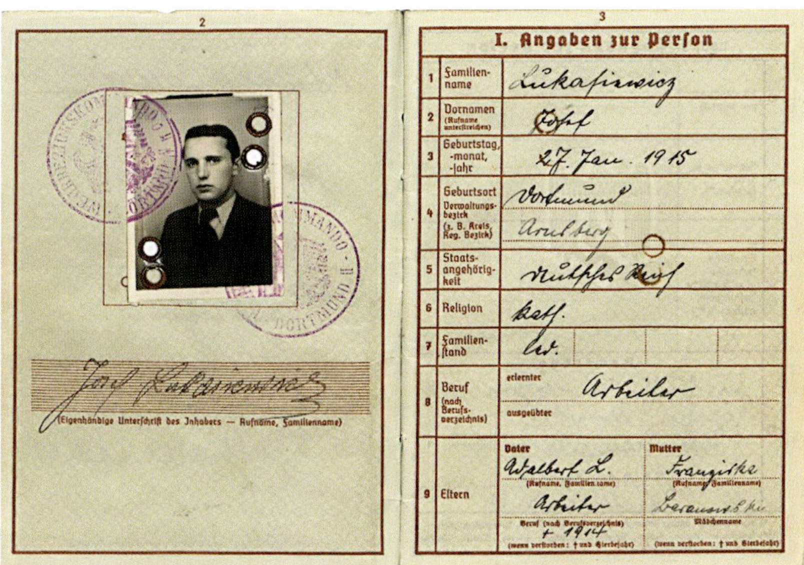

2

(Eigenhändige Unterschrift des Inhabers — Rufname, Familienname)

3

I. Angaben zur Person

1	Familienname	Lukasiewicz
2	Vornamen (Rufname unterstreichen)	Josef
3	Geburtstag, -monat, -jahr	27. Jan. 1915
4	Geburtsort / Verwaltungsbezirk (z. B. Kreis, Reg. Bezirk)	Dortmund / Arnsberg
5	Staatsangehörigkeit	Deutsches Reich
6	Religion	kath.
7	Familienstand	led.
8	Beruf (nach Berufsverzeichnis)	erlernter: Arbeiter; ausgeübter:
9	Eltern	Vater: Adalbert L. (Rufname, Familienname); Arbeiter (Beruf (nach Berufsverzeichnis)); + 1914 (wenn verstorben: † und Sterbejahr) — Mutter: Franziska (Rufname, Familienname); [illegible] (Mädchenname); (wenn verstorben: † und Sterbejahr)

Aus dem Wehrstammbuch von Josef Lukasiewicz.
Bundesarchiv Berlin, Pers 11, WstB I, Lukasiewicz, Josef

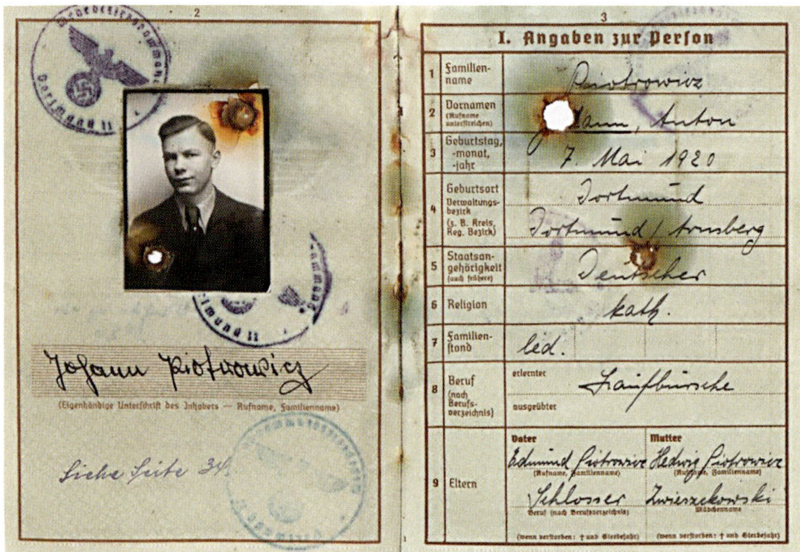

2

Johann Piotrowicz

(Eigenhändige Unterschrift des Inhabers — Rufname, Familienname)

Siehe Seite 34

3

I. Angaben zur Person

1	Familienname	Piotrowicz
2	Vornamen (Rufname unterstreichen)	Johann, Anton
3	Geburtstag, -monat, -jahr	7. Mai 1920
4	Geburtsort Verwaltungsbezirk (z. B. Kreis, Reg. Bezirk)	Dortmund Dortmund / Arnsberg
5	Staatsangehörigkeit (auch frühere)	Deutscher
6	Religion	kath.
7	Familienstand	led.
8	Beruf (nach Berufsverzeichnis)	erlernter: Laufbursche ausgeübter:
9	Eltern	Vater: Edmund Piotrowicz (Rufname, Familienname) Schlosser (Beruf nach Berufsverzeichnis) (wenn verstorben: † und Sterbejahr) Mutter: Hedwig Piotrowicz (Rufname, Familienname) Zwierzchowski (Mädchenname) (wenn verstorben: † und Sterbejahr)

Aus dem Wehrstammbuch von Johann Piotrowicz.
Bundesarchiv Berlin, Pers 11, WstB I, Piotrowicz, Johann

in Gefangenschaft. August Lenz kehrte im September 1946 aus England zurück nach Dortmund, Paul Göbel erst zehn Jahre nach Kriegsbeginn aus russischer Gefangenschaft in Kasachstan. Beide überlebten den Krieg, obwohl sie an allen großen Kämpfen beteiligt waren.

August Lenz war Kanonier und Maschinengewehr-Schütze.[201] Seine Einheit rückte bereits beim Überfall auf Polen am 1. September 1939 vor und nahm an den „Durchbruchskämpfen" der ersten Kriegswoche teil. Bis zum 9. Mai 1940 blieben Lenz und seine Einheit in Polen stationiert. Wie seine sporadischen Einsätze bei Spielen für den BVB zeigen, der erste nach Kriegsbeginn beim Auftakt der Meisterschaftsspiele der Saison 1939/40 Anfang November 1939, erhielten die Soldaten – abhängig

201 Die folgenden Informationen sind dem Wehrstammbuch von August Lenz entnommen: BArch, Abteilung PA, Pers11/Wehrstammbuch (Lenz, August), sowie der Karte der Stammkartei: BArch, B 563-1 Kartei, L-475/309.

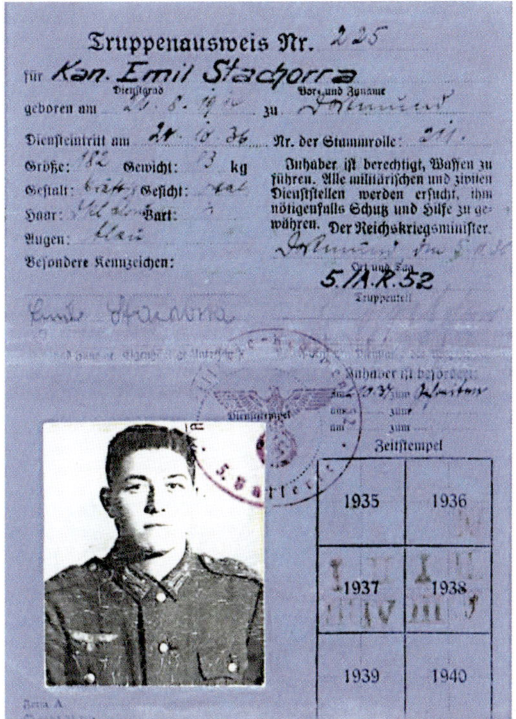

Truppenausweis Nr. 225

für Kan. Emil Stachorra
Dienstgrad — Vor- und Zuname

geboren am ... zu ...

Diensteintritt am ... Nr. der Stammrolle: ...

Größe: ... Gewicht: ... kg
Gestalt: ... Gesicht: ...
Haar: ... Bart: ...
Augen: ...
Besondere Kennzeichen:

Inhaber ist berechtigt, Waffen zu führen. Alle militärischen und zivilen Dienststellen werden ersucht, ihm nötigenfalls Schutz und Hilfe zu gewähren. Der Reichskriegsminister.

Ort und Tag

5./A.R.52
Truppenteil

Zeitstempel

1935	1936
1937	1938
1939	1940

Aus dem Truppenausweis von Emil Stachorra.
Bundesarchiv Berlin, Pers 11, WstB I, Stachorra, Emil

von der militärischen Lage – in unregelmäßiger Folge und Frequenz Heimaturlaub. Im Mai 1940 wurde Lenz' Einheit nach Westen verlegt, wo der „Westfeldzug" bevorstand und die Einheit ab 17. Mai 1940 am Vormarsch durch Belgien und Frankreich teilnahm. Im Sommer 1941 ging es wieder an die Ostfront, wo am 22. Juni 1941 auf breiter Front der Überfall auf die Sowjetunion begann. 1942 bis 1944 gehörte August Lenz dann wieder zur Besatzungstruppe in Belgien, wo seine Einheit im Küstenschutz an der Atlantik- und Ärmelkanalküste eingesetzt war. Nach der Invasion der Alliierten in der Normandie am D-Day, dem 6. Juni 1944, nahm er an Rückzugskämpfen teil, geriet am 25. November 1944 bei Groede in Flandern in Gefangenschaft und wurde nach England verbracht.

Ganz ähnlich verlief der militärische Einsatz von Paul Göbel: 1939 Polen – 1940 bei den Kämpfen im Westen – 1941 in der Sowjetunion.[202] Nur hatte Paul Göbel im Gegensatz zu August Lenz nicht das „Glück“, im Westen in Gefangenschaft zu geraten. Sein persönliches Kriegsende fand auf sowjetischem Gebiet statt, und als Kriegsgefangener wurde er nach Kasachstan verbracht, wo er vier Jahre unter Tage im Erzbergbau arbeiten musste, ehe er entlassen wurde.[203] Zwei Monate vor seiner Rückkehr im September 1949 war der BVB deutscher Vizemeister geworden.

Besonders in Polen, den baltischen Staaten und in der Sowjetunion waren Einheiten der deutschen Wehrmacht in Kriegsverbrechen verwickelt. Laut Auskunft des zuständigen Archivars der ehemaligen Wehrmachtsauskunftstelle im Bundesarchiv in Berlin sind in den Wehrstammbüchern Vermerke zu finden, falls gegen die Einheit des entsprechenden Soldaten Untersuchungen oder Verfahren wegen Kriegsverbrechen geführt wurden. In keinem der eingesehenen Wehrstammbücher von BVB-Spielern fand sich ein solcher Vermerk, was aber eine Beteiligung an Verbrechen nicht ausschließt.

Fußballspieler, die der Wehrmacht angehörten, trugen bei Spielen für ihre Vereine in der Regel neben dem Emblem des NSRL auch das Wehrmachtsemblem auf dem Trikot. Das war auch als Hinweis für die Zuschauer gedacht, dass die Spieler keineswegs vom Dienst an der Waffe und an der Front befreit waren. Besonders mit Fortschreiten des Krieges, als die Euphorie nach den schnellen Erfolgen in den ersten drei Kriegsjahren verflogen war und die Fronten erst im Osten, dann auch im Westen einbrachen, scheint es angesichts der immer noch stattfindenden sonntäglichen Fußballspiele einiges an Missfallenskundgebungen aus der Bevölkerung gegeben zu haben. Die Reichssportführung sah sich wiederholt und vor allem dann im Herbst 1944 veranlasst, in ihrem amtlichen Blatt, dem *Kicker*, dagegenzuhalten. In der kriegs-

202 BArch, Abteilung PA, Pers11/Wehrstammbuch (Göbel, Paul) sowie BArch, Abteilung PA, B 563-1 Kartei, G-504/698.

203 Interview mit Paul Göbel, in: Kolbe, der BVB in der NS-Zeit, S. 171.

bedingt letzten Ausgabe des Magazins aus dem September 1944 wurde eine Liste von Nationalspielern, unter ihnen auch August Lenz, und Nachwuchstalenten des Reichstrainers Sepp Herberger veröffentlicht, die dokumentierte, welche Nationalspieler bereits gefallen bzw. welche in welchem Land im Kriegseinsatz waren. Unter der Überschrift „An allen Fronten Nationalspieler vornean!" hieß es dazu:

> „Die Zeit ist eine andere geworden. Das Vaterland ringt in einem zweiten Weltkrieg um seinen Bestand, ruft alle Männer und Söhne, Frauen und Mädchen gegen den Ansturm dreier Erdteile auf das Schlachtfeld und in die Schmiede. Im sechsten Jahre schon. Aus dem Verteidiger auf dem Fußballfeld ist längst ein Verteidiger an den Fronten, aus dem Stern unter Elfen ein Soldat unter Millionen geworden. Aus der Schar der Nationalspieler, wie sie der Reichstrainer noch um sich versammelt hatte, starben zwölf den Heldentod: zwei Torwächter, drei Verteidiger, zwei Läufer und fünf Stürmer."[204]

Zwei Argumente führten die Reichssportführung und damit auch der *Kicker* immer wieder zur Begründung an, warum der organisierte Sport selbst und besonders in Zeiten des „totalen Krieges" weiter betrieben werden müsse. Er trage zum einen zur Ablenkung, Unterhaltung und Freude bei, und der Sportler schöpfe daraus seelische Energie und Kraft, zum anderen biete der Sport die angenehmste Art und Weise, den Körper zu trainieren und zu „stählen", was angesichts der militärischen Lage gefragter denn je sei.[205]

Dass der Fußball gerade auch in Krisen- und Kriegszeiten ein großes Potenzial an Freude, Zerstreuung und Ablenkung birgt, hat man auch bei den Kriegsgegnern Deutschlands schnell erkannt. Als im Vereinigten Königreich Großbritannien nach der Kriegserklärung an

204 Kicker, 26. September 1944.

205 So im Artikel „Sport hilft der Front, Sport stärkt die Rüstung", in: Kicker, 29. August 1944.

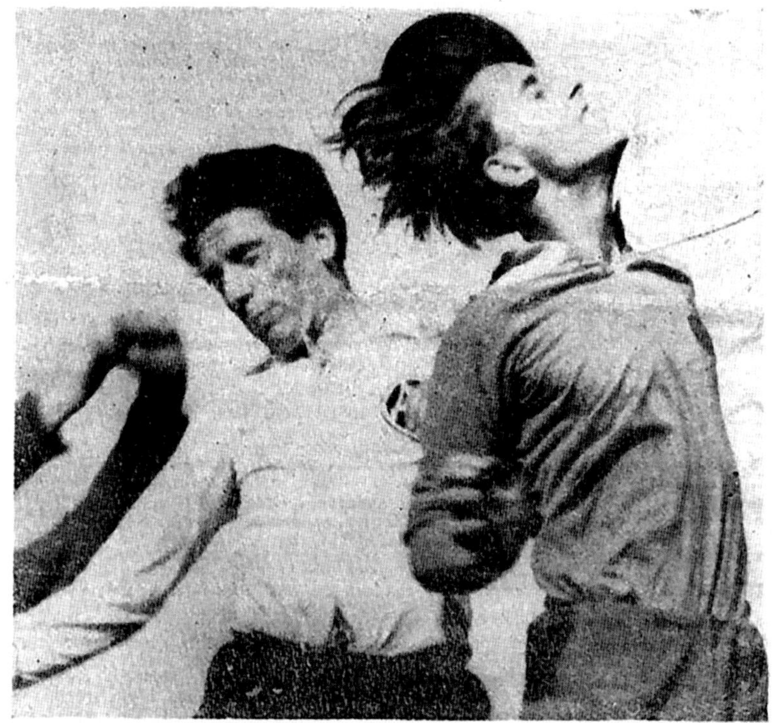

Nur für den oberflächlichen Beschauer ist das hier bloß „spielerisch". Solch Kopfball-Duell verlangt mehr als die technische Beherrschung des Köpfens; schärfste kämpferische Konzentration erfordert dieser Augenblick, straffste Beherrschung des Körpers im Sprung. Solche Szenen offenbaren, warum uns gerade die tüchtigsten Soldaten mit den höchsten Auszeichnungen so oft erklären: Der Sport, das Spiel machte mich so stählern, so reaktionsschnell! Bild: Schirner

„Kämpferische Konzentration" und „straffste Beherrschung des Körpers".
Ein Sportfoto, missbraucht zu militaristischer Propaganda.
Kicker, 12. September 1944

Deutschland Anfang September 1939 der Ligabetrieb auf unbestimmte Zeit eingestellt wurde, regte sich rasch der Unmut der Fans der populärsten Sportart Englands, und die britische Regierung lenkte ein. Die Fußballverbände organisierten bald einen provisorischen Spielbetrieb, der in der britischen Sportgeschichtsschreibung als „Wartime Football" bekannt ist.[206]

10. BVB-Mitglieder im Widerstand

Am 9. Februar 1945 erhielt die Dortmunder Gestapo aus Berlin den Befehl, eine bereits seit Längerem observierte Gruppe von Kommunisten auszuheben und die Beteiligten zu verhaften.[207] Die Gestapo hatte einen V-Mann in den Kreis der Widerständler eingeschleust und war über die dort aktiven Personen, ihre Handlungen und Ziele gut informiert. Zu den schließlich Verhafteten gehörten zwei Mitglieder des BVB: der ehemalige Platzwart des Borussia-Platzes Heinrich Czerkus sowie das langjährige passive Mitglied Franz Hippler, der regelmäßig die Spiele besuchte und in den BVB-Kreisen im Hoesch-Viertel wohlbekannt war. Die Festgenommenen wurden in den berüchtigten Keller der Gestapo-Dienststelle in Dortmund-Hörde verbracht, wo ein eigens zusammengestelltes Sonderkommando tätig war, dem auch zwei als brutale Schläger bekannte Beamte angehörten.

Ein Mithäftling beschrieb nach dem Krieg das Ergebnis der auf die Festnahmen folgenden Verhöre: „Die Misshandlungen, die die Männer erlitten haben, lassen sich nicht beschreiben. Jeder noch so starke Mann brach nach der Vernehmung in der Zelle förmlich zusammen. Er war am ganzen Rücken und Gesäß bis in die Kniekehlen blau und schwarz geschlagen, sodass er weder sitzen noch liegen konnte, es sei denn auf dem Bauch."[208] Diese Art des „Verhörs" war sowohl im Polizeigefängnis

206 Zum „Wartime Football" siehe Fabian Brändle, Kriegshelden oder „D-Day Dodgers"? Englischer „Wartime Football", in: Markwart Herzog/Fabian Brändle (Hrsg.), Europäischer Fußball im Zweiten Weltkrieg, Stuttgart 2015, S. 199–212.

207 Ausführlich hierzu: Markus Günnewig, „Die Betreffenden sind zu vernichten." Gestapoverbrechen in der Endphase des Zweiten Weltkrieges, Köln 2024, S. 168..

208 LAV NRW, Abt. Westfalen, Münster, Q 223, Nr. 1987, Bl. 851 f.

der Steinwache als auch auf der Gestapo-Dienststelle in Hörde üblich, wenn die Beschuldigten Kommunisten waren oder als solche galten. Die Folter sollte die Opfer dazu bringen, Namen von weiteren, noch nicht verhafteten Genossen zu nennen bzw. ein Geständnis im Sinn der Folterknechte abzulegen.

Die Gestapo war in der Endphase des Krieges darauf aus, auch die letzten potenziellen Widerstandsnester auszuheben, und sie ging dabei mit äußerster Brutalität und entschiedenem Vernichtungswillen vor. Ihr Ziel war es, jeglicher revolutionären Entwicklung im Innern des Reiches nach dem absehbaren militärischen Zusammenbruch vorzubeugen. Ein zweites „1918“ mit Umsturzversuchen, revolutionären Wirren und bürgerkriegsähnlichen Zuständen sollte es unter keinen Umständen geben. Den einzelnen Gestapo-Stellen war daher daran gelegen, auch aus ihrem Zuständigkeitsbereich Erfolge auf dem Weg zu diesem Ziel nach Berlin melden zu können. Dass die Nazizeit bald vorbei sein würde, war im Februar, März 1945 hingegen jedem klar Denkenden bewusst. So verfolgten die Nazis die Absicht, vor dem Untergang noch so viele Gegner und Missliebige wie möglich umzubringen.

Der Versuch der Neubildung verbotener Organisationen und Parteien war in der NS-Zeit ein Tatbestand, der schwer bestraft wurde, aber nicht mit der Todesstrafe. Anders lag der Fall bei „Vorbereitung zum Hochverrat“, für den die Todesstrafe für die Verurteilten vorgesehen war und besonders gegen Kriegsende auch verhängt wurde. Die Dortmunder Gestapo arbeitete in ihrem Ermittlungsbericht für die Staatsanwaltschaft daher darauf hin, das Delikt „Hochverrat“ in den Aktionen der festgenommenen Kommunisten hervorzuheben.[209] Zu einem Strafverfahren kam es allerdings nicht mehr. Da die Alliierten immer näher rückten und das Ruhrgebiet Ende März militärisch eingekesselt war, sah sich die Gestapo zum Abzug aus der Stadt gezwungen. Fast alle Beschuldigten, unter ihnen auch Heinrich Czerkus und Franz Hippler, wurden daraufhin mit zahlreichen anderen Gestapo-Häftlingen von Mitarbei-

209 Der Ermittlungsbericht ist nur in Teilen und in sehr schlechtem Zustand überliefert: Stadtarchiv Dortmund, Bestand 540.

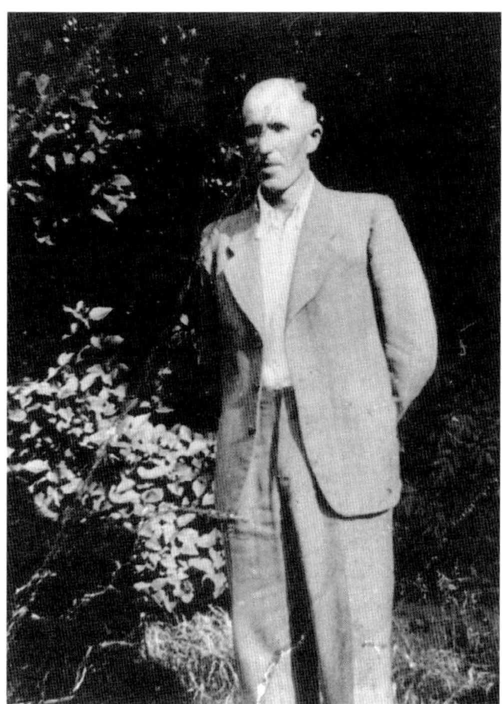

Heinrich Czerkus,
um 1933.
BORUSSEUM, Archiv

tern der Dienststelle im Rombergpark und in der Bittermark erschossen. Insgesamt sind 230 Opfer dieser Morde im März und April 1945 nachgewiesen. Unter ihnen befanden sich neben den Dortmunder Kommunisten vornehmlich ausländische Zwangsarbeiter und Kriegsgefangene.

Heinrich Czerkus

Heinrich Czerkus wurde 1894 in Minge, in Preußisch –Litauen geboren. 1920 kam er nach Dortmund, wo er im Hoesch-Viertel, in der Schlosserstraße 42, eine Wohnung und im benachbarten Stahlwerk Arbeit als Schlosser fand. Als er 1925 seinen Arbeitsplatz verlor, bot ihm der BVB die Stelle eines Platzwartes auf dem Borussia-Sportplatz an der Wambeler Straße an.

Heinrich Czerkus war nicht nur im Hoesch-Viertel, sondern in der ganzen Stadt als KPD-Mitglied bekannt. Bei der Stadtverordnetenwahl vom 12. März 1933 hatte er erfolgreich für das Stadtparlament kandidiert, konnte aber sein Mandat wegen des Ausschlusses der kommunistischen Mitglieder nicht mehr antreten. Dass er vor Februar 1945, im Gegensatz zu Franz Hippler und vielen anderen Dortmunder Kommunisten, nie in die Fänge der Gestapo geriet, ist bemerkenswert. Als unmittelbar nach dem Machtwechsel Ende Januar 1933 eine erste Terror- und Verhaftungswelle über die KPD-Mitglieder hinwegrollte, blieb er von Inschutzhaftnahme verschont, weil er „ernstlichst erkrankt" war.[210] So vermerkt es zumindest ein Gestapo-Bericht aus dem März 1945. Zur Person Heinrich Czerkus heißt es da:

> „Heinrich Czerkus war im Jahr 1923 eine Zeitlang Mitglied der anarcho-syndikalistischen Bewegung. Wegen auftretender Differenzen gab er diese Mitgliedschaft auf und trat zur KPD, der er bis zum Verbot angehörte, über. Weiterhin war er Mitglied der RGO [Revolutionäre Gewerkschafts-Opposition] und des Kampfbundes gegen den Faschismus. In der letztgenannten Organisation bekleidete er die Funktion eines Unterbezirksleiters, während er innerhalb der KP den Posten eines Zellenleiters innehatte. Innerhalb der damaligen Erwerbslosenbewegung gehörte er dem Erwerbslosenausschuss an."[211]

Die Gestapo hatte Heinrich Czerkus also von Beginn an auf der Liste, kannte seine Adresse und seinen angestammten Arbeitsplatz auf dem Borussia-Gelände – und dennoch konnte sie ihn erstaunlicherweise erst in den letzten Tagen des Krieges infolge des Verrats eines V-Mannes fassen. Zeitzeugen aus dem Kreis des BVB wiesen in Interviews darauf hin, dass es innerhalb des Vereins eine Art Warnsystem gegeben habe, das es ihrem Platzwart ermöglicht habe, rechtzeitig unterzutauchen,

210 Stadtarchiv Dortmund, Bestand 540. Die Paginierung ist aufgrund des schlechten Zustands nicht zu erkennen.

211 Ebenda.

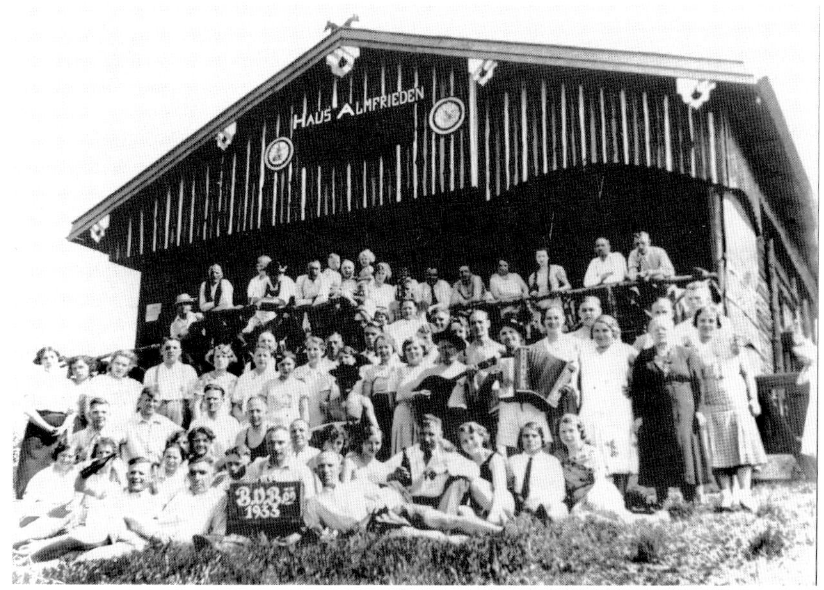

Ausflug des BVB in den Dortmunder Süden im Sommer 1933. Auch Heinrich Czerkus ist dabei, er liegt rechts neben dem Schild im Gras. *BORUSSEUM, Archiv*

wenn eine Aktion der Gestapo bevorstand. Gerhard Busse, Sohn des Vereinsführers August Busse, führte dazu aus:

> „Ein Nachbar von uns war Polizeioffizier. In den 30er-Jahren suchte man mal wieder Heinrich Czerkus, und der Nachbar kam deshalb zu uns, um meinen Vater zu ermahnen, in Wahrheit aber, um ihn zu informieren, dass man vermutete, Czerkus könne sich auf dem ‚Borussia-Sportplatz' versteckt halten. Gefasst hat man ihn dort selbstverständlich nie. So unvorsichtig war er nicht. Und wenn doch einmal, dann klappte der vereinsinterne Informationsdienst. Auch der durch unseren Nachbarn, den Polizisten."[212]

212 Interview mit Gerhard Busse, in: Kolbe, Der BVB in der NS-Zeit, S. 125.

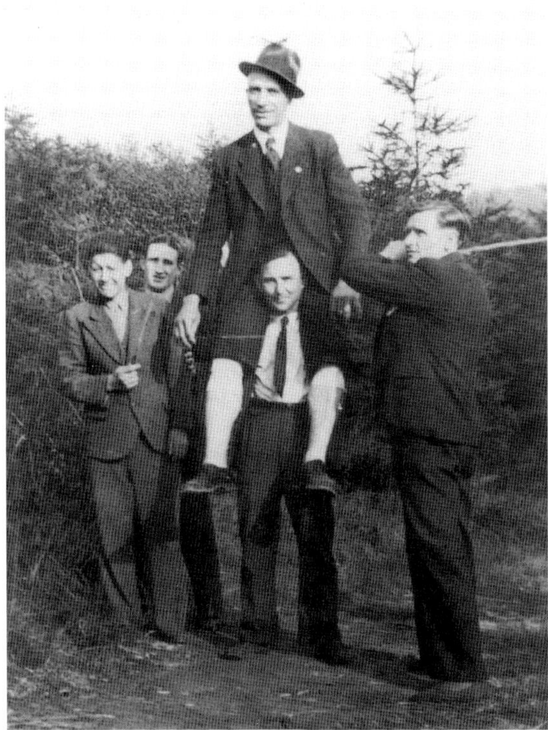

Heinrich Czerkus auf den Schultern des Ko-Platzwartes Heinrich Kampmann, um 1934.
BORUSSEUM, Archiv

Eine Geschichte von Solidarität und Hilfsbereitschaft in finsterer Zeit, die sich fast zu gut anhört, um wahr zu sein. Kann es sein, dass es auf die geschilderte Weise tatsächlich gelang, einen gesuchten Gegner des Systems ein Jahrzehnt lang vor dem Zugriff der Gestapo zu bewahren? Ein Blick in das Adressbuch der Stadt Dortmund von 1938 zeigt, dass im Nachbarhaus der in der Wambeler Straße 25 wohnenden Familie Busse tatsächlich ein Polizeimeister namens Flecker wohnte. Kein Beleg, aber ein Indiz dafür, dass es dieses „Warnsystem" tatsächlich gegeben haben könnte.

Um Heinrich Czerkus dreht sich auch eine andere Geschichte, die auf den ersten Blick unwahrscheinlich anmutet und von Skeptikern gern belächelt wird. Auf der Geschäftsstelle des BVB gab es einen Vervielfältigungsapparat, der – so das Nachkriegsnarrativ innerhalb des Vereins – von Heinrich Czerkus mit Wissen des Vereinsführers August Busse wiederholt benutzt wurde, um kommunistische Flugblätter zu vervielfältigen. Dass es tatsächlich der Apparat des BVB war, den nicht nur Czerkus verwendete, sondern mit dem die gesamte Widerstandsgruppe ihre Flugblätter für die Zeit des Zusammenbruchs herstellen wollte, wird in dem Bericht der Gestapo vom März 1945 bestätigt:

> „Czerkus wurde von dem Mitbeschuldigten Mainusch im Laufe des Jahres 1943 als Stadtteilleiter für den Bezirk I eingesetzt und war in der Folgezeit bestrebt, die an ihn gerichteten Weisungen auch auszuführen. Über seine Tätigkeit erstattete er in jedem Fall dem Mitbeschuldigten Kanwischer Bericht. Unter anderem teilte er dem Kanwischer mit, dass er die Mitbeschuldigten Karl Schwarz und Franz Hippler zur Mitarbeit gewonnen habe. Um den illegalen Aufbau der Bewegung zu beschleunigen, stellte er sich dem Mainusch zur Verfügung und war diesem behilflich, um das angestrebte Ziel möglichst schnell zu erreichen. Er war bei der Beschaffung eines Vervielfältigungsapparates maßgeblich beteiligt."

Der Rest des Dokuments ist nur in Teilen zu entziffern, da die untere rechte Ecke des Blattes fehlt. Zu lesen ist noch: „... wendete er aus dem Geschäftszimmer des Fus ...". Der Satz lautete zweifellos „entwendete er aus dem Geschäftszimmer des Fussballvereins Borussia Dortmund den Apparat".[213]

Dass Czerkus den Apparat tatsächlich „gestohlen" hatte, ist angesichts seiner Verbundenheit mit dem Verein und der Solidarität, die er von diesem erfahren hatte, eher unwahrscheinlich. Er wollte sicherlich die Verantwortlichen des Klubs nicht mit in den Fall hineinziehen und behauptete deshalb, den Apparat „beschafft" zu haben. Da auf der Geschäftsstelle in jener Zeit die Ehefrau August Busses die Verwaltungsarbeit erledigte, ist davon auszugehen, dass der Vereinsführer von

213 Stadtarchiv Dortmund, Bestand 450.

den Vorgängen wusste. Sein Sohn erklärte nach dem Krieg, sein Vater habe in den letzten Kriegsmonaten ständig Angst gehabt, es könne herauskommen, dass der Apparat, den Czerkus verwendete, dem BVB gehöre.[214] Zu berücksichtigen bleibt dabei ferner, dass jeglicher Spielbetrieb seit Herbst 1944 eingestellt war, dass die Geschäftsstelle in der Oesterholzstraße bei einem Bombenangriff einen Volltreffer bekam und in der weithin zerstörten Stadt Chaos herrschte.

Heinrich Czerkus wohnte die gesamte NS-Zeit über in der Schlosserstraße 42, das war kein Geheimnis, sondern stand so im Adressbuch. Auch sein Arbeitsplatz war der Polizei bekannt. Wie Fotos aus jenen Jahren zeigen, hat er auch an Festen und Ausflügen des BVB teilgenommen. Wenn die Gestapo, ihre Spitzel und Denunzianten so allgegenwärtig gewesen wären, wie es oft behauptet wird, hätten sie ihn wohl dingfest machen können. Dies gelang der Gestapo jedoch erst, nachdem sie einen V-Mann in den Kreis jener Kommunisten eingeschleust hatte, die gegen Ende des Krieges mit dem Ziel einer Neuorganisation der KP-Strukturen wieder aktiv wurden. Zu diesem Zweck hatte Heinrich Czerkus auch wieder Kontakt zu seinem alten Bekannten aus dem Kreis der KPD und dem Verein aufgenommen – zu Franz Hippler.

Franz Hippler

Franz Hippler wurde 1895 im ostpreußischen Allenstein als Spross einer Arbeiterfamilie geboren.[215] 1905 zogen seine Eltern der Arbeit wegen ins Ruhrgebiet und ließen sich im Hoesch-Viertel nieder. Ihr Sohn Franz besuchte die katholische Dreifaltigkeitsschule und wechselte gleich nach Abschluss in die Fabrik. 1915 zum Heeresdienst eingezogen, geriet er

214 Interview mit Gerhard Busse, in: Kolbe, Der BVB in der NS-Zeit, S. 122.

215 Die folgenden biografischen Angaben zu Hippler entstammen dem Ermittlungsbericht der Generalstaatsanwaltschaft Hamm im Zuge des Prozesses gegen Hippler u. a. im Jahr 1935, BArch, R 3017-1251, dem Ermittlungsbericht der Gestapo Dortmund aus dem Februar 1945, Stadtarchiv Dortmund, Bestand 540, sowie der von Wilfried Harthan verfassten Broschüre „Drei Borussen im Widerstand“, BORUSSEUM, Archiv.

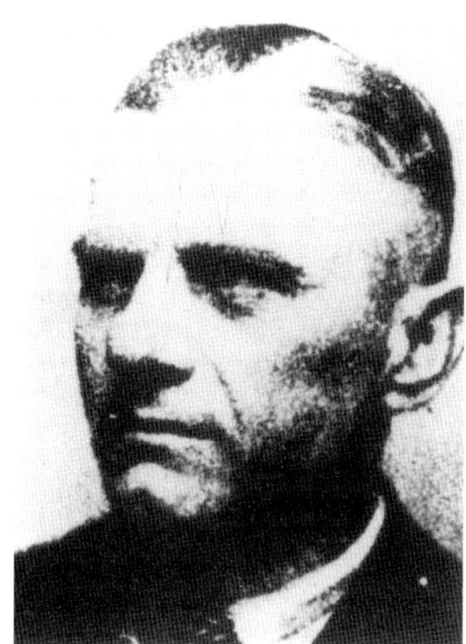

Das einzige von Franz Hippler überlieferte Foto, um 1930.
BORUSSEUM, Archiv

1918 in Gefangenschaft und schied im November 1919 aus dem Heeresdienst aus. Im Zuge der revolutionären Nachkriegswirren stand er 1920 auf der Seite der Roten Ruhrarmee, für die er nach eigenen Angaben in Dortmund Büroarbeiten ausführte. Über die Jahre und die Dauer seiner Mitgliedschaft in der KPD weichen die Informationen stark voneinander ab. Laut Ermittlungsbericht der Generalstaatsanwaltschaft Hamm war Hippler von 1920 bis 1923 sowie von 1927 bis zum Machtwechsel 1933 Mitglied der KPD, zuletzt als Schreiber im Parteibüro, und arbeitete anschließend für die nun verbotene Partei weiter.[216] Hippler wohnte mit seiner Familie in der Wambeler Straße und arbeitete als Maschinist im Hoesch-Stahlwerk, verlor aber wie viele seiner Kollegen in den späten 1920er-Jahren wiederholt seinen Arbeitsplatz.

Nach dem Machtantritt der Nationalsozialisten durchlebte und durchlitt Hippler mit nur kurzen Unterbrechungen zwölf Jahre der

216 BArch, R 3017-1251, Bl. 24. Laut Gestapo-Bericht, Stadtarchiv Dortmund, Bestand 540, trat er der Partei 1925 bei und hielt die offizielle Mitgliedschaft bis zum Machtwechsel aufrecht, um anschließend im Verborgenen für sie weiterzuarbeiten.

Verfolgung. Inhaftierungen im Polizeigefängnis, in Zuchthäusern, in KZ und Gestapo-Kellern reihten sich aneinander, ehe er in den letzten Tagen des Krieges im Rombergpark ermordet wurde. Sein „Verbrechen" bestand darin, von März bis Dezember 1934 monatlich 50 Pfennig als Beitrag für die verbotene KPD bezahlt und zwei Nummern der *Roten Fahne* für zusammen 20 Pfennig gekauft sowie eine Verbindung zwischen Genossen vermittelt zu haben.[217] Deshalb wurde er 1935 gemeinsam mit 85 weiteren Beschuldigten wegen „Vorbereitung zum Hochverrat" vom Oberlandesgericht in Hamm verurteilt; Hippler erhielt drei Jahre und neun Monate Zuchthaus.[218]

Liest man in der Urteilsbegründung, was bereits als „hochverräterisch" galt und mit der Todesstrafe belegt werden konnte, so kann der Respekt vor jenen Männern und Frauen, die wie Franz Hippler selbst nach erlittener Haft und Misshandlung bereit waren, erneut gegen das Regime zu arbeiten, nicht hoch genug sein. Es hieß dort:

> „Durch die Regierung der nationalen Erhebung wurde die Organisation der KPD zerschlagen. Einzelne Zellen bestanden insgeheim weiter, bis auch hier die Verbindungen abrissen. Die Funktionäre der KPD versuchten dann, die Organisation der Partei von neuem aufzubauen. Für diesen Neuaufbau haben außen den Funktionären naturgemäß die Anlaufstellen und diejenigen Personen, die Verbindungen herstellen und die Hetzschriften der KPD weitergeben, die größte Bedeutung; aber nicht mindere Bedeutung kommt denjenigen Anhängern der KPD zu, die sich durch Zahlung von Beiträgen und Abnahme illegaler Schriften in den Neuaufbau eingliedern oder durch die Unterbringung von Funktionären oder auf andere Weise den Neuaufbau fördern. Jede Tätigkeit dieser Art ist Vorbereitung zum Hochverrat."[219]

217 BArch, R 3017-1251, Bl. 24.
218 LAV NRW, Abt. Westfalen, Münster, Q 211a, 5 OJs 137/35.
219 BArch, R 3017-1251, Bl. 16.

Solches Handeln galt den NS-Juristen aber nicht nur als Verbrechen gegen die Regierung, sondern auch, und das wog ihrer Meinung nach noch schwerer, als Verbrechen gegen die „Volksgemeinschaft“:

> „Nachdem das deutsche Volk sich am 12. November 1933 mit eindeutiger Mehrheit eindeutig zu der Regierung der nationalsozialistischen Erhebung bekannt hat, muss jede hochverräterische Betätigung, die sich gegen diese Regierung und gegen den von ihr geführten Staat richtet, als eines der schwersten Verbrechen angesehen werden, dessen man sich schuldig machen kann. Der hochverräterische Angriff richtet sich nicht nur gegen die Regierung, sondern gegen den Bestand der schwer erkämpften Volksgemeinschaft und jeder, der sich an diesem Angriff in irgend einer Form beteiligt, stellt sich bewusst außerhalb dieser Volksgemeinschaft.“[220]

Wer aus dieser Volksgemeinschaft ausgeschlossen war, wie etwa Juden, Sinti und Roma, oder ausgeschlossen wurde, wie die wenigen noch aktiven Widerstandskämpfer, war grundsätzlich vom gewaltsamen Tod bedroht.

Nach Ablauf seiner Strafe kam Franz Hippler nicht etwa frei, sondern wurde am 14. Juli 1939 in „Schutzhaft“ (ein juristisches Willkürinstrument, das es den Handlangern des Regimes erlaubte, jeden Missliebigen zu inhaftieren) genommen, zunächst in der Steinwache inhaftiert und von dort am 24. Juli 1939 ins Konzentrationslager Buchenwald überstellt.[221] Aus dem KZ wurde er erst am 6. April 1943 „probeweise“ entlassen, nachdem seine Frau und der gemeinsame, an der Front im Einsatz stehende Sohn wiederholt entsprechende Eingaben eingereicht hatten.[222] Trotz der acht Jahre Haft und aller erlittenen physischen und psychischen Misshandlungen scheute Hippler nicht davor zurück, wieder Kontakt zu ehemaligen Bekannten und

220 Ebenda, Bl. 70.
221 LAV NRW, Abt. Westfalen, Münster, K 700 Do, Haftbücher Steinwache.
222 Stadtarchiv Dortmund, Bestand 647, Nachlass Junge.

Freunden aus der KPD aufzunehmen. Beim Verhör durch die Gestapo im Februar 1945 erklärte er:

> „Es war im Oktober 1943. Als ich eines Tages den mir bekannten Czerkus, den ich von früher aus der kommunistischen Bewegung kannte, auf der Straße zufällig traf. Ich kam von der Arbeit. Czerkus sprach mich an und wir unterhielten uns kurz über persönliche Sachen und er fragte mich danach, ob ich nicht gewillt sei, mitzuarbeiten. Er gab mir zu verstehen, dass die kommunistische Partei neu aufgebaut werden müsse, um im Falle eines Zusammenbruchs des Deutschen Reiches, also knapp nach dem Kriege, wieder dastehen zu können. Ich habe mich für eine Mitarbeit bereiterklärt. Bei dieser Gelegenheit haben wir uns über die allgemeine politische Lage nicht unterhalten. Ich sollte den Stadtteil am Borsigplatz übernehmen und mir geeignete Personen zu einer Mitarbeit selbst suchen."[223]

Es ist durchaus möglich, dass auch dieses Geständnis Hipplers, wie es für viele andere „Geständnisse" vor Beamten der Dortmunder Gestapo bekannt ist, aufgrund von Folter zustande kam. Die Aussagen wurden teils sogar vorformuliert und nach entsprechender „Behandlung" des Beschuldigten von diesem unterschrieben.

Sophie Hippler, die Witwe des Ermordeten, gab der Staatsanwaltschaft, die in der Nachkriegszeit im Fall der Rombergparkmorde ermittelte, 1949 zu Protokoll:

> „Ich weiß ganz bestimmt, daß mein Mann sich nach seiner Entlassung aus dem KZ Buchenwald nicht mehr politisch betätigt hat. Er war so ängstlich geworden, daß er sich sogar scheute, bei alten Freunden auf der Straße stehen zu bleiben und ihnen die Hand zu geben. Von all den Leuten, die erschossen worden sind oder in Dortmund-Hörde eingesessen haben, habe ich niemanden gekannt. Ich

223 Stadtarchiv Dortmund, Bestand 540. Der Rest des Protokolls ist unleserlich bzw. fehlt.

KL. BUCHENWALD (Männer) T/D Nr.

HIPPLER R — NAME
Franz — Vorname
14. 4. 1895 — Geb.-Datum
Allenstein — Geb.-Ort
401 — Häftl.-Nr.

Häftl. Pers. Karte		Mil. Gov. Quest.		Dokumente:	15 + 2
Effektenkarte	1	Order f. Disp.			
Effektenverzeichnis		Todesmeldung		Inf. Karten:	
Postkontr.-Karte	1	Soz. Vers. Unterlagen			
Schreibst.-Karte	1	Zahnbehandlungskarte		Bemerkungen:	
Häftl. Pers. Bogen	1	Korrespondenz	12		
Revierkarte					
Krankenblätter					
Arbeitskarte	1			Umschlag-Nr.:	68751
Geldverw.-Karte					
Nummernkarte					

Franz Hipplers Häftlingskarte aus dem KZ Buchenwald. Die niedrige Häftlingsnummer 401 zeigt, dass er einer der ersten Häftlingen des bei Weimar gelegenen KZ war.
Arolsen Archives, Doc ID: 6099458

kann mir nicht denken, daß mein Mann irgendwie illegale Verbindungen mit diesen Leuten aufgenommen hat.“[224]

Es war durchaus nicht ungewöhnlich, dass die Ehefrauen von Widerstandskämpfern nichts oder nur Vages von der konspirativen Arbeit ihrer Partner wussten. Sie sollten zum einen nicht in Gefahr gebracht werden, zum anderen sollte es zum Schutz der Genossen so wenig Mitwisser wie möglich geben. Dass Franz Hippler jedoch nach acht Jahren Haft und Misshandlung ein gebrochener Mann war, legen auch andere Aussagen nahe. Gerhard Busse: „Den traf ich auch mit meinem Vater in

224 Hier zitiert nach Stadtarchiv Dortmund, Bestand 647, Nachlass Junge.

den letzten Monaten des Krieges. Er ist mehrfach im KZ gewesen und beschrieb uns, wie grausam die dortigen Aufenthalte gewesen seien. Er konnte kaum erzählen, was er dort erlebt hatte, so sehr stand er immer noch unter dem Eindruck der Erlebnisse."[225]

Da die Gestapo die meisten Informationen über die beteiligten Personen von ihrem innerhalb der Widerstandsgruppe agierenden V-Mann bekam, scheint es sicher, dass Franz Hippler trotz gegenteiliger Meinung seiner Frau dort wieder aktiv geworden war. Angesichts des bereits Erlittenen und des schlechten Gesundheitszustandes des Mannes ein beeindruckendes Zeichen der Unbeugsamkeit.

Nachdem Franz Hippler im April 1943 aus dem KZ Buchenwald entlassen worden war, wohnte er zunächst wieder mit seiner Frau in der alten Wohnung in der Wambeler Straße 11.[226] Im Sommer 1944 erhielt das Haus bei einem Luftangriff einen Bombentreffer, und Franz und Sophie Hippler mussten eine neue Unterkunft suchen. Sie fanden sie in der gleichen Straße, ein paar Häuser weiter, in der Wambeler Straße 3. Das Haus gehörte Willi Röhr, SA-Mann und braune Eminenz des Vereins vor dem Krieg. Wie dargestellt, war er 1939 aus allen Parteiorganisationen ausgetreten. Seine Familie war 1944 ins Hessische evakuiert worden. Daher gab es Platz im Haus, den er den Hipplers zur Verfügung stellte. Zum 1. Juni 1944 zogen sie ein. So wohnte nun ein kommunistischer Ex-KZ-Häftling im Haus eines Ex-SA-Mannes. Die Verbindung zwischen ihnen beruhte auf der langjährigen Zugehörigkeit beider zum BVB. Die ungewöhnliche Konstellation im Hause Röhr vervollständigte ein Polizei-Hauptwachtmeister, der ebenfalls dort wohnte.

Die Informationen, die die Gestapo über ihren V-Mann zusammentragen konnte, verweisen neben dem persönlichen Schicksal der Beschuldigten auch auf die Schwäche des Widerstands nach zwölf Jahren Diktatur. Hatte es in den ersten Jahren der braunen Herrschaft noch

225 Interview mit Gerhard Busse, in: Kolbe, Der BVB in der NS-Zeit, S. 125.

226 Die folgenden Informationen sind den Hausstandsbüchern Wambeler Straße 11 und Wambeler Straße 3 entnommen: Stadtarchiv Dortmund, Hausstandsbücher.

eine Reihe von Massenprozessen gegen Dortmunder Kommunisten mit jeweils 80 bis über 100 Beschuldigten gegeben, so waren in den letzten Kriegsmonaten nur mehr zwei bis drei Dutzend Personen übrig geblieben, die unter großen Gefahren und Mühen versuchten, ehemalige Genossen zu reaktivieren und die Partei mit Blick auf den abzusehenden Untergang des Regimes neu zu organisieren. Das ist wenig verwunderlich, da die KPD als erklärter politischer Hauptfeind des Regimes die meisten Opfer im Kampf gegen den Nationalsozialismus erlitten hat. Von den rund 300 000 Parteimitgliedern im Jahr 1932 saß schätzungsweise die Hälfte mehr oder weniger lang in Zuchthäusern und KZ, auf etwa 20 000 wird die Zahl der ermordeten Mitglieder geschätzt. Zwei von ihnen waren Mitglieder des BVB.

Fritz Weller

In den frühen Jahren der NS-Zeit hatte sich rund um den Borsigplatz auch eine Untergruppe eines sozialdemokratischen Widerstandskreises um Max Zimmermann gebildet, den Leiter des Dortmunder Arbeitersportkartells von 1928 bis 1933.[227] Dieser Untergruppe gehörte auch der Leichtathlet Fritz Weller an, der sich zunächst dem Arbeitersportverein FS 98 Dortmund angeschlossen hatte und nach dessen Verbot im Frühjahr 1933 zum BVB wechselte, wo er als Leichtathlet und Handballer aktiv war. Aufgrund seiner guten Leistungen in der Leichtathletik gehörte er 1934 zu jenen Sportlern, die als Kandidaten für die Teilnahme an den Olympischen Spielen 1936 in Berlin auserkoren und auf ihre besondere Verantwortung vereidigt wurden.[228]

227 Zum Kreis um Max Zimmermann, siehe Der Widerstand der Sozialdemokratischen Partei Deutschlands (SPD), in: Günther Högl (Hrsg.), Widerstand und Verfolgung in Dortmund 1933–1945. Katalog zur ständigen Ausstellung des Stadtarchivs Dortmund in der Mahn- und Gedenkstätte Steinwache, erstellt im Auftrag des Rates der Stadt Dortmund, 2. überarb. Aufl., Dortmund 2002, S. 167 ff.

228 Westfälische Landeszeitung – Rote Erde, 16. Dezember 1934.

Fritz Weller wurde 1912 im Hoesch-Viertel geboren und fand nach der Schulzeit auf dem Stahlwerk zunächst einen Ausbildungs- und dann auch Arbeitsplatz als Dreher. Über seine spätere Frau Toni Nöthling, die beim BVB Handball spielte, und ihren Bruder Otto kam er in Kontakt zum Arbeitersport und schließlich auch zu der Widerstandsgruppe, die von Arbeitersportlern organisiert wurde. Nachdem die Nationalsozialisten zunächst die kommunistischen und dann auch die sozialdemokratischen Vereine verboten und zerschlagen hatten, folgte für viele Arbeitersportler eine Phase der Orientierungslosigkeit und Unsicherheit.

Otto Nöthling berichtete in einem Manuskript mit dem Titel „Der Arbeitersport im Widerstand“,[229] dass nach dem Machtwechsel und dem gewaltsamen Vorgehen gegen den Arbeitersport der Wille zum Widerstand bei Funktionären und Sportlern zunächst gebrochen gewesen sei. Nur sehr zögerlich hätten einige wieder erste Kontakt aufgenommen, wobei man sehr vorsichtig habe vorgehen müssen, da eine Reihe der alten Bekannten rasch die Fahnen gewechselt habe. Daher wurden kleine Gruppen von fünf bis sechs Personen gebildet, die untereinander keinen Kontakt haben, sondern von einem Kurier instruiert werden sollten.[230] Fritz Weller gehörte mit August Braun zur Gruppe am Borsigplatz. Die Mitglieder führten Decknamen. Laut Nöthling bestanden die Aktivitäten der Gruppe vor allem darin, neue Kontakte, auch ins Ausland, zu knüpfen und Material über die Nazis und ihre Politik zu sammeln, das dann ausländischen Sendern wie Radio Straßburg und der BBC in London zugespielt wurde. Zu diesem Zweck sei er nach Rücksprache mit Max Zimmermann in die Nationalsozialistische Betriebszellenorganisation (NSBO), eine betriebsbezogene Organisation der Arbeitnehmer, eingetreten, um Material aus erster Hand zu gewinnen.

229 Fritz-Hüser-Institut für Literatur und Kultur der Arbeitswelt, Dortmund, Otto Nöthling, Der Arbeitersport im Widerstand, unveröffentlichtes Manuskript, o. O., o. J.

230 Ebenda, S. 14.

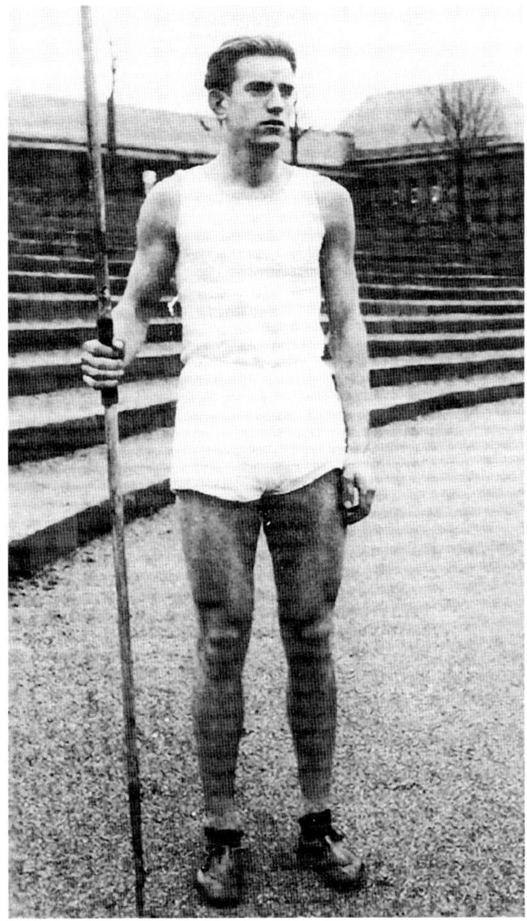

Fritz Weller war einer der besten Leichtathleten des BVB. Stadion Rote Erde, 1931. Er wurde auch in die Vorauswahl der Kandidaten für die Olympischen Spiele 1936 aufgenommen, nahm aber nicht daran teil.
Aus Privatbesitz

Der Kreis um Zimmermann schmuggelte zudem große Mengen an antifaschistischem Propagandamaterial aus den Niederlanden ein. Dabei handelte es sich vornehmlich um KPD-Zeitungen und SPD-Tarnschriften.

Mit der Konsolidierung der NS-Herrschaft gestaltete sich die konspirative Arbeit immer schwieriger. Es gab Verhaftungen durch die Gestapo, was zu der Anweisung führte, keinerlei schriftliche Aufzeichnungen mehr zu führen. Zur Zeit der Arbeiter-Olympiade in Antwerpen im Sommer 1937, so Nöthling, habe es noch einen Versuch gegeben, den Arbeitersport wieder zu beleben und neue Verbindungen herzustellen. Die Überwachung der Gestapo habe dies jedoch nicht zugelassen. Mit Beginn des Krieges und der Verhaftung Max Zimmermanns im September 1940 sei der Widerstand des Arbeitersports schließlich zusammengebrochen.[231] Ein eingeschleuster Spitzel hatte die führenden Personen des Kreises verraten.

Max Zimmermann wurde zu vier Jahren Zuchthaus verurteilt und nach Ablauf der Strafe ins KZ Dachau verbracht, wo er kurz nach der Befreiung durch die US Army an den Folgen der Haft verstarb. August Braun entzog sich der drohenden Verhaftung, indem er sich das Leben nahm.[232] Fritz Weller flog nicht auf, da er nicht zu den führenden Personen des Widerstandskreises gehört hatte. Nach dem Krieg wurde er wieder beim BVB aktiv, zunächst als Handballer, dann als Leiter der Handballabteilung und Mitglied im Ältestenrat.

Eine geschlossene Front des Widerstands gegen den Nationalsozialismus gab es zu keiner Zeit.[233] Die beiden großen Parteien der Arbeiterbewegung, KPD und SPD, die eine Art Bündnis im Sinne einer „Volksfront" hätten errichten können, waren sich spinnefeind. Bei Bürgerlichen und Militärs regte sich der Widerstand erst spät, als die militärische Niederlage absehbar war. Und jene, die wie die Mitglieder der „Weißen Rose" um die Geschwister Scholl oder der Einzelattentäter Georg Elser für ihre Haltung mit dem Leben bezahlten, waren einsame Kämpfer, die keine Solidarität aus der sie umgebenden Gesellschaft erwarten konnten. Der Widerstand war zwar vielfältig, von einzelnen Geistlichen über wenige Intellektuelle, Diplomaten und Militärs, über organisierte Arbeiter bis hin zu Deserteuren, aber er bildete die große Ausnahme, er war zersplittert und letztlich erfolglos.

231 Ebenda, S. 16.

232 Der Widerstand der Sozialdemokratischen Partei Deutschlands (SPD), in: Högl (Hrsg.), Verfolgung und Widerstand in Dortmund, S. 175.

233 Ausführlich hierzu: Wolfgang Benz, Im Widerstand. Größe und Scheitern der Opposition gegen Hitler, München 2019.

Wie schwach der Widerstand auch in der Arbeiterhochburg Dortmund schon nach einigen Jahren terroristischer NS-Herrschaft war, zeigt nicht zuletzt das Geschehen um die drei hier vorgestellten BVB-Mitglieder. Bürgerlichen Widerstand hat es von Beginn an praktisch nicht gegeben, der sozialdemokratische Widerstand war mit Kriegsbeginn kaum mehr existent und die wenigen in der Endphase des Krieges noch oder wieder aktiven Kommunisten mussten händeringend nach zwei, drei Personen suchen, die bereit waren, für jeweils einen ganzen Stadtteil Aufbauarbeit zu leisten. Die Schwäche des Widerstands adelt hingegen jene, die bereit waren, sich ihm anzuschließen und gegen den verbrecherischen Nationalsozialismus zu kämpfen. Zu ihnen gehörten auch die drei Borussen Heinrich Czerkus, Franz Hippler und Fritz Weller.

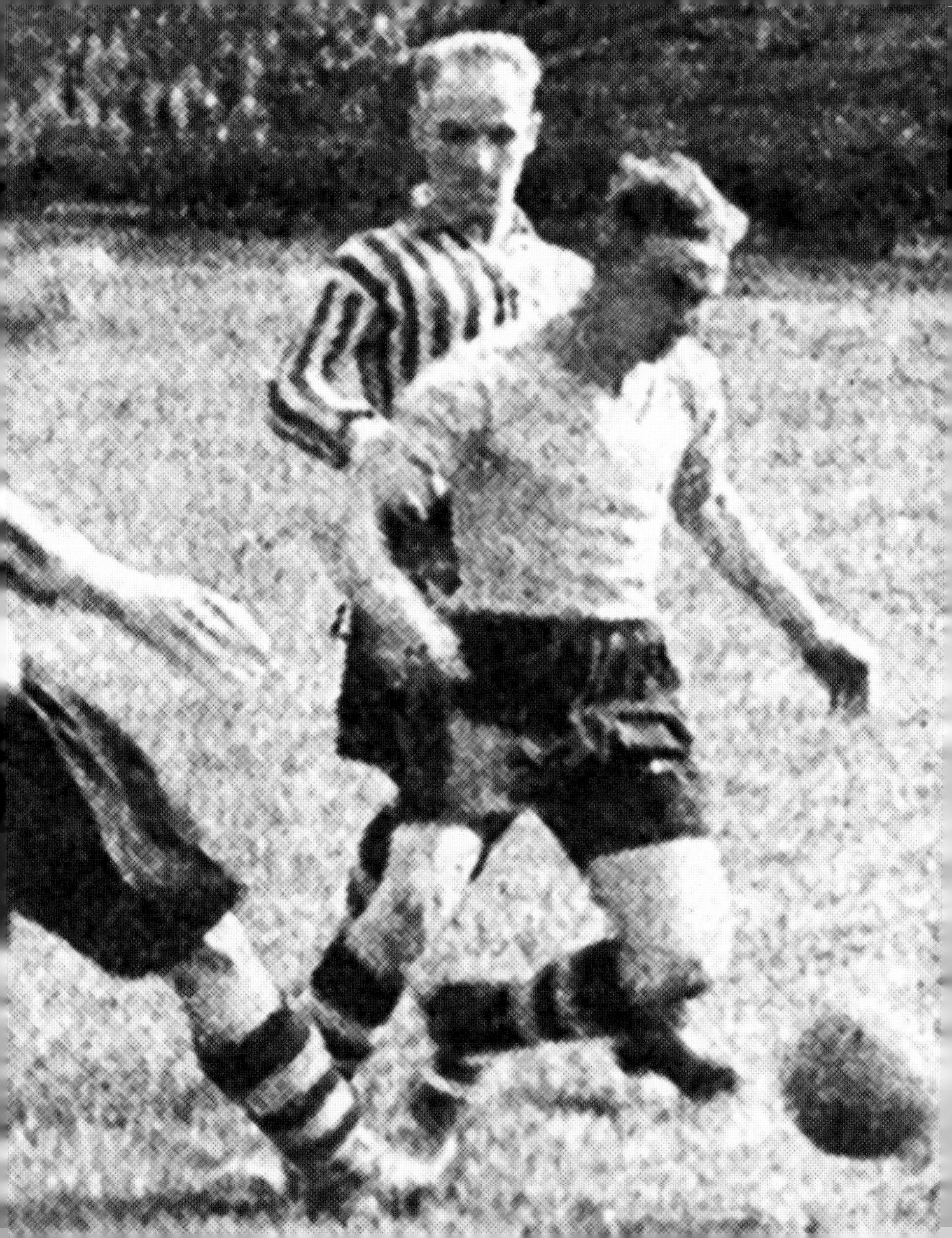

V.

Sportliche Entwicklung 1933–1945 – Etablierung im Oberhaus

Nachdem der BVB in den frühen 1930er-Jahren wiederholt den Aufstieg in die oberste Klasse knapp verfehlt hatte, beendete die Mannschaft die Saison 1935/36 als Meister der Bezirksklasse. In der folgenden Aufstiegsrunde belegte die Borussia den zweiten Platz hinter dem SV Rotthausen (Gelsenkirchen), der zum Aufstieg in die Gauliga berechtigte. In den folgenden Jahren konnte sie sich in der obersten Liga etablieren und

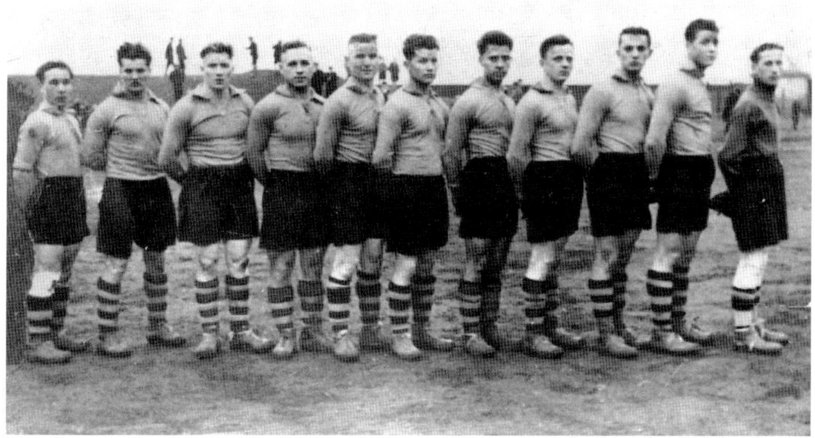

Die Mannschaft, die 1936 den Aufstieg in die erstklassige Gauliga Westfalen schaffte:
Von links: Gerd Berheide, Paul Janowski, August Lenz, Max Romanowski, Hugo Heiner, Paul Burzik, Ewald Göbel, August Zideller, Josef Lukasiewicz, Emil Stachorra, H. Brezkalla.
BORUSSEUM, Archiv

avancierte zur zweiten Kraft der Region hinter dem FC Schalke 04. Die Schalker dominierten in diesen Jahren nicht nur die Gauliga Westfalen, sondern mit sechs Meistertiteln zwischen 1934 und 1942 den Fußball im gesamten Deutschen Reich.

Das Verhältnis zwischen dem BVB und den Schalkern war ausgesprochen gut, sowohl im sportlichen als auch im zwischenmenschlichen Bereich. Vereinsführer August Busse, aber auch Spieler wie August Lenz unterhielten freundschaftliche Beziehungen zum Vorstand und zu Spielern aus Gelsenkirchen. Den guten Kontakten entsprang auch August Busses Entscheidung, zur Saison 1935/36 einen ersten qualifizierten Trainer zu engagieren. Schalkes Starspieler Ernst Kuzorra empfahl den Dortmundern seinen Schwager Fritz Thelen für den Posten.[234] Fritz Thelen, Mitte der 1920er-Jahre erfolgreicher Mittelstürmer des FC Schalke 04, war kurzfristig nicht abkömmlich, sodass Ernst Kuzorra ihn eine Zeitlang vertrat.[235]

Ernst Kuzorra und Fritz Thelen führten die Borussen offensichtlich in die Feinheiten des überaus erfolgreichen Schalker Spielsystems ein. Heute wäre das ein Kuriosum: Einer der besten und populärsten Fußballspieler Deutschlands trainiert einen Nachbarverein, um dessen Spielanlage zu verbessern. Dabei war zu berücksichtigen, dass der BVB als Zweitligist kein direkter sportlicher Konkurrent war, aber auch, dass stärkere lokale Konkurrenz das Geschäft belebt. Die Schalker hatten übrigens schon seit 1925 einen „richtigen" Trainer.

Der FC Schalke war so etwas wie der FC Bayern der 1930er-Jahre und sein Spiel eine Frühform des berühmten Tiki-Taka, das die spanische Nationalmannschaft sowie der FC Barcelona in den Jahren um 2010 perfektionierten und das beiden zahlreiche Titel einbrachte. Schalkes Spielweise basierte auf dem sogenannten Schalker Kreisel, einem kurzen und direkten Flachpassspiel mit möglichst wenigen Ballkontakten des einzelnen Spielers. Voraussetzung für die erfolgreiche

234 30 Jahre B.V. Borussia e. V. Dortmund, S. 14.

235 Interview mit Gerhard Busse, in: Gerd Kolbe: Der BVB in der NS-Zeit, S. 119.

Umsetzung waren eine große Laufbereitschaft, das Abrücken von festen Positionen auf dem Feld, um durch aktives Freilaufen dem Spieler in Ballbesitz wenigsten zwei Anspielmöglichkeiten zu bieten, sowie eine gute Technik. Diese Idee der kurzen flachen Pässe stammt aus Schottland und ist auch aus der traditionellen Rivalität zu England und der dort vorherrschenden Spielweise des eher brachialen Kick and Rush entstanden: hohe und lang geschlagene Bälle, um möglichst schnell vor das gegnerische Tor zu kommen.[236]

Kurioserweise haben zwei gebürtige Dortmunder den Schalkern das Kreiseln beigebracht, die Brüder Friedrich und Hans Ballmann, deren Eltern um die Jahrhundertwende nach England ausgewandert waren, wo die Brüder die dort bevorzugte Spielweise des Fußballs kennenlernten. Nach dem Ersten Weltkrieg landeten Friedrich und Hans in Gelsenkirchen und schlossen sich 1919 als Aktive den Schalkern an. Ernst Kuzorra war einer der eifrigsten Schüler der Brüder und hob das Innovative hervor, das die Blau-Weißen den Ballmanns verdankten: „Die machten Fallrückzieher, Doppelpass – so was kannten wir alles gar nicht."[237] So gaben Kuzorra und Fritz Thelen dem BVB dann einiges zurück, was sie von den Dortmunder Brüdern gelernt hatten. Erfolgreich war die Trainertätigkeit ohnehin, denn schon nach einer Spielzeit mit professionellem Trainer war im Juli 1936 der Aufstieg in die Gauliga Westfalen erreicht.

In der Aufstiegssaison 1935/36 bildeten folgende Spieler den Stamm ersten Mannschaft:[238]

H. Brezkalla (Torwart), Hugo Heiner (Verteidiger), Hugo Göbel (Verteidiger/Läufer), Ewald Göbel (Läufer), Emil Stachorra (Läufer/

236 Ausführlich zur Geschichte der Fußballtaktik und Spielsysteme siehe Jonathan Wilson, Revolutionen auf dem Rasen. Eine Geschichte der Fußballtaktik, 4., überarb. und erw. Aufl., Göttingen 2015.

237 Gelsenkirchener Geschichten Wiki, Fred Ballmann, https://www.gelsenkirchener-geschichten.de/w/index.php?title=Fred_Ballmann [15. 11. 2023].

238 Die Namen einer Reihe von Spielern der BVB-Mannschaft werden in den diversen Publikationen unterschiedlich geschrieben, hier wird der Schreibweise in den Adressbüchern der Stadt gefolgt.

Verteidiger), Paul Burzik (Läufer), Josef Lukasiewicz (Läufer, Halbstürmer), Max Romanowski (Läufer/Halbstürmer), Paul Janowski (Halbstürmer), Gerd Berheide (Halbstürmer), August Lenz (Mittelstürmer), Paul Göbel (Außenstürmer), August Zideller (Außenstürmer), Willi Dunay (Außenstürmer).

Mehrere Spieler waren variabel einsetzbar (die hinter den Namen in Klammern genannten Positionen bezeichnen die angestammten Positionen). Die veröffentlichten Aufstellungen erfolgten stets im 2-3-5 System: zwei Verteidiger, drei Läufer, fünf Stürmer. Die fünf Stürmer agierten häufig auf einer Linie, während die taktisch versierteren Mannschaften die Halbstürmer häufig zurückgezogen spielen ließen. Laut Presse bildete die Position des Torwarts Mitte der 1930er-Jahre die Schwachstelle der BVB-Mannschaft. Torhüter Brezkalla verließ den BVB daher nach nur einer Spielzeit wieder. Er scheint auch in einer Notlage verpflichtet worden zu sein, denn er ist der einzige Spieler der Aufstiegsmannschaft, für den keine Dortmunder Adresse nachzuweisen ist. Zehn der weiteren 13 Spieler stammten aus dem und wohnten im Hoesch-Viertel, zwei in der zentraleren Nordstadt und einer in Eving, keiner weiter als zwei Kilometer vom Borsigplatz entfernt. Alle außer dem Torwart hatten auch schon vor 1935 für den BVB gespielt, sodass einer reinen Stadtviertel-Mannschaft der Aufstieg in die oberste Liga gelang, was, sportlich betrachtet, erstaunlich ist. Auch für die vakante Position des Torhüters fand der Verein Ersatz im heimischen Viertel: Willi Ibel aus der Oesterholzstraße hütete in der Gauliga das Tor, auch zwei seiner Brüder spielten beim BVB Fußball.

Der einzige heute noch einer breiteren Öffentlichkeit in Dortmund bekannte Spieler des BVB aus der Zeit des Nationalsozialismus ist August Lenz, einer der besten und treffsichersten Mittelstürmer, die je für den Verein spielten, und erster Borusse, der in die Nationalmannschaft berufen wurde. Dabei spielte er noch in der Bezirksklasse, als er 1935 die Einladung zur Nationalmannschaft erhielt, aber dass er Tore wie am Fließband schoss, war auch in die höheren Fußballsphären vorgedrungen. Ein wenig Glück war auch dabei, denn zum geplanten Spiel gegen Belgien in Brüssel am 28. April 1935 fehlte eine ganze Reihe

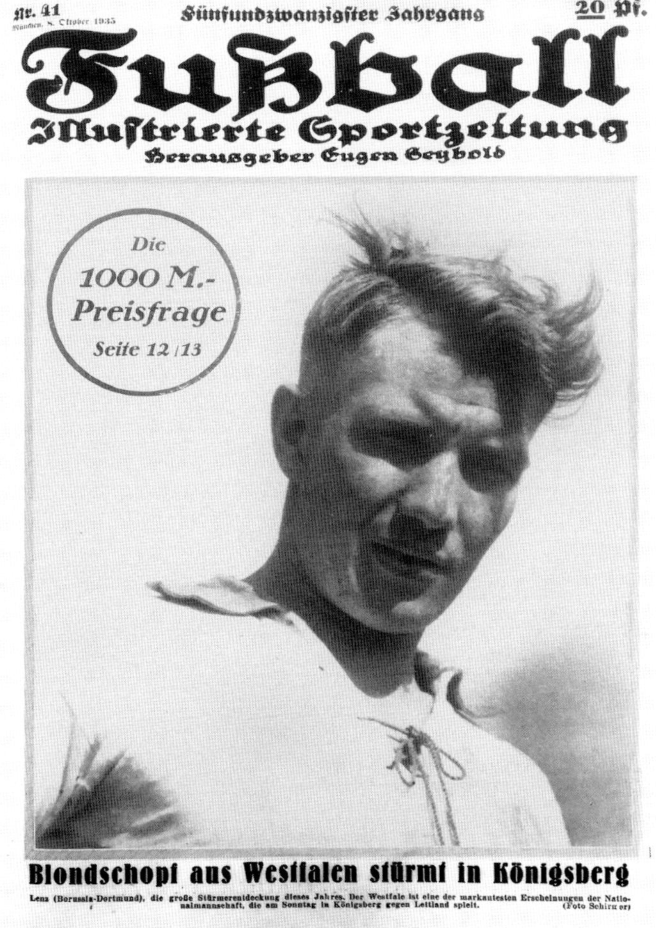

Nr. 41
München, 8. Oktober 1935

Fünfundzwanzigster Jahrgang

20 Pf.

Fußball

Illustrierte Sportzeitung

Herausgeber Eugen Seybold

Die 1000 M.-Preisfrage Seite 12/13

Blondschopf aus Westfalen stürmt in Königsberg

Lenz (Borussia-Dortmund), die große Stürmerentdeckung dieses Jahres. Der Westfale ist eine der markantesten Erscheinungen der Nationalmannschaft, die am Sonntag in Königsberg gegen Lettland spielt. (Foto Schirner)

August Lenz auf der Titelseite der Zeitschrift „Fußball – Illustrierte Sportzeitung“ vom 8. Oktober 1935

von Stammspielern der Nationalmannschaft, da ihre Vereine noch Meisterschaftsspiele auszutragen hatten. So stand etwa kein Schalker Spieler zur Verfügung, da ihr Verein am selben Tag ein Match in der Runde um die deutsche Meisterschaft auszutragen hatte. In Berlin

Ausklang in Brüssel: Kämpfer und glückstrahlende Sieger

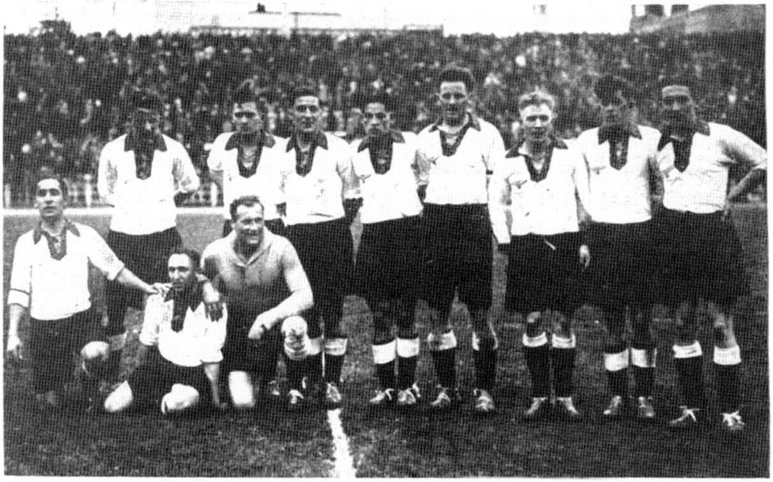

Deutschlands Elf nach Kampf und Sieg

Stehend: von links: Schulz, Siffling, Goldbrunner, Damminger, Munkert, Lenz, Lehner, Gramlich. Knieend: v. l.: Busch, Fath, Jakob.

August Lenz, Dritter von rechts, nach seinem ersten Länderspiel in Brüssel gegen Belgien, in dem er zwei Treffer erzielte, 28. April 1935. *Fußball – Illustrierte Sportzeitung, 30. April 1935.*

hatten zuvor Übungsspiele für potenzielle Nationalspieler stattgefunden, und Lenz hinterließ dabei offensichtlich einen ausgezeichneten Eindruck.[239]

Neben August Lenz standen so noch drei weitere Neulinge in der Startformation im Brüsseler Heysel-Stadion. Die neu formierte deutsche Mannschaft konnte überzeugen und besiegte Belgien mit 6:1. Als großen Gewinner des Spiels bezeichnete die nationale Sportpresse den zweifachen Torschützen August Lenz, die lokale Presse legte noch eins drauf: „Die große Sensation war der Mittelstürmer Lenz, ein Vollblutfußballer, wie er im Buche steht, nicht nur ausführender Mann, sondern auch ein vorbildlicher Feldspieler, der seine Nebenleute einzusetzen

239 Sport vom Sonntag, 23. April 1935.

Vom Kampf und Sieg auf „Roter Erde" – Deutschland-Irland 3:1

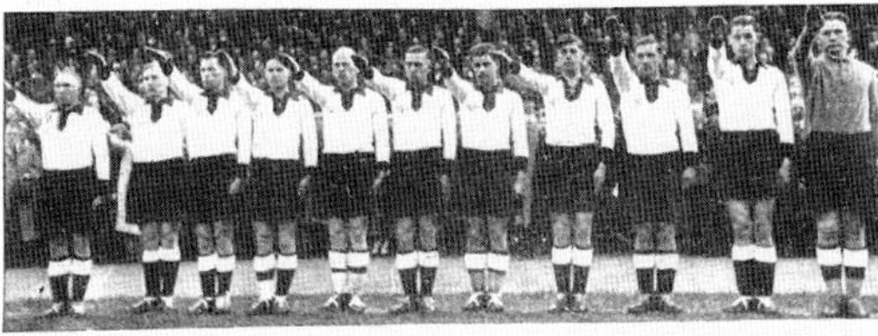

Die Sieger von Dortmund. Deutschlands Nationalelf, v. l.: Fath, Lenz, Damminger, Zielinski, Bender, Siffling, Janes, Lehner, Goldbrunner, Tiefel, Buchloh (Foto Brosch).

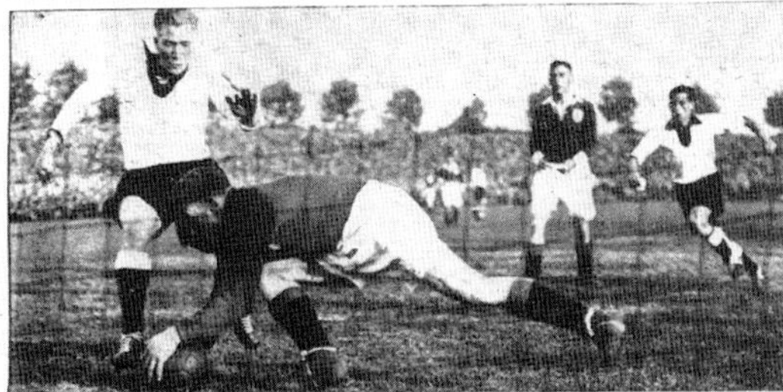

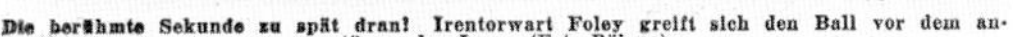

Die berühmte Sekunde zu spät dran! Irentorwart Foley greift sich den Ball vor dem anstürmenden Lenz. (Foto Böhme).

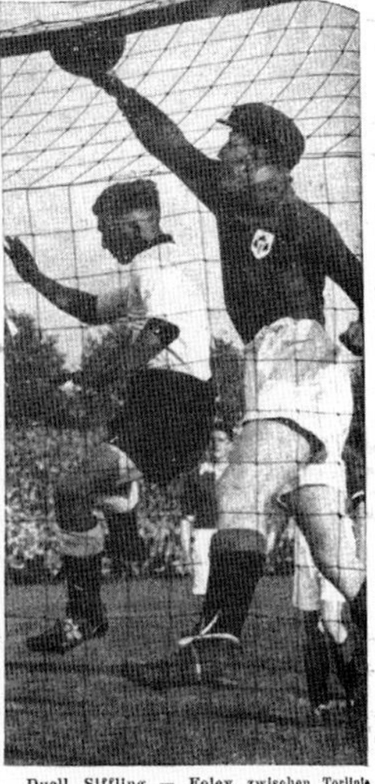

Duell Siffling — Foley zwischen Torlinie und Latte. Ein Intermezzo, bei dem alle Vorteile auf Seiten des von seiner „Reichweite" Gebrauch machenden Irenhüters sind.

Die Nationalmannschaft mit „Deutschem Gruß“ vor dem Länderspiel gegen Irland im Stadion Rote Erde am 8. Mai 1935, August Lenz (zweiter von links) in seinem „Heimspiel“.
Fußball – Illustrierte Sportzeitung, 14. Mai 1935

weiß und jeder Situation gewachsen ist.“[240] Damit war der erste Star des BVB geboren. Zur Rückkehr des Nationalspielers fanden sich Tausende Dortmunder am Bahnhof ein, um ihn zu feiern und im Triumphzug unter musikalischer Begleitung der Hoesch-Kapelle zum Borsigplatz zu geleiten, wo der Verein eine Feier im Vereinslokal vorbereitet hatte.[241]

Im Mai 1935 folgten drei weitere Länderspiele, bei zweien war Lenz wiederum im Einsatz, beim 3:1 Sieg gegen Irland am 8. Mai 1935 vor 35 000 Zuschauern im Stadion Rote Erde und beim 2:1 Sieg gegen die Tschechoslowakei am 26. Mai 1935 vor 60 000 Zuschauern in Dresden,

240 Sport vom Sonntag, 23. April 1935.

241 Westfälische Landeszeitung – Rote Erde, 1. Mai 1935.

wo er beide Tore schoss. Insgesamt kam der Mittelstürmer auf 14 Einsätze im Nationaltrikot, bei denen er neun Tore schoss.

Auch an den Olympischen Spielen 1936 in Berlin nahm August Lenz teil. Die überraschende 0:2 Niederlage am 7. August 1936 gegen Norwegen vor den Augen des „Führers", die das Aus des Mitfavoriten im Viertelfinale des olympischen Fußballturniers bedeutete, war nicht nur für den Reichstrainer Otto Nerz, sondern auch für August Lenz und die anderen Spieler eine der schmerzlichsten Niederlagen ihrer Karriere. In der Nazi-Presse, eine andere gab es nicht mehr, wurde auffällig sparsam über das verlorene Spiel berichtet. Das letzte Länderspiel absolvierte Lenz am 20. März 1938 beim 2:1 Sieg in Wuppertal gegen Luxemburg.

Bei der im Juni 1938 in Frankreich ausgetragenen WM kam August Lenz nicht mehr zum Einsatz. Ausschlaggebend für seine Nichtnominierung war in erster Linie der Wechsel im Amt des Reichstrainers von Otto Nerz zu Sepp Herberger im November 1936. Elf seiner 14 Länderspiele hatte Lenz unter Nerz absolviert, der „Stoßstürmer" oder „Keilstürmer" wie den Dortmunder bedeutend mehr schätzte als Herberger, der „spielenden" Mittelstürmern den Vorzug gab.

Otto Nerz war nach seiner Ablösung als Reichstrainer zum „Referenten für die Nationalmannschaft" ernannt worden, war für Auswahl und Aufstellung der Mannschaft letztlich verantwortlich und auch sportpolitisch Herbergers Vorgesetzter. Bis zu Nerz' offiziellem Rücktritt im Mai 1938 wurde August Lenz noch für drei Länderspiele nominiert. Hinzu kam, dass drei Monate nach dem „Anschluss" Österreichs an das Deutsche Reich Reichssportführer von Tschammer und Osten entschied, dass bei der WM in Frankreich, für die sich sowohl Österreich als auch Deutschland qualifiziert hatten, eine gemeinsame Mannschaft antreten sollte, bei der die Spieler aus beiden Ländern im Verhältnis 6:5 bzw. 5:6 beteiligt waren. Lenz wäre aber sicherlich auch ohne diese sportpolitische Entscheidung von Herberger nicht für die WM 1938 berücksichtigt worden.

In einer Artikelserie für den *Kicker* verfasste Otto Nerz im Sommer 1942 kurze Texte zu Spielern, die seines Erachtens zu wenig gewürdigt worden seien. Am 18. August 1942 war ein Text unter der Überschrift

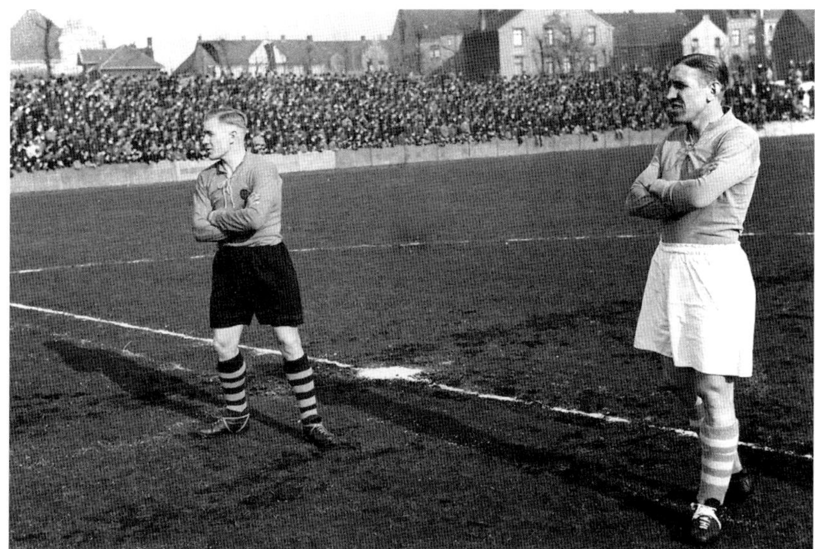

Zwei Legenden des frühen Ruhrgebietsfußballs: August Lenz und Ernst Kuzorra vor dem Anstoß eines Spiels des BVB gegen den FC Schalke 04 in Gelsenkirchen während des Krieges, wahrscheinlich 1942. Ein Foto des Gelsenkirchner Sportfotografen Kurt Müller.
Institut für Stadtgeschichte, Gelsenkirchen

„Viel verkannter Mittelstürmer" August Lenz gewidmet. Nerz hob zunächst hervor, dass Lenz den Sprung in die Nationalelf als Spieler eines zweitklassigen Bezirksklassenvereins geschafft hatte:

> „Auch August Lenz entstammte einem unbedeutenden Verein – ich bitte um Entschuldigung! Ohne besondere Schulung entwickelte er sich ganz aus eigenem zu einem ausgezeichneten Mittelstürmer. Er war kein eigentlicher Sturmführer, aber ein energischer Drängler und Wühler. Sein Schuss war erstklassig. Da er seinen eigenen Stil spielte, war die Verständigung mit der Umgebung oft nicht ganz leicht. So war er eigentlich immer umstritten. Ich schätze August Lenz ganz besonders, wenn ich auch gewisse Mängel nicht über-

> sehen konnte. Er erreichte 14 Länderspiele (die fast alle gewonnen wurden!) und schoss neun Tore für Deutschland. Zwei sehr wertvolle Tore schoss er in Dresden gegen die Tschechen. Es ist mir eine besondere Genugtuung, diesem treuen und guten Kameraden ans Licht geholfen zu haben. Wie viele haben sich in diesem Spieler geirrt."[242]

August Lenz (1910–1988) war ein typischer Bewohner des Hoesch-Viertels. Er wurde in der Borsigstraße 44 als Sohn des Stahlarbeiters Reinhold Lenz und seiner Frau Marie geboren. Seine Eltern stammten aus Niederschlesien und waren wie die meisten Menschen im Viertel der Arbeit wegen in den Jahren um die Jahrhundertwende nach Dortmund gekommen. Von 1916 bis 1924 besuchte er die Volksschule und absolvierte anschließend im Eisen- und Stahlwerk Hoesch eine Lehre als Kesselschmied.[243] Wie in vielen Arbeitervierteln spielte Lenz mit seinen Freunden in der Freizeit auf der Straße Fußball: „In jeder Arbeitspause waren sie am Fußball. Aus Lumpen hatten sie sich so'n Ding zurechtgedreht. Na, und am Feierabend spielten sie in der Stahlwerkstraße."[244]

1922 schloss sich August Lenz der Jugend des BVB an, wo er zunächst als Torwart aktiv war. Von 1930 an spielte er regelmäßig in der ersten Mannschaft, fast immer als Mittelstürmer, falls notwendig auch als Läufer. Als Folge der 1929 einsetzenden Weltwirtschaftskrise verlor August Lenz 1930 wie rund die Hälfte der Hoesch-Arbeiter seinen Arbeitsplatz und war fast drei Jahre lang erwerbslos. 1933 fand er wieder Arbeit bei Hoesch und meldete sich im Sommer zum Arbeitsdienst, der seinerzeit noch freiwillig war, sodass er seiner Mannschaft zu Beginn der Saison 1933/34 nicht ständig zur Verfügung stand.[245] Sein Monatsverdienst im Stahlwerk betrug bis 1939 laut eigener Angabe in seiner

242 Kicker, 18. August 1942.

243 „Die gelbe Gefahr vom Borsigplatz." 50 Jahre Ballspielverein Borussia, in: Westfalenhütte (1959), S. 463–467, hier S. 465.

244 Ebenda.

245 Dortmunder Zeitung, 1. September 1933.

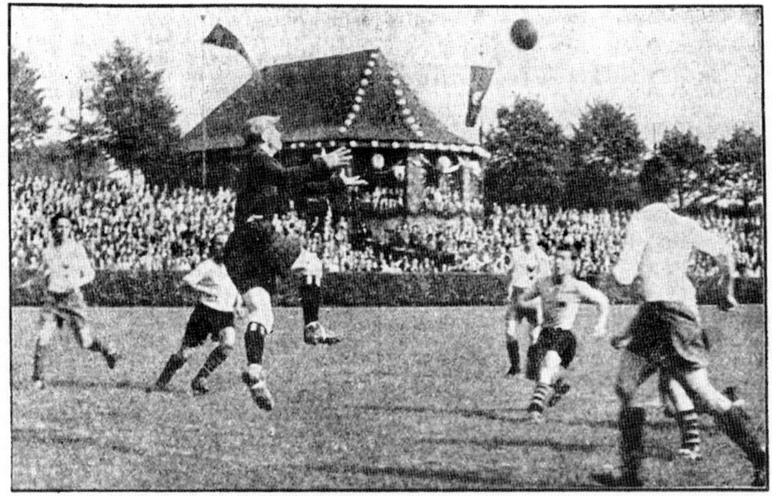

Borussia Dortmund — Phoenix Lübeck 1:2.

Zu den vielen Ueberraschungen in den Pokalkämpfen zählt auch die Niederlage der Dortmunder Borussen. Großen Anteil an dem Erfolg der Lübecker hatte der Torwart Müller, den wir hier in Aktion sehen.

Pressefoto von einem Spiel im Tschammer-Pokal im Stadion Rote Erde gegen Phönix Lübeck, 1938.
Sport vom Sonntag, 29. August 1939

Entnazifizierungsakte 200 RM monatlich,[246] was für Arbeiter ein leicht überdurchschnittlicher Lohn war. Nachdem er 1935 Nationalspieler geworden war, scheint der Arbeitgeber ihn von harter körperlicher Arbeit weitgehend verschont zu haben, denn auf seiner Mitgliedskarte der NSDAP ist 1937 als Beruf „Sortierer" angegeben.[247]

Für den BVB war es aus sportlicher Sicht eher ein Vorteil, dass August Lenz ab Sommer 1938 nicht mehr für die Nationalmannschaft abgestellt werden musste. Er spielte mit dem BVB in der Meisterschaft und im Tschammer-Pokal (dem Vorläufer des DFB-Pokals), zudem in

246 LAV NRW, Abt. Rheinland, Duisburg, Entnazifizierungsakten, Entnazifizierungsakten, NW 1097-14219 (August Lenz).

247 BArch, R 9361-IX/25510496, NSDAP-Gaukartei.

Wer schoß die meisten Tore?

Die erfolgreichsten Torschützen der westfälischen Fußball-Gauliga

Nach dem Stand vom 12. März

Platz	Spieler	Verein	Tore
1.	Lenz	Borussia Dortmund	15 Tore
2.	Rutecki	Spielv. Herten	14 Tore
3.	Szepan	Schalke 04	10 Tore
3.	Kuzorra	Schalke 04	10 Tore
3.	Philipp	VfL. Bochum 48	10 Tore
4.	Bonner	Westfalia Herne	9 Tore
4.	Bäumker	Arminia Marten	9 Tore
4.	Urban	Schalke 04	9 Tore
5.	Schwarz	Arminia Bielefeld	8 Tore
5.	Schlips	Arminia Bielefeld	8 Tore
5.	Dunay	Borussia Dortmund	8 Tore
5.	Menski	Preußen Münster	8 Tore
6.	Schiefer	VfL. Bochum 48	6 Tore
6.	Rudzinski	VfL. Bochum 48	6 Tore
6.	Eppenhof	Schalke 04	6 Tore
7.	Janowski	Borussia Dortmund	5 Tore
7.	Cideller	Borussia Dortmund	5 Tore
8.	Breuer	Arminia Bielefeld	4 Tore
8.	Ananias	VfL. Bochum 48	4 Tore
8.	Gockel	VfL. Bochum 48	4 Tore
8.	Likasiewicz	Borussia Dortmund	4 Tore
8.	Idkowiak	Westfalia Herne	4 Tore
8.	Wachlichnewitz	Spielv. Höntrop	4 Tore
8.	Matuschak	Arminia Marten	4 Tore
8.	Schilling	Arminia Marten	4 Tore
8.	Robeneck	Preußen Münster	4 Tore
8.	Nowicki II	Spielv. Röhlinghausen	4 Tore
8.	Zdero	Spielv. Röhlinghausen	4 Tore
8.	Kalwitzki	Schalke 04	4 Tore
8.	Micka	VfL. Bochum 48	4 Tore

Torschützenliste zur Mitte der Saison 1939/40. *Westfälische Landeszeitung – Rote Erde, 13. März 1939*

der Gaumannschaft Westfalen, in der SA-Mannschaft Westfalen und zuweilen auch für die Stadtauswahl. Wie wichtig er als Sturmführer für den Verein war, geht schon aus den Spielberichten jener Jahre hervor, in denen stets angemerkt wurde, wenn er der Mannschaft nicht zur Verfügung stand.

Neben August Lenz gab es aber eine ganze Reihe weiterer Spieler, die über Jahre hinweg in der ersten Mannschaft eine wichtige Rolle spielten und bei den Zeitgenossen, den Anhängern wie den Berichterstattern, sehr bekannt und beliebt waren. Josef Lukasiewicz etwa kam als 18-Jähriger in die Mannschaft und spielte von 1933 bis 1940 durchgehend für sie. Schon 1934 wurde er vom Sportreporter der *Westfälischen Landeszeitung* als „geistiger Führer" der Mannschaft

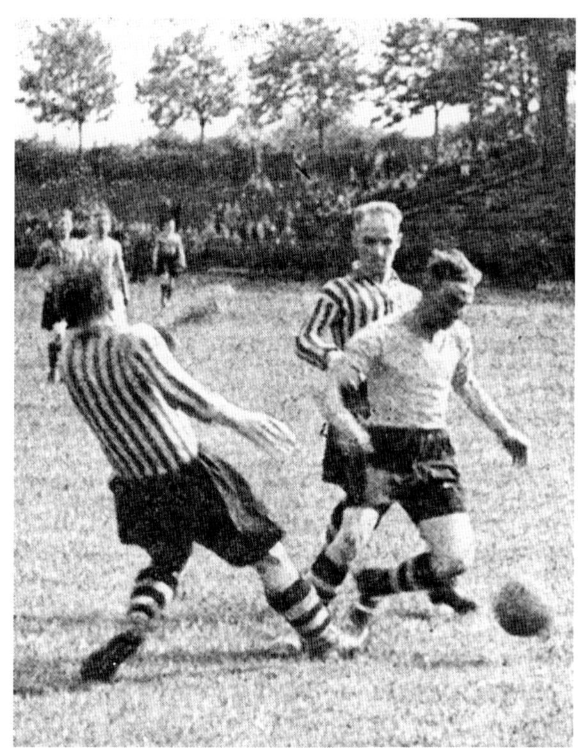

Linksaußen Willy Dunay in einem Pokalspiel gegen Alemannia Aachen im Mai 1939 im Stadion Rote Erde. *Sport vom Sonntag 22. Mai 1939*

angesehen.[248] Viele Spielberichte bestätigen, dass er der Kopf und der Spielgestalter der Mannschaft war. Mehrfach war er auch für die Stadtauswahl am Ball. Meist als rechter Halbstürmer eingesetzt, bildete er mit August Lenz in der Mitte und dem Halblinks Paul Janowski einen sehr schlagkräftigen Innensturm. Janowski war ebenfalls als 18-Jähriger in die 1. Mannschaft aufgerückt und gehörte zu den gesetzten Stammspielern.

Linksaußen Willy Dunay war erst 17 Jahre alt, als er zur Saison 1936/37 in den Stamm der Mannschaft aufgenommen wurde. Als 19-Jähriger debütierte er im Sommer 1938 auch in der Gaumannschaft

248 Westfälische Landeszeitung – Rote Erde, 14. Dezember 1934.

Westfalen. Als Rechtsaußen kam häufig August Zideller zum Einsatz, der zehn Jahre lang, von 1934 bis 1944, zu den Stammspielern gehörte. Zideller – Lukasiewicz – Lenz – Janowski – Dunay bildeten bis zum Kriegsbeginn im Herbst 1939 fast die gesamte NS-Zeit über die bevorzugte Sturmreihe des BVB. Hinzu kam Gerd Berheide, der sowohl auf den Außenpositionen als auch als Halbstürmer spielte.

Auf der Position des Mittelläufers war der große und athletische Emil Stachorra seit der Saison 1934/35 unumstritten, aus taktischen Erwägungen nahm er allerdings häufiger auch die Position des Außenläufers ein, meist rückte dann Lukasiewicz auf Stachorras angestammte Position. Der Mittelläufer nahm im seinerzeit üblichen Spielsystem die zentrale Rolle ein. Er hatte defensive, aber auch das Spiel nach vorn eröffnende Aufgaben. An Stachorras Seite kamen meist die Außenläufer Karl Eron, Hans Büttner, Ewald Göbel oder Paul Burzik zum Einsatz. Hugo Heiner wurde sowohl als Außenläufer als auch als Verteidiger eingesetzt. Die lediglich zwei nominellen Verteidigerpositionen füllten beim BVB meist Hugo Göbel, Paul Marsiske, Johann Kolodzig oder Hugo Heiner aus. Die einzige Position, auf der es häufig Wechsel gab, war die des Torhüters. Allein in den Jahren 1933 bis 1939 folgten fünf Torhüter aufeinander: Heinrich Radzio, H. Brezkalla, Willi Ibel, Karl Leonhardt, Hans Jeuschede, während des Krieges kam dann noch eine Reihe von Gasttorhütern zum Einsatz.

Das 2-3-5 System bestand bei den professionell trainierten Mannschaften natürlich nur auf dem Papier. So kam beispielsweise durch das Zurückziehen der Außenläufer und Halbstürmer bei gegnerischem Ballbesitz eine 4-3-3 Formation zustande. Wenn sich wie üblich auch der Mittelläufer in die letzte Reihe begab, agierte in der Defensive eine Fünferkette. Diese diversen Variationen waren nicht nur theoretisch möglich, sondern wurden auch praktiziert.

Die genannten 15 Feldspieler prägten das sportliche Gesicht des BVB von 1933 bis 1939. In der ersten Gauliga-Spielzeit 1936/37 erreichte der BVB als Neuling den dritten Platz hinter dem FC Schalke 04 und Westfalia Herne, in der folgenden Saison den zweiten Platz hinter den Schalkern. Zum Ende der letzten Vorkriegsspielzeit 1938/39 stand erneut der

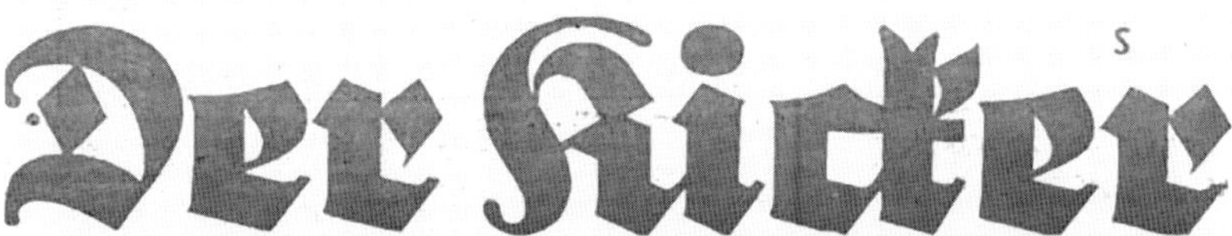

Der Kicker

DEUTSCHE FUSSBALL-ILLUSTRIERTE

Amtliches Organ des Reichsfachamtes Fußball im NS-Reichsbund für Leibesübungen

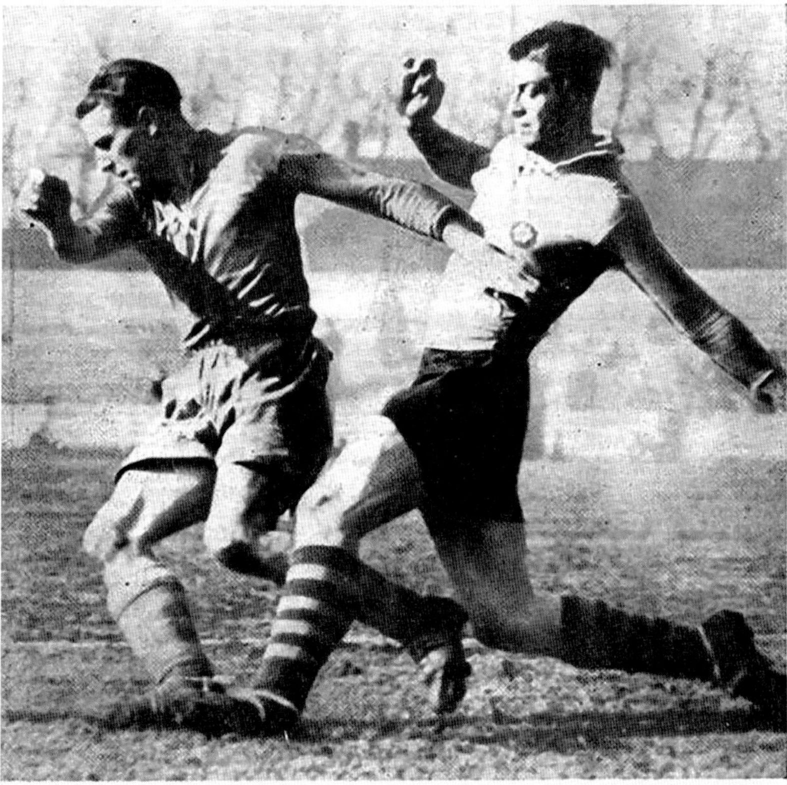

Wann wird Schalke, nach langer Siegesserie, als Westfalenmeister entthront werden! Auch in diesem Jahr gelang, nach vielversprechendem Zwischenspurt, dem Kronprinzen Borussia Dortmund kein ernsthafter Angriff. 6:1 wurde sie aus dem Rennen geworfen. So gut auch der Mittelläufer Stachorra an diesem Tage war. U. B. zeigt ihn im Kampf mit Eppenhoff. Bild: Lindenstreus

Postort: Nürnberg, 31. März 1942 Preis: 20 Pfennig (Ins Haus 2 Pfennig mehr) Nr. 13

BVB-Mittelläufer Emil Stachorra und der Schalker Hermann Eppenhoff auf dem Titelbild des Kicker im März 1942. Mit Eppenhoff als Trainer gewann der BVB 1963 die Deutsche Meisterschaft.
Kicker, 31. März 1942

FC Schalke 04 unangefochten an der Spitze, jetzt vor dem VfL Bochum und dem BVB. Keine der insgesamt 16 Gauligen wurde sportlich über mehr als ein Jahrzehnt so stark von einem Verein dominiert wie die westfälische vom FC Schalke 04. Kein anderer Verein konnte zwischen 1933 und 1944 in dieser Liga Meister werden und damit in die Endrunde um die Deutsche Meisterschaft einziehen. Dabei war es keineswegs so, wie zuweilen unterstellt, dass Schalke derart erfolgreich war, weil es einer der Lieblingsvereine der Nazis war. Es verhielt sich umgekehrt: Schalke 04 wurde ein Liebling der Nazis, weil die Mannschaft so erfolgreich und reichsweit sehr beliebt war.

Obwohl Trainer Fritz Thelen das Ziel des Aufstiegs gleich in der ersten Spielzeit erreicht hatte, verließ er den BVB im Sommer 1936 wieder und wechselte zur Spielvereinigung Röhlinghausen nach Herne, mit der er ebenfalls gleich im ersten Jahr seiner Trainerzeit den Aufstieg in die Gauliga schaffte.

Beim BVB folgte ihm Ferdinand Swatosch, ehemaliger österreichischer Nationalspieler, der als Spieler wie als Trainer bereits eine Reihe fußballerischer Stationen hinter sich hatte.[249] Als Spieler wiederholt österreichischer Meister mit Rapid und Austria Wien, wechselte er 1924 zur Spielvereinigung Sülz 07, einem der beiden Vorläufervereine des 1. FC Köln, wo er als Spielertrainer überaus erfolgreich war. 1931 trennten sich Sülz 07 und Swatosch im Streit. Bei einem juristischen Nachspiel stellte sich heraus, dass Swatosch 750 Mark im Monat vom Verein erhalten hatte. Zum Vergleich: Die zahlreichen Arbeiter in der BVB-Mannschaft verdienten etwa ein Viertel der Summe im Monat. Nach mehreren Trainerstationen kam Swatosch 1936 schließlich von Rot-Weiß Oberhausen, das in der Gauliga Niederrhein spielte, nach Dortmund. Wie die zwei folgenden Spielzeiten belegen, leistete Swatosch offensichtlich auch in Dortmund gute Arbeit. Doch 1938 zog es ihn bereits weiter nach Berlin bzw. Brandenburg, wo er die Stelle eines Gausportlehrers annahm.

249 Ferdinand Swatosch, in: Wikipedia, https://de.wikipedia.org/wiki/Ferdinand_Swatosch [15.11.2023].

Auf der Trainerbank des BVB folgte ihm zum Spieljahr 1938/39 ein weiterer Wiener: Willi Sefzik. Er war als Spieler 1924 von Hertha Wien zu Austria Wien (damals noch Wiener Amateur SV) gewechselt, eben in jenem Jahr, als Swatosch die Austria verließ. Willi Sefzik blieb nur ein Jahr, bis zum Sommer 1939, in Dortmund. Während des Krieges übernahm wieder Fritz Thelen das Traineramt.

Auch wenn die Ergebnisse in der Gauliga Westfalen sehr respektabel waren, aufmerksam auf den BVB wurde die nationale Fußballszene durch die Spiele um den seit 1935 vergebenen Tschammer-Pokal im Spieljahr 1937/38, als der BVB erst im Viertelfinale gegen Waldhof Mannheim ausschied und zuvor u.a. die weitaus bekannteren und höher eingeschätzten Mannschaften Hamburger SV (3:1) und Werder Bremen (4:3 n.V.) aus dem Rennen geworfen hatte.

Mit Beginn des Zweiten Weltkrieges am 1. September 1939 konnte von regulären Meisterrunden kaum mehr die Rede sein. In der Sportpresse bürgerte sich daher rasch der Begriff der „Kriegsmeisterschaften" ein. Der Kampf um die Punkte in der Gauliga Westfalen sollte in der Saison 1939/40 am 10. September beginnen, doch die explosive politische und militärische Lage im Sommer 1939 und der Überfall der deutschen Wehrmacht auf Polen verhinderten dies. Statt der Meisterschaftsspiele wurden zunächst Kreis- bzw. Stadtrunden in mehreren Staffeln und innerhalb der Städte und Kreise zudem um einen „Ostland-Pokal" gespielt.

Die Meisterschaftsspiele der Gauliga begannen schließlich am ersten Novembersonntag, nachdem der mit großer Härte und Verbrechen an der Zivilbevölkerung geführte „Blitzkrieg" der deutschen Wehrmacht in Polen bereits Ende September entschieden war und zur militärischen Besetzung und Teilung Polens geführt hatte. August Lenz, dessen militärische Einheit am Überfall auf Polen beteiligt war, stand der Mannschaft zum ersten Gauligaspiel am 5. November 1939 gegen Gelsenguss Gelsenkirchen erstmals seit Kriegsbeginn wieder zur Verfügung und schoss auch das einzige Tor für den BVB. Das Spiel ging mit 3:1 verloren. Der Sportreporter der *Westfälischen Landeszeitung* hob hervor, dass vor allem das kriegsbedingte Fehlen der gesamten Läuferreihe

(Büttner-Stachorra-Eron) für die Niederlage verantwortlich gewesen sei.[250]

In der Aufstellung des BVB waren vier Positionen mit Spielern (Schlagowski, Kuno, Erdmann, Feierabend) besetzt, die vor dem Krieg nicht in der ersten Mannschaft gespielt hatten, eine Entwicklung, die sich in den folgenden Monaten und Jahren verstärken sollte. Zur Einberufung der jungen Männer zum Militär gesellte sich besonders in den Industriegebieten noch ein weiterer Umstand, der die Möglichkeit erschwerte, an den sonntäglichen Spielen teilzunehmen. Mit Kriegsbeginn wurde in der Schwerindustrie die Sonntagsarbeit üblich. Sonntagsschichten eines oder mehrerer Spieler wurden aber vom Gaufachamt nicht als Grund für eine Spielverlegung akzeptiert.[251] Um trotz des Kriegsdienstes vieler Spieler eine Elf zusammenzubekommen, musste auch der BVB Spieler aus der Jugend und aus den Reservemannschaften berufen, ehemalige Spieler reaktivieren und sogenannte Gastspieler einsetzen, die eigentlich für andere Mannschaften aktiv waren, aber in Dortmund oder Umgebung lebten. Diese personellen Notlagen führten auch dazu, dass die wenigen angestammten und bewährten Spieler häufig ihre Positionen innerhalb der Mannschaft wechseln mussten. Das galt selbst für August Lenz, der zuweilen als Verteidiger antrat und am 17. Oktober 1942 im Gauligaspiel gegen den VfL Bochum (1:1) nach mehr als einem Jahrzehnt wieder als Torwart eingesetzt wurde.

Die personelle Notlage brachte jedoch auch Spieler ans Licht, die zuvor im Schatten der altbewährten Kämpen gestanden hatten. Das galt beim BVB vor allem für den Mittelstürmer Herbert Erdmann. Zwar war er als 18-Jähriger 1938 schon einmal zum Einsatz gekommen, aber an August Lenz kam er vor dem Krieg nicht vorbei. Als er nun 1940/41 fast regelmäßig aufgestellt wurde, machte er bald sogar national von sich reden, weil er im Januar 1941 mit bereits 20 erzielten Treffern „Deutschlands erfolgreichster Liga-Torschütze" war.[252]

250 Westfälische Landeszeitung – Rote Erde, 6. November 1939.
251 Westfälische Landeszeitung – Rote Erde, 11. März 1943.
252 Kicker, 12. Januar 1941.

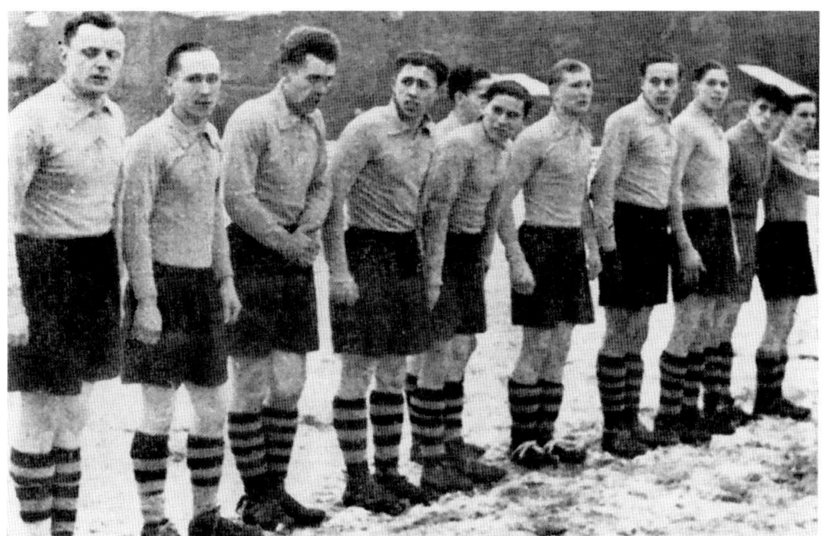

In Westfalen wächst im Schatten Schalkes eine Mannschaft heran, die einmal das Erbe der Himmelblauen antreten könnte: Borussia Dortmund. V. l. Zideller, Sombetzki, Göbel II, Stachorra III, Schimetzki, Tregel, Kosteck, Koschmieder, Michalski, Jürgens, Erdmann.
Lindenstrauß

Mannschaftsfoto, Winter 1941.
Kicker, 11. Februar 1941.

Diesen 20. Treffer erzielte er am 12. Januar 1941 im Ligaspiel BVB – Preußen Münster (4:0) in einer Mannschaft, in der mit August Zideller nur noch ein einziger Spieler der Vorkriegsmannschaft von 1939 stand. Die Aufstellung lautete: Jürgens – Rostek, Göbel II – Michalski (später Michallek), Koschmieder, Zideller – Stachorra III, Tregel Erdmann, Schimetzki, Sombetzki.

Mit Herbert Erdmann, Max Michallek und Paul Koschmieder waren drei junge Spieler dabei, die nach dem Krieg für den BVB in der Oberliga West spielten. Michallek gehörte darüber hinaus auch der Mannschaft an, die 1956 und 1957 die deutsche Meisterschaft gewann. Allerdings konnte die junge Mannschaft in dieser vielversprechenden Konstellation nicht mehr lange zusammenspielen. Am 2. Februar 1941 reiste zum Spiel gegen Schalke im Stadion Rote Erde sogar Reichstrainer

Sepp Herberger an, um sich die in der Sportpresse hoch gelobten jungen Talente des BVB anzusehen. Das Hinspiel hatte der BVB mit 10:0 verloren, diesmal konnte die Mannschaft trotz 0:2 Niederlage überzeugen. Der *Kicker* berichtete in einem Artikel mit der Überschrift „Herberger sah sich die jungen Borussen an" auch über das besondere Verhältnis zwischen S04 und BVB:

> „Wie sehr die Schalker mit der jungen Borussenelf, die Thelen während des Krieges gebildet hat, verbunden sind, bemerken wir auf der Tribüne des Dortmunder Stadions während des Spieles Borussia Dortmund gegen Schalke 04. Ernst Kuzorra, der infolge seiner Verletzung noch pausieren musste, saß dort neben dem Reichstrainer und gab ihm, der eigens zu diesem Spiel gekommen war, genaueste Auskünfte über die Entwicklung der einzelnen Borussenspieler. Herberger war sichtlich über den Leistungsstand der Borussenspieler überrascht und sparte nicht mit anerkennenden Worten über den rechten Läufer Michalski, die beiden Verbindungsstürmer Tregel und Schimetzki und auch über den schussgewaltigen Mittelstürmer Erdmann. Es wäre schön, wenn die jetzige Mannschaft auch in Zukunft zusammenbleiben könnte, aber wie man hört, sind Einberufungen zum Arbeits- und Heeresdienst zu erwarten."[253]

Herberger fand nicht nur lobende Worte, sondern lud Michalski/Michallek und Tregel auch zu einem Sichtungslehrgang im März 1941 nach Berlin ein. Es bewahrheitete sich allerdings die schon vom Reporter des *Kicker* geäußerte Befürchtung, dass auch die noch nicht rekrutierten jungen Spieler des BVB wahrscheinlich bald zum Kriegsdienst herangezogen würden.

Zum Spiel in der Roten Erde hatten sich gerade einmal 4000 Zuschauer eingefunden – nur ein Bruchteil des Publikums, das diese Partie in der Vorkriegszeit angelockt hatte. Das war aber wohl auch dem Winterwetter geschuldet. Gegen Ende des Jahres besuchten das Spiel

253 Kicker, 4. Februar 1941.

gegen denselben Gegner wieder 25000 Fans in der Roten Erde, unter ihnen viele Schalke-Anhänger. Zu den auf dem Papier weniger attraktiven Begegnungen des BVB kamen nun kaum mehr als 2000 Zuschauer, also etwa ein Viertel des durchschnittlichen Besuchs bis 1939. Die Zeiten, in denen selbst bei Spielen gegen lokale Rivalen wie TBV Mengede oder ÖSG Viktoria 8000 bis 12000 Zuschauer zum Borussia-Platz strömten, waren erst einmal vorbei.

Im ersten vom Krieg geprägten Spieljahr hatte der BVB Glück, dem Abstieg aufgrund einer Aufstockung der Liga von 10 auf 12 Vereine zu entgehen. Die Mannschaft war auf den vorletzten Platz gefallen, und zum einzigen Mal stand ein anderer Dortmunder Verein in der Gauliga vor dem BVB: Arminia Marten auf dem 8. Platz. 1940/41 hatte Borussia sich dank der jungen Talente stabilisiert und belegte den 4. Platz. Im folgenden Jahr wurde sie sogar erneut Vizemeister hinter Schalke 04 und 1943 sechster. Die letzte regulär zu Ende gespielte Saison, 1943/44, schloss der BVB auf dem dritten Platz hinter Schalke und dem VfL Altenbögge ab. Auf dem achten Platz landete mit Alemannia Dortmund ein zweiter Dortmunder Verein. Ende September 1944 wurde der Spielbetrieb mangels zur Verfügung stehender Spieler und angesichts der militärischen Entwicklung eingestellt.

In Chroniken zur Geschichte des BVB wird in der Regel nur ein einziges Spiel aus den Kriegsjahren erwähnt: der erste Sieg (1:0) über Schalke 04 am 12. November 1943, mit August Lenz als Schütze des entscheidenden Tores. Nach sechs Jahren gemeinsamen Wettbewerbs in der Gauliga mit elf Niederlagen und einem Unentschieden gab es im dreizehnten Meisterschaftsspiel den ersten Erfolg. Dabei spielten neben den arrivierten Lenz, Stachorra, Göbel und Zideller mit Heinrich Ruhmhofer, Richert und Franz Schüttner drei erst kürzlich aus der eigenen Jugend hervorgegangene Spieler sowie vier „Gastspieler“: Der Torhüter Karl/Charles Hoffmann stammte aus dem Elsass, wo er in der dortigen Gauliga für SS Straßburg aktiv war, aber fast die gesamte Saison 1943/44 für den BVB spielte, ebenso Außenläufer Müller (Vorname konnte nicht ermittelt werden), der in der Gauliga Niedersachsen für den Luftwaffen-Sportverein (LSV) Wolfenbüttel antrat, und Erich

Trapp, dessen Stammverein der FSV Frankfurt war. Auch der als Linksaußen eingesetzte Rogoll war wohl Gastspieler, da in Dortmund 1943 niemand mit diesem Namen gemeldet war.

Das Reglement für „Gastspieler" war recht unbürokratisch gehalten und galt seit 1940.[254] Verboten war lediglich eine Gastmitgliedschaft am selben Ort. Wer wegen seiner Einberufung zum Militär oder zur Polizei den Wohnsitz wechseln musste, behielt die Mitgliedschaft in seinem Stammverein und bekam die Gastmitgliedschaft im neuen Verein. Der Vereinsführer des Stammvereins hatte den Gastmitgliedsausweis auszustellen, der des neuen Vereins ihn zu bestätigen. Direkt nach Unterschrift war der Spieler damit sowohl für seinen Stammverein als auch für den Gastverein spielberechtigt. Ziel der Einführung des Gastspieler-Prinzips war es, den Spielbetrieb aufrechtzuerhalten.

Wer wo als Gastspieler aktiv war, ist auf breiterer Grundlage nie erfasst worden. Auch BVB-Spieler haben die Möglichkeit der Spielteilnahme am militärischen Standort natürlich genutzt. So war August Lenz 1941 für den VFL Osnabrück in der Gauliga Niedersachen aktiv[255] und nach Standortverlegung auch für den Verein für Rasensport (VfR) Heessen e. V. (Hamm), wo der bekannte Nationalspieler rasch zum Liebling der fußballerischen Jugend avancierte und auch die A-Jugend trainierte.[256] Gemeinsam mit Lenz spielte auch Emil Stachorra eine Zeit lang für den VfR Heessen.

Für den BVB waren mindestens sieben Gastspieler aktiv, der wichtigste unter ihnen wohl Torwart Karl/Charles Hoffmann, der in der Sportpresse fast immer sehr gute Kritiken für seine Leistungen und seine „französische Eleganz" erhielt. So hieß es nach dem Sieg über Schalke in der *Westfälischen Landeszeitung*: „Hoffmann im Tor der Dortmunder machte seine Sache ausgezeichnet, seine Paraden waren etwas für das Auge, aber auch zweckentsprechend. In kritischen

254 Kicker, 30. Januar 1940.

255 Kicker, 7. September 1941.

256 So in der Festschrift zum 40-jährigen Bestehen des VfR Heessen, siehe https://hammwiki.info/wiki/Verein_f%C3%BCr_Rasensport_Heessen_e.V. [15.11.2023].

Augenblicken dirigierte er seine Vorderleute und blieb immer Herr der Situation.“[257]

Das war kaum erstaunlich, war Karl Hoffmann doch in Frankreich Berufsspieler und sein Stammverein der elsässische Spitzenklub Racing Strasbourg. Nach der Besetzung Frankreichs im Sommer 1940 und dem Anschluss des Elsass ans Deutsche Reich übernahm die SS im Oktober 1940 den Klub Red Star Strasbourg, der unter dem Namen SS Strasbourg fortan in der neu eingerichteten Gauliga Elsass antrat. Spieler von Racing wurden zum SS-Klub abgeordnet, unter ihnen Karl Hoffmann. Keiner der bekannten Spieler des neuen Vereins gehörte jedoch der SS an. Nach dem Krieg wurde in Frankreich gegen Aktive des SS Strasbourg wegen Kollaboration ermittelt. Karl Hoffmann erhielt keine Strafe oder Sperre und war später als Funktionär im elsässischen Fußball tätig.[258]

Zum ersten siegreichen Spiel gegen Schalke waren 12 000 Zuschauer in die Rote Erde gekommen. Ein bescheidener Besuch im Vergleich zu den 25 000 bis 30 000 Besuchern, die zuvor häufig zu dem Nachbarschaftsduell ins Stadion geströmt waren. Aber es war November 1943, eine Reihe von Luftangriffen hatte die Stadt im Laufe des Jahres schon erlebt, und wann der nächste kommen würde, war stets ungewiss. Die Meldungen und Gerüchte über die militärische Lage verhießen entgegen der offiziellen Propaganda nichts Gutes. In unmittelbarer Nachbarschaft des Stadions war auf dem Gelände der Westfallenhalle ein großes Kriegsgefangenenlager eingerichtet worden, das Stammlager VI D, und auf ihrem Weg ins Stadion müssen Tausende die Baracken des Lagers gesehen haben, in denen zur Zwangsarbeit verpflichtete Gefangene aus

257 Westfälische Landeszeitung – Rote Erde, 15. November 1943.

258 Zur Geschichte des Fußballs im Elsass in der Zeit der deutschen Besatzung und zu Hoffmann und anderen Spielern von SS Strasbourg siehe Bernd Reichelt, Inszenierte Erinnerung. Der elsässische Fußball und seine Auseinandersetzung mit der nationalsozialistischen Vergangenheit 1945–1950, in: Markwart Herzog (Hrsg.), Memorialkultur im Fußballsport. Medien, Rituale und Praktiken des Erinnerns, Gedenkens und Vergessens, Stuttgart 2013, S. 367–386, hier S. 374–377.

halb Europa untergebracht waren. Fußballspiele wurden als Ablenkung vom tristen Kriegsalltag sowohl vonseiten des Regimes als auch der Anhänger weiterhin geschätzt, aber offensichtlich hatte die Zugkraft angesichts existenzieller Sorgen doch deutlich abgenommen.

Am 17. Oktober 1943 kam es zu einem Novum in der Mannschaftsaufstellung des BVB, denn beim 4:0 Sieg im Meisterschaftsspiel gegen die Spielvereinigung Röhlinghausen erzielte ein Niederländer als Stürmer den Treffer zum 3:0.[259] Der 24-jährige Jan Verhoofstad war als Zivilarbeiter nach Dortmund gekommen, arbeitete auf dem Hoesch-Werk und wohnte in Barackenlagern im Hoesch-Viertel, zunächst in der Lutherstraße, dann im Lager Springorumstraße in unmittelbarer Nähe zum Werk.[260] Niederländische Zivilarbeiter waren teils freiwillig, teils aber auch unter Zwang ins Deutsche Reich gekommen, ihre Lebens- und Arbeitsbedingungen waren in der Regel um ein Vielfaches besser als die der Kriegsgefangenen und Zwangsarbeiter aus Osteuropa. Ob Jan Verhoofstad freiwillig nach Dortmund gelangt war, ist ungewiss.

Im August 1944 verfügte die Reichssportführung: „Im Zuge der weiteren Anpassung des deutschen Sports an die Erfordernisse der totalen Kriegsführung werden die Reichsmeisterschaften und Reichsveranstaltungen eingestellt. Die körperliche Ertüchtigung des Volkes durch den Sport geht weiter."[261] Fortan konnten Fußballspiele nur noch auf lokaler Ebene stattfinden. Der Meisterschaftsbetrieb der Gauliga war eingestellt.

259 Westfälische Landeszeitung – Rote Erde, 18. Oktober 1943.
260 Arolsen Archives, Doc ID / 70601658.
261 Kicker, 15. August 1944.

VI. Gleichschaltung und Nazifizierung – Fußballvereine im Vergleich

Auf Einladung der Stuttgarter Kickers trafen sich am 9. April 1933 die Präsidenten von 14 süddeutschen Fußballklubs, die in jenem Jahr die Endrunde der süddeutschen Meisterschaft ausspielten, um sich über aktuelle Fragen auszutauschen. Als wichtigstes Ergebnis der Zusammenkunft veröffentlichte der *Kicker* zwei Tage später die sogenannte Stuttgarter Erklärung. Darin hieß es:

> „Die unterzeichneten, am 9. April 1933 in Stuttgart anwesenden, an den Endspielen um die süddeutsche Fußballmeisterschaft beteiligten Vereine des Süddeutschen Fußball- und Leichtathletikverbandes stellen sich freudig und entschieden den von der nationalen Regierung auf dem Gebiete der körperlichen Ertüchtigung verfolgten Besprechungen zur Verfügung und sind bereit, mit allen Kräften daran mitzuarbeiten. Sie sind gewillt, in Fülle dieser Mitarbeit alle Folgerungen, insbesondere in der Frage der Entfernung der Juden aus den Sportvereinen, zu ziehen. Sie betrachten es ferner als vaterländische Pflicht, den Wehrsport in ihr Jugenderziehungsprogramm aufzunehmen.“[262]

Bevor ein Reichsministerium, der DFB oder regionale Fußballverbände entsprechende Anordnungen und Weisungen ausgesprochen hatten, preschten diese Vereine mit ihrer politisch-ideologischen Anbiederung

262 Kicker, 11. April 1933.

an das neue Regime vor und kündigten insbesondere die „Entfernung der Juden" aus ihren Vereinen an. Zu den 14 Klubs gehörten auch Vereine, denen in der Weimarer Republik das Label „Judenklub" anhaftete – Fußballvereine, unter deren Gründern Juden waren, in deren Reihen jüdische Trainer, Spieler und Funktionäre aktiv waren und/oder die von Juden finanziell gefördert wurden. Da waren etwa der Karlsruher FV, der Heimatverein der beiden jüdischen Nationalspieler Julius Hirsch[263] und Gottfried Fuchs, der FC Bayern München, der unter seinem langjährigen Präsidenten (1919–1933) Kurt Landauer zu nationalem und internationalem Ansehen gelangte und unter dessen Mitgliedern zahlreiche Juden waren.[264] Auch Eintracht Frankfurt gehörte dazu, der Klub, dessen Akteure im Hessischen gern als „Juddebuben" bezeichnet wurden,[265] ebenso Lokalrivale FSV Frankfurt,[266] der es einer kleinen Gruppe jüdischer Unternehmer verdankte, innerhalb weniger Jahre von einem Vorortverein zu einem reichsweit bekannten Fußballklub aufzusteigen. Nicht zuletzt waren es die einladenden Stuttgarter Kickers selbst, in deren Reihen Juden seit der Gründung 1899 eine wichtige Rolle gespielt hatten.[267] Ihre Spielstätte und sportliche Heimat im Stadtteil Degerloch wurden von lokalen Konkurrenten mit

263 Siehe Werner Skrentny, Julius Hirsch. Nationalspieler. Ermordet. Biografie eines jüdischen Fußballers, Göttingen 2016.

264 Zum FC Bayern München siehe Gregor Hofmann, Mitspieler der „Volksgemeinschaft". Der FC Bayern und der Nationalsozialismus, Göttingen 2022; Dietrich Schulze-Marmeling, Der FC Bayern, seine Juden und die Nazis, 3., erw. Aufl., Göttingen 2017; Markwart Herzog, Die drei „Arierparagraphen" des FC Bayern München. Opportunismus und Antisemitismus in den Satzungen des bayerischen Traditionsvereins, in: ders. (Hrsg.), Die „Gleichschaltung" des Fußballsports, S. 75–113.

265 Matthias Thoma, „Wir waren die Juddebube". Eintracht Frankfurt in der NS-Zeit, 2. Aufl., Göttingen 2009.

266 Markwart Herzog, „Weltläufig und großbürgerlich", in: Frankfurter Allgemeine Zeitung, 20. Januar 2021.

267 Zu den Stuttgarter Kickers liegt noch keine einschlägige Studie vor, ein Fanprojekt arbeitet das Thema seit einigen Jahren auf, vgl. Felix Heck, Hitlers Arm reichte bis auf die Waldau, in: Stuttgarter Zeitung, 23. Februar 2020.

antijüdischer Intention nach ihrer Lage am Rand einer Hochebene auch als „Golanhöhen" bezeichnet.

Warum waren die Führungen auch dieser Vereine so schnell bereit, ihren Willen zum Ausschluss ihrer jüdischen Mäzene, Trainer, Funktionäre, Spieler und passiven Mitglieder zu bekunden? Eine Entschuldigung für dieses erbärmliche Verhalten gegenüber ihren langjährigen Vereinskameraden gibt es nicht, wohl aber Erklärungen. Zum 1. April 1933 hatten die Nazis als erste aus Berlin gesteuerte, systematische Gewaltaktion gegen jüdische Bürgerinnen und Bürger einen reichsweiten „Boykott" gegen jüdische Geschäfte, Rechtsanwälte und Ärzte organisiert. Neben den SA-Posten vor jüdischen Geschäften, Praxen und Kanzleien kam es auch zu physischen Übergriffen auf Jüdinnen und Juden. Einige Tage zuvor hatten Polizei- und Gestapobeamte auf Anordnung des Reichsinnenministeriums allerorten im Reich prominente Juden verhaftet und inhaftiert. Allein in Dortmund wurden über 200 Juden in das Polizeigefängnis der Steinwache verbracht, wo Angehörige der Gestapo und SA viele von ihnen misshandelten.[268] Die gleichgeschaltete Presse begleitete das verbrecherische Vorgehen mit umfassender Hetze und Aufwiegelung.

In dieser aufgeheizten Pogromstimmung hielten es möglicherweise gerade die als „Judenklubs" verschrienen Vereine für angebracht, einem möglichen Vorgehen von außen gegen sie zuvorzukommen und es sich mit den neuen Machthabern nicht von vornherein zu verderben. Zudem wurde am 7. April 1933 das „Gesetz zur Wiederherstellung des Berufsbeamtentums" erlassen, auf dessen Grundlage politisch „Unzuverlässige" und Nicht-Arier aus dem öffentlichen Dienst entlassen werden konnten. Für das Stuttgarter Treffen dürfte das Gesetz wohl keine Rolle gespielt haben, da die Einladung nach Stuttgart sicherlich vor dem 7. April ausgesprochen worden war. Es könnte die Teilnehmer aber während des Treffens in ihrer Absicht bestärkt haben, dem Regime die Unterstützung ihrer „Judenpolitik" zuzusagen.

268 Fischer, Verfolgung und Vernichtung, S. 22 ff.

Eine Unterstützung und Stärkung des zu dieser Zeit noch keineswegs etablierten Regimes bedeutete die Erklärung allemal. Mehr noch, die Nazis konnten die Konsolidierung ihres terroristischen Unrechtssystems in der Folgezeit auch deswegen so rasch vorantreiben, weil es in allen gesellschaftlichen Bereichen diesen vorauseilenden Gehorsam gab, der die Gleichschaltung leicht machte. Dabei handelte es sich bei einem Teil der Vereinsführungen nicht einmal um vorauseilenden Gehorsam, sondern um die Proklamation nationalsozialistischen Willens und Wollens. Ob Pragmatismus oder Überzeugung der Erklärung zugrunde lagen, ist indes von nachgeordneter Bedeutung, denn für die ausgeschlossenen Juden machte es auf dem Weg ins Exil oder in die Konzentrations- und Vernichtungslager keinen Unterschied.

Neben den bereits genannten Vereinen unterzeichneten die Vereinsführungen folgender Klubs die Stuttgarter Erklärung: 1. FC Nürnberg, Spielvereinigung Fürth, SV Waldhof Mannheim, 1. FC Kaiserslautern, FC Pirmasens, Phönix Ludwigshafen, Phönix Karlsruhe und Union Böckingen. Übrigens waren nicht alle für die Endrunde der süddeutschen Meisterschaft qualifizierten Vereine bei dem Treffen in Stuttgart anwsend, zwei der 16 Vereine fehlten: Mainz 05 und Wormatia Worms. Der Hintergrund für ihre Nicht-Teilnahme ist unbekannt. Da die Wormatia ihr Stadion bereits 1933 in „Adolf-Hitler-Stadion" umbenannt hatte,[269] ist für sie kaum von einem politischen Grund bezüglich der Nicht-Teilnahme am Stuttgarter Treffen auszugehen. Und auch beim zuweilen als „Judenverein" titulierten Klub Mainz 05 gingen die Gleichschaltung und der Ausschluss der Juden 1933 zügig voran.[270]

Die Stuttgarter Erklärung über den Ausschluss der jüdischen Mitglieder war zunächst einmal eine Absichtserklärung, als solche jedoch

269 VfR Wormatia 08 Worms e. V., 1994: Wie heißt das Stadion? Ein Streit schafft Klarheit, https://www.wormatia.de/stadion/geschichte/1994-2/ [15. 11. 2023].

270 Elmar Rettinger, Von den „wilden" Kickern von 1905 bis zum Bundesliga-Club – die Geschichte von Mainz 05, in: regionalgeschichte.Net, 28. Januar 2017, https://www.regionalgeschichte.net/bibliothek/aufsaetze/rettinger-mainz-05-bundesliga-geschichte.html [15. 11. 2023].

schon schändlich genug. Bei der Umsetzung gingen die Vereine in Bezug auf Tempo und Radikalität unterschiedlich vor. Der 1. FC Nürnberg, Mitte der 1930er-Jahre Rekordmeister des deutschen Fußballs, war in jener Stadt heimisch, in der ab 1933 jährlich der Reichsparteitag stattfand und in der mit dem *Stürmer* das übelste antijüdische Hetzblatt der Nationalsozialisten erschien.[271] Im *Stürmer* war schon im Sommer 1932 ein Artikel erschienen, der verkündete, der 1. FC werde „am Juden zugrunde" gehen. Gemeint war Jenö Konrad, ungarisch-jüdischer Trainer des Vereins. Konrad war hellsichtig und verließ mit seiner Familie schon im August 1932 die Stadt und das Reich. Das tonangebende braune Umfeld wirkte sich auch auf den 1. FCN aus. Schon Ende April 1933 erhielten die zahlreichen jüdischen Mitglieder ein Schreiben mit der Mitteilung, dass sie zum 1. Mai 1933 aus der Mitgliederliste gestrichen würden. In die Satzung wurde im April 1935 ein „Arierparagraf" aufgenommen.[272]

Die Spielvereinigung Fürth beschloss auf einer Sitzung am 11. Mai 1933 die Streichung der jüdischen Mitglieder, setzte den Beschluss aber nicht unmittelbar, sondern auf einer „Gleichschaltungsversammlung" am 14. August 1933 um.[273] Der 1. FC Kaiserslautern hat die Politik der Gleichschaltung „aktiv unterstützt und offensiv mitgetragen", Juden konnten aber offensichtlich bis 1936 auf dem Betzenberg Sport treiben.[274] Beim FC Bayern München, wo sich der langjährige jüdische Präsident Kurt Landauer am 22. März 1933 zum Rücktritt genötigt sah, gestaltete sich die Gleichschaltung als ein bedeutend zäheres Unternehmen als

271 Bernd Siegler, 1. FC Nürnberg: Der Rekordmeister und die neuen Machthaber, in: Peiffer/Schulze-Marmeling. Hakenkreuz und rundes Leder, S. 363–373.

272 Ebenda, S. 367.

273 Andreas Mau, Die „Gleichschaltung" der Spielvereinigung Fürth im Jahr 1933, in: Herzog (Hrsg.), Die „Gleichschaltung" des Fußballsports, S. 35–50, hier S. 44 f.

274 Markwart Herzog, 1. FC Kaiserslautern: Sport, Politik und Ideologie auf dem Betzenberg, in: Peiffer/Schulze-Marmeling (Hrsg.), Hakenkreuz und rundes Leder, S. 396–403.

etwa beim Lokalrivalen TSV 1860 München.[275] In die Einheitssatzung von 1935 nahm der FCB jedoch – wie auf einer Mitgliederversammlung im März 1935 einstimmig beschlossen – einen „Arierparagrafen" auf, obwohl dies nicht verlangt wurde.[276] Es gab hingegen auch Vereine, die die Stuttgarter Erklärung unterzeichnet hatten, aber auf einen „Arierparagrafen" verzichteten, wie der Karlsruher FV oder Eintracht Frankfurt.

Spätestens bis Ende 1936 war jedoch der Ausschluss der Juden aus allen Vereinen, zu denen entsprechende Studien vorliegen, vollzogen. Dabei handelte es sich 1936 ohnehin nur noch um einzelne Sportlerinnen und Sportler, die durch die Maschen geschlüpft waren und die nicht als Beleg dafür dienen können, dass es Jüdinnen und Juden 1936 noch möglich gewesen wäre, in nicht-jüdischen Sportvereinen aktiv zu sein.

Die Diskussion um die Bedeutung von „Arierparagrafen" in den Vereinssatzungen wurde unter Sporthistorikern zuweilen recht heftig geführt. Sie gipfelte in der Auseinandersetzung um die von der Reichssportführung im Frühjahr 1940 erlassene Einheitssatzung, die erstmalig einen expliziten „Arierparagrafen" für den deutschen Sport vorschrieb.[277] In § 4 hieß es: „Mitglieder können nicht Personen sein, die nicht deutschen oder artverwandten Blutes oder solchen gleichgestellt sind."[278] Herzog und Havemann sehen in dieser Einheitssatzung praktisch den Kulminationspunkt der „zweiten Gleichschaltung"[279] des

275 Dietrich Schulze-Marmeling, TSV 1860 und FC Bayern: Zwei Wege in die Gleichschaltung, in: Peiffer/Schulze-Marmeling (Hrsg.), Hakenkreuz und rundes Leder, S. 374–385.

276 Herzog, Die drei „Arierparagraphen" des FC Bayern München, S. 86.

277 Siehe Markwart Herzog, Einleitung. Die „Gleichschaltung" des Fußballsports im Nationalsozialismus. Politische, organisatorische und rechtliche sowie ökonomische und soziokulturelle Aspekte, in: ders. (Hrsg.), Die „Gleichschaltung" des Fußballsports, S. 15–23, hier Anm. 28.

278 Hier zitiert nach Henry Wahlig, Sport im Abseits. Die Geschichte der jüdischen Sportbewegung im nationalsozialistischen Deutschland, Göttingen 2015, S. 66.

279 Der Begriff wurde von Nils Havemann eingeführt: Havemann, Fußball unterm Hakenkreuz, S. 190 ff.

Fußballsports, die nach den Olympischen Spielen von 1936 eingesetzt und auch zum forcierten Ausschluss jüdischer Sportler aus den Vereinen geführt habe. Dem widersprachen Lorenz Peiffer und Henry Wahlig, ausgewiesene Fachleute für die Geschichte des jüdischen Sports, ganz entschieden und bezeichneten eine solche Deutung des Geschehens als „zynisch".[280] Die Einheitssatzung sei nicht mehr als ein bürokratischer Akt gewesen: „Sie fasste nachträglich eine Praxis zusammen, die die Turn- und Sportbewegung bereits Jahre zuvor abgeschlossen hatte: Jüdische Mitglieder gab es zu diesem Zeitpunkt in deutschen Vereinen längst nicht mehr."[281]

In der Tat liegt in der These, dass erst 1937 ein forcierter Ausschluss von Juden aus den Sportvereinen eingesetzt habe, und in der Betonung der Tatsache, dass erst 1940 eine Einheitssatzung mit „Arierparagrafen" vorgeschrieben worden sei, eine merkwürdige Fehleinschätzung über die Situation der deutschen Juden in jenen Jahren. Schon vor dem Novemberpogrom 1938 war die Entrechtung, soziale Isolierung und wirtschaftliche Ausplünderung der Juden weit fortgeschritten. Mit der Zerstörung der Synagogen und den mörderischen Gewaltexzessen im November 1938 war auch dem Letzten der Verfolgten klar, dass es in diesem Land keine Zukunft für Juden geben würde. In der Folge des Pogroms wurden auch jüdische Sportvereine verboten. Juden mussten Zwangsarbeit leisten und wurden ab 1939/40 in „Judenhäusern" zusammengepfercht. Mit Beginn des Krieges am 1. September 1939 verschärften sich die antijüdischen Maßnahmen noch einmal dramatisch. Vor diesem Hintergrund ist es absolut abwegig, der Einheitssatzung mit dem „Arierparagrafen" von 1940 eine Bedeutung hinsichtlich des Ausschlusses von Juden aus deutschen Sportvereinen zuzumessen.

Wie dargestellt, lassen sich beim BVB in den Jahren unmittelbar vor 1933 im Umkreis der 1. Mannschaft und der Funktionäre keine Juden

280 Lorenz Peiffer/Henry Wahlig, Jüdischer Sport und Sport der Juden in Deutschland: Eine kommentierte Bibliografie, 2., aktual. und erw. Aufl., Göttingen 2020, S. 57 f.

281 Wahlig, Sport im Abseits, S. 66.

ausmachen. Somit konnte es zumindest für diese Gruppen auch keinen Ausschluss jüdischer Mitglieder nach 1933 geben. Vom sensibelsten Bereich der Gleichschaltung der Fußballvereine, der „Arisierung" der Mitgliedschaft, war der BVB also nicht betroffen. Die Einheitssatzung von 1940 ist in den Akten des Vereinsregisters beim Amtsgericht Dortmund nicht enthalten. Ebenso wenig in den Akten fünf weiterer Dortmunder Fußballvereine, die daraufhin untersucht wurden.

Zieht man einen Vergleich vom Geschehen beim BVB zu den Vorgängen bei jenen Vereinen, die Nils Havemann als „nationalsozialistische Vorzeigevereine" charakterisiert hat, wird nachvollziehbar, dass es recht deutliche Unterschiede bei der Nazifizierung der Fußballvereine gab, obwohl alle Vereine die Anordnungen der Reichssportführung schließlich durchsetzten.

Der VfB Stuttgart etwa hatte der NSDAP schon 1932 sein Stadion für eine Wahlkundgebung zur Verfügung gestellt.[282] Daraufhin kündigte die Stadt als Eigentümerin des Geländes den Vertrag mit dem VfB zum April 1934. Nach dem Machtwechsel 1933 machte die Stadt die Kündigung jedoch rückgängig, und der VfB profitierte in den folgenden Jahren von seiner Unterstützung der NSDAP vor 1933. Die Platzfrage sei dabei zur Gretchenfrage im Verhältnis des VfB zum Nationalsozialismus avanciert, urteilt Gregor Hofmann in seiner Studie zum VfB.[283] Das häufig vorgetragene Argument der Vereinsführung, der Verein insgesamt sei schließlich ein „Alter Kämpfer", half dem VfB dabei, mit Unterstützung der Stadt 1937 ein neues, modernes Stadion auf alternativem Gelände, aber in Nähe der alten Spielstätte beziehen zu können. Hinzu kam, dass auch der Vereinsführer des VfB und einer seiner beiden Stellvertreter schon vor 1933 der NSDAP beigetreten waren. 1934 nahm der Verein einen „Arierparagrafen" in die Satzung auf. Dem Drängen des Vereins auf Lösung der Platzfrage kam auch der sportliche Erfolg des VfB entgegen, der 1935 bis ins Endspiel

282 Ausführlich zum VfB Stuttgart siehe Gregor Hofmann, Der VfB Stuttgart und der Nationalsozialismus, Schorndorf 2018.

283 Ebenda, S. 89.

um die Deutsche Meisterschaft vordringen konnte und erst dort dem FC Schalke 04 unterlag.

Die Platzfrage des VfB weist – unter umgekehrten Vorzeichen – eine interessante Parallele zur selben Frage des BVB nach Kündigung des Pachtvertrages durch die Stadtverwaltung für das Gelände des Borussia-Platzes 1936 auf. Wie die Festschrift von 1939 und zeitgenössische Presseberichte belegen, stellte die „Platzfrage" auch für den BVB ohne Zweifel das größte vereinsinterne Problem jener Jahre dar. Aus der Tatsache, dass der BVB und seine Heimat, das Hoesch-Viertel, das exakte Gegenteil eines „Alten Kämpfers" waren, lässt sich vielleicht auch die Ignoranz bzw. Verweigerungshaltung der Stadt erklären, dem Verein ein geeignetes Gelände in der Nähe der alten Spielstätte zur Verfügung zu stellen. Genügend Raum in dem nur locker besiedelten Terrain südlich des Stahlwerkes Hoesch hätte dafür allemal bereitgestanden. Im Gegensatz zum Geschehen in Stuttgart fehlen für den BVB leider auch zu dieser Frage die Quellen, die ein begründetes Urteil erlauben würden.

Der VfB Stuttgart ist wie die meisten anderen Vereine vor dem Ersten Weltkrieg aus Kreisen Fußball spielender Schüler hervorgegangen, denen bald Studenten und Angestellte in den Klub folgten.[284] Er blieb auch in der Weimarer Republik ein bürgerlicher Verein national-konservativer Prägung. Die Vereinsführung hatte mit Hans Kiener ein Gewerbelehrer inne, von seinen beiden Stellvertretern nach 1933 war einer promovierter Lehrer, der andere Beamter.

Ähnlich dem VfB Stuttgart wurde auch der TSV 1860 München Nutznießer eines frühen Bekenntnisses zum Nationalsozialismus.[285] Schon die Mitgliedschaft in der traditionell national-konservativen Deutschen Turnerschaft, die entschieden wie kein anderer Verband bereits im Frühjahr 1933 den Ausschluss von Juden aus der Turnerschaft

284 Zum Folgenden siehe ebenda, S. 24 ff.

285 Ausführlich zu 1860 München siehe Anton Löffelmeier, Die „Löwen" unterm Hakenkreuz. Der TSV München von 1860 im Nationalsozialismus, Göttingen 2009.

beschloss und durch ihre Vereine ausführen ließ, weist auf die Affinität zum Nationalsozialismus hin. In der Führung des Turnvereins wurden nach dem Machtwechsel in Berlin „Alte Kämpfer" etabliert, darunter SA-Männer, die schon am Hitler-Putsch von 1923 in München beteiligt gewesen waren. In der Fußballabteilung, deren 1. Mannschaft sich in den 1920er-Jahren zu einer Spitzenmannschaft entwickelt hatte und die 1931 im Endspiel um die deutsche Meisterschaft stand, konnte sich die eher national-konservative Führerschaft bis 1936 behaupten, dann übernahm auch dort „ein alter Vorkämpfer des Dritten Reiches"[286] die Führung. Die enge und gute Verbindung zur Partei und damit zur Stadt rettete den TSV 1860 vor dem Konkurs, denn die Kommune kaufte im Sommer 1937 in großem Entgegenkommen in einer finanziellen Rettungsaktion die vereinseigene Stadionanlage.[287]

Der Fußballverein des TSV war keineswegs ein Arbeiterverein, wie es besonders nach 1945 und im Vergleich mit dem FC Bayern häufig zu lesen war. Ausschlaggebend für diese irrige Annahme war wohl die Tatsache, dass die Fußballer seit 1908 im Arbeiterviertel Giesing spielten, zunächst auf einem kleinen Platz, seit 1924 dann im Stadion an der Grünwalder Straße. Der seinerzeit größte Sportverein der Stadt war ein durch und durch bürgerlicher Verein, dem auch Mitglieder der bayerischen Königsfamilie angehörten. Prinz Ruprecht von Bayern hatte 1905 das Patronat über den Verein übernommen. Die Position im Vorstand des Vereins war mit einigem Renommee verbunden. Die Mitglieder und besonders die Führungsschicht rekrutierten sich bis 1945 vornehmlich aus den „guten Kreisen", aus der Beamtenschaft, aus Kaufleuten und Fabrikanten, aus den freien und akademischen Berufen. Nur sehr wenige Mitglieder gehörten der Arbeiterschaft an.[288] Recherchen und Erkenntnisse über jüdische Vereinsmitglieder liegen kaum vor.

Im Vergleich zum BVB ist vor allem der Führungswechsel in der Fußballabteilung des TSV München 1860 im Jahr 1936 von Interesse.

286 Ebenda, S. 84.
287 Ebenda, S. 118.
288 Ebenda, S. 18–21.

Wie bei einer Reihe anderer Vereine auch – vom 1. FC Kaiserslautern war diesbezüglich bereits die Rede – kam es nach den Olympischen Spielen in Berlin zu einer verstärkten Nazifizierung der Vereinsführung. Das heißt, jene Personen, die aus der Weimarer Republik über das Jahr 1933 hinaus für eine personelle Kontinuität in der Vereinsführung standen und keiner NS-Organisation angehörten, wurden abgelöst, es sei denn – wie es etwa bei Schalke 04 der Fall war[289] –, die führenden Funktionäre waren nach dem Machtwechsel der Partei beigetreten.

Erstaunlicherweise geschah beim BVB nichts dergleichen. Weder traten August Busse und sein Stellvertreter Karl Hagedorn nach dem Januar 1933 in die Partei ein, noch wurden sie im Zuge der „zweiten Gleichschaltung“ nach 1936 abgelöst. Sie blieben bis Kriegsende im Amt. Es sind auch keine ernsthaften Versuche der politischen Spitze der Stadt oder der NSDAP bzw. SA bekannt geworden, den Verein zu „übernehmen“. Nun könnte man einwenden, die Nationalsozialisten hätten die Meinung vertreten, der Verein sei auch ohne Eingriffe in die Führung politisch auf Linie. Aber das waren der TSV 1860, der VfB Stuttgart und der 1. FC Kaiserslautern noch bedeutend ausgeprägter und sichtbarer als der BVB, dennoch wurde deren Vereinsführungen gegen NS-Funktionäre ausgetauscht.

Auch den FC Schalke 04 reihte der Historiker Havemann unter die nationalsozialistischen Vorzeigevereine ein, obwohl der Fall des Gelsenkirchener Spitzenvereins im Vergleich etwa zum VfB Stuttgart oder TSV 1860 München deutlich anders gelagert war. Die beiden süddeutschen Vereine waren von Beginn an Vorzeigeverbände im politisch-ideologischen Sinn, während die Schalker zunächst ein sportlicher Vorzeigeklub waren, dessen bekannteste Spieler sich infolge der großen Nähe, die die Nationalsozialisten zum erfolgreichsten Klub der 1930er-Jahre suchten, dann auch dem Regime andienten. Nach dem Machtwechsel in Berlin wurde der 1. Vorsitzende des Vereins wegen Verstoßes gegen die Amateurbestimmungen vom WSV aus dem Verband ausgeschlossen, der 2. Vorsitzende, der jüdische Zahnarzt Paul Eichengrün, legte sein

289 Siehe Goch/Silberbach, Zwischen Blau und Weiß liegt Grau, S. 110 ff.

Mandat nieder.[290] Auf der Generalversammlung im Juni 1933 wurde eine Integrationsfigur des Klubs, Fritz Unkel, zum Vereinsführer gewählt. Er gehörte nicht der NSDAP oder einer anderen NS-Organisation an und blieb bis 1939 im Amt. Sein Stellvertreter Heinrich Tschenscher war, wie die gesamte Führungsspitze außer Unkel, 1933 der NSDAP beigetreten. Im Vorstand des FC Schalke saßen also keine „Alten Kämpfer", die schon vor 1933 Sympathie oder Unterstützung für die Nationalsozialisten bekundet hatten. Darin lag ein grundlegender Unterschied zu den anderen „Vorzeigevereinen", deren Führung sich und den Verein als Teil der „Bewegung" und der „nationalen Revolution" verstand.

Zwischen 1933 und 1942 standen die Schalker mit einer Ausnahme stets im Endspiel um die Deutsche Meisterschaft, sechsmal gewannen sie den Titel. Die Mannschaft, ihre Art des Fußballspielens und ihre Starspieler, die Schwager Ernst Kuzorra und Fritz Szepan, erweckten in der Sportpresse und bei öffentlichen Auftritten ein ungeheures Aufsehen. Die NS-Prominenz ließ sich gern mit den Erfolgreichen fotografieren, und auch die Stars genossen offensichtlich den Rummel um sie, der neben sportlichem Ruhm auch materielle Vorteile mit sich brachte.

Es war beim FC Schalke besonders ein Vorkommnis, das über diese für fast alle erfolgreichen Sportler der NS-Zeit geltende Bereitschaft zur Anpassung an das System hinausging: Fritz Szepan und seine Frau waren Nutznießer der „Arisierung" eines jüdischen Textilgeschäftes am Schalker Markt und zogen daraus in den Folgejahren erhebliche finanzielle Vorteile.[291] Ein Fall, der tatsächlich entscheidend die Einstufung als mehr oder weniger freiwillige Anpassung an das Regime übertraf. Dabei ist zu berücksichtigen, dass die Mehrheit der Schalker Spieler aus dem Umkreis der 1. Mannschaft Mitte der 1930er-Jahre nicht mehr als Bergleute oder Arbeiter tätig, sondern in das (Klein-)Bürgertum aufgestiegen und eher, wie etwa Szepan und Kuzorra, etablierte Schalker Bürger waren.[292] Bei

290 Ebenda, S. 69.

291 Ebenda, S. 166 ff.

292 Stefan Goch, FC Schalke 04. Vorzeigefußballer im Mainstream, in: Peiffer/Schulze-Marmeling, Hakenkreuz und rundes Leder, S. 404–414, hier S. 405.

der Durchsicht von Restitutions- und Wiedergutmachungsakten zeigt sich rasch, dass aus naheliegenden Gründen die Nutznießer der „Arisierung" jüdischer Betriebe und Geschäfte nur in sehr seltenen Fällen aus den Reihen der Arbeiterschaft kamen.

Havemann betrachtet den Fall Schalke 04 offensichtlich vor allem in seinem steten Bemühen, die Unterschiede zwischen jenen Vereinen, die aus dem bürgerlichen Milieu, zu jenen, die aus dem Arbeitermilieu stammten, hinsichtlich ihres Verhältnisses zum Nationalsozialismus zu verwischen.[293] Dabei ist ihm in seiner Schlussfolgerung, dass viele Vereine und Sportler aus dem Arbeitermilieu schließlich ihren Frieden mit dem System schlossen, grundsätzlich durchaus beizupflichten. August Lenz ist ein gutes Beispiel dafür. Zum Nationalspieler aufgestiegen, brauchte er nicht mehr regelmäßig am Arbeitsplatz auf dem Stahlwerk zu erscheinen.[294] Er war ein gefeierter Mann in Dortmund. Im März 1936 erschienen Porträts von ihm und 20 weiteren prominenten Fußballspielern in einer Fotomontage unter einem Aufruf zur Teilnahme an einer der Scheinwahlen der NS-Zeit.[295] Niemand wird Lenz und die anderen um Erlaubnis gefragt haben, ihr Porträt dafür benutzen zu dürfen, aber ebenso wenig hätten Lenz und die anderen wohl etwas dagegen gehabt. 1937 trat Lenz als einziger Stammspieler des BVB jener Jahre in die NSDAP ein, ebenso wie die Schalker Kuzorra und Szepan.

Die Frage, ob das Regime den Eintritt der Nationalspieler in die Partei erwartet oder sogar verlangt hat, ist bisher unbeantwortet geblieben. Der Wunsch, sozial aufzusteigen und in gesicherten Verhältnissen zu leben, war besonders bei den Arbeitern und angesichts der meist prekären Verhältnisse, in denen sie lebten, verständlich. Dennoch machten sie sich damit mit dem Regime gemein und stützten es. So ist in Fragen von Verantwortung und Schuld deutlich zu unterscheiden zwischen denen, die sich dem etablierten Regime anpassten, und jenen, die durch ihre dezidiert antidemokratische,

293 Havemann, Fußball unterm Hakenkreuz, S. 221.
294 Interview mit Peter Paul Elisko, in: Kolbe, Der BVB in der NS-Zeit, S. 56.
295 Sport vom Sonntag, 23. März 1936.

antiparlamentarische, nationalistische und häufig auch völkische bis rassistische Weltanschauung das Regime als Wähler an die Macht brachten und es dann als Parteigenossen und besonders in der großen Mehrheit der Funktionäre auch stabilisierten. Letztere stammten in der überwältigenden Mehrheit eben aus den bürgerlichen und großbürgerlichen Schichten.[296]

Werder Bremen war ein durch und durch bürgerlicher Verein. Nach der Vereinssatzung von 1912 konnte bis in die späten 1920er-Jahre nur Mitglied werden, wer eine „höhere Schulbildung“ nachweisen konnte.[297] 1933 schwenkte der Vorstand sehr schnell auf die neue politische Linie ein bzw. brauchte eigentlich gar nicht einzuschwenken, weil der „nationale Gedanke“, wie betont wurde, schon seit der Gründung 1899 im Klub präsent sei. Bereits im Mai 1933 wurde die Satzung auf das Führerprinzip ausgerichtet und der Klub in der Folge im Bestreben des autoritär agierenden Vereinsführers auch in den Dienst politischer Ziele der Partei und des Staates gestellt. Obwohl die Vereinsführung sich offen zum Nationalsozialismus und seinen Zielen bekannte, drängten der Kreisleiter des DRL und die örtliche Parteiprominenz auf stärkere Nazifizierung. 1937 trat ein neuer Vereinsführer sein Amt an, und der Klub wurde zur Durchführung der Dietarbeit angehalten.

In kürzerer Form sei an dieser Stelle der Prozess der Gleichschaltung in einer Reihe weiterer bekannter Fußballvereine skizziert:

Alemannia Aachen, 1900 von Gymnasiasten gegründet, war ein bürgerlicher Verein, dessen Mitglieder in den 1930er-Jahren aus der gesamten Innenstadt stammten.[298] Der Anteil der unteren sozialen Schichten an der Mitgliederschaft war gering, Angehörige der Mittelschicht und der Eliten, Akademiker und Unternehmer prägten den Verein und besetzten die verantwortlichen Posten.[299] Bei einer Stichprobe von

296 Siehe hierzu die empirischen Befunde im Kapitel über die politischen Verhältnisse und das Wahlverhalten in Dortmund. Ausführlich zu den sozialen Trägerschichten der NSDAP: Falter, Hitlers Parteigenossen, S. 176 ff.

297 Vgl. Havemann, Fußball unterm Hakenkreuz, S. 213–215.

298 Rohrkamp/Deloei, „Und Salomon spielt längst nicht mehr“.

299 Ebenda, S. 86–88.

286 Vereinsmitgliedern ließen sich 137 NSDAP-Mitgliedschaften (48 %) ermitteln. Von ihnen waren 115 der Partei nach dem 30. Januar 1933 beigetreten.[300] Das war typisch für die „Märzgefallenen", die sich zu einem großen Teil aus dem „gehobenen Milieu" rekrutierten. Schon im Oktober 1933 war die Gleichschaltung vollzogen und die Ausgrenzung der jüdischen Mitglieder abgeschlossen. Letzteres stellte den Beginn des Leidensweges des jüdischen Spielers Max Salomon dar, der bis März 1933 eine tragende Rolle im Sturm der Alemannia gespielt hatte. Wie sechs weitere namentlich bekannte Alemannia-Mitglieder wurde Max Salomon Opfer des Holocaust.[301]

Der Hamburger SV, der bekannteste großbürgerliche Verein der Hansestadt, hatte einen vergleichsweise großen Anteil jüdischer Mitglieder und Förderer.[302] Obwohl sich der Verein früh und bedingungslos den neuen Machthabern unterordnete, wurden noch 1935 zwei jüdische Mitglieder mit einer Ehrennadel ausgezeichnet, und auch jüdische Firmen inserierten in jenem Jahr noch in der Vereinszeitschrift.[303] Vier jüdische Mitglieder wurden von den Nazis ermordet. Zu jenen Angehörigen des Vereins, die an den Verbrechen des Regimes aktiv beteiligt waren, gehörte Otto Fritz „Tull" Harder, Nationalspieler und Stürmerstar des HSV in den 1920er-Jahren. 1931 in die NSDAP und 1933 in die SS eingetreten, diente er in den KZ Sachsenhausen und Neuengamme und leitete bis Kriegsende das KZ-Außenlager Hannover-Ahlem. Nach dem Krieg wurde er von den Briten zu 15 Jahren Zuchthaus verurteilt, aber schon 1951 aus der Haft entlassen. Bei seiner Beerdigung 1956 schmückte eine HSV-Fahne den Sarg.

In einem sozialen und politischen Umfeld, das dem des BVB ganz ähnlich war, entstand und entwickelte sich der 1892 gegründete

300 Ebenda, S. 85.

301 Ebenda, S. 179.

302 Werner Skrentny, Hamburger SV: „Ein leichtes Einordnen in den neuen Staat, in: Peiffer/Schulze-Marmeling, Hakenkreuz und rundes Leder, S. 342–353, hier S. 347.

303 Ebenda.

Berliner Klub Hertha BSC.[304] Seine Heimat war der Wedding, der „rote Wedding", ein Arbeiterviertel im Bezirk Mitte, das allerdings um ein Vielfaches größer war als das Hoesch-Viertel. Auch im Wedding prügelten sich in den Jahren vor 1933 die Linken mit den Nazis in Straßenschlachten, die eine Reihe von Toten und Schwerverletzten forderten. Ebenso dominierte im Wedding in den frühen 1920er-Jahren die SPD, dann die KPD, die bis zu den Märzwahlen 1933 die stärkste politische Kraft blieb.

Vorsitzender der Hertha war der Kaufmann Wilhelm Wernicke, Sozialdemokrat und Gewerkschafter, der den Verein, der 1930 und 1931 Deutscher Meister wurde, bereits seit 1908 führte. Im Zuge der Gleichschaltung musste Wernicke vom Vorsitz zurücktreten, blieb aber im Hintergrund aktiv und zog in vielerlei Hinsicht weiterhin die Fäden.[305] 1943 konnte er wieder Geschäftsführer werden, ohne dass die Nazis Einspruch erhoben.

Auch die Hertha schwenkte ohne großes Zögern und großen Druck auf den NS-Kurs ein. Den Posten des Vereinsführers übernahm im Juni 1933 Hans Pfeiffer, der seit dem 1. Januar 1933 der NSDAP angehörte. Pfeiffer schien geeignet, die verordnete Gleichschaltung nach außen hin als vollzogen zu dokumentieren und somit eine „Übernahme" des Vereins von außen, durch fanatische Nationalsozialisten, verhindern zu können. Der dunkelste Fleck in der Geschichte der Hertha war die Trennung vom langjährigen jüdischen Mannschaftsarzt Hermann Horwitz nach 1935.[306] Der Mediziner wurde 1943 nach Auschwitz deportiert und ermordet. Da Vereinsführer Pfeiffer noch bis 1935 mit ihm in Kontakt gestanden hatte, war auch er nicht zu halten. Dem Verein gelang es aber auch weiterhin, fanatische Nationalsozialisten bzw. NS-Funktionäre von außen aus der Führung fernzuhalten.

304 Zur Geschichte der Hertha siehe Daniel Koerfer, Hertha unter dem Hakenkreuz. Ein Berliner Fußballclub im Dritten Reich, Göttingen 2009.

305 Ebenda, S. 30 f.

306 Ebenda, S. 79.

Als sportlich erfolgreichster deutscher Fußballverein stand und steht der FC Bayern München auch mit Blick auf die Geschichte von Fußballvereinen in der NS-Zeit im Rampenlicht. Es ist eine Reihe von Schriften und Aufsätzen erschienen, deren Ergebnisse zum Teil kontrovers und heftig diskutiert wurden.[307] Im Kern dreht sich die Diskussion um die Frage, ob der FC Bayern als zuvor liberaler „Judenklub" nach dem Machtantritt der Nationalsozialisten im Januar 1933 nachsichtiger und weniger rigoros mit seinen jüdischen Mitgliedern umgegangen ist als die meisten anderen Vereine. Mit der im Herbst 2022 veröffentlichten Studie von Gregor Hofmann zur Geschichte des FC Bayern in der Zeit des Nationalsozialismus kann diese Frage wie auch eine Reihe weiterer als beantwortet gelten.[308] Der Autor kommt in seiner materialreichen Arbeit zu dem Ergebnis, dass sich die Geschichte des FC Bayern während der braunen Jahre weniger von jener anderer Fußballvereine unterschied, als zuweilen angenommen wurde. Zwar habe es auch weiterhin liberale Strömungen im Verein gegeben, aber ebenso militaristische und rechtsextreme. Das Spektrum der Verhaltensweisen habe von mutigem Widerstand bis hin zur Begeisterung für den Nationalsozialismus und auch zur Verwicklung in Verbrechen während des Krieges gereicht. Opfer des Holocaust und Täter des Nationalsozialismus fanden sich gleichermaßen in den Reihen der Vereinsmitglieder. Das Bild der Bayern sei vor 1945 wohl „in mancher Hinsicht jüdisch konnotiert" gewesen, eine Benachteiligung des Vereins in der NS-Zeit habe sich daraus aber nicht ergeben.[309]

Bei einem Vergleich mit der Entwicklung im BVB sind besonders zwei Faktoren interessant: zum einen die recht hohe Anzahl an NSDAP-Mitgliedern unter den Funktionären (53 Prozent), zum anderen die Verwicklung von Mitgliedern in Fälle von „Arisierungen", also die Aneignung einst jüdischen Besitzes. Beides lässt sich damit erklären,

307 Zu den unterschiedlichen Positionen siehe vor allem Schulze-Marmeling, Der FC Bayern, seine Juden und die Nazis, sowie Herzog, Die drei „Arierparagraphen" des FC Bayern München.

308 Hofmann, Mitspieler der „Volksgemeinschaft".

309 Ebenda, S. 200.

dass in dem tief im Münchner Bürgertum verankerten Verein eben jene sozialen Schichten in der Vereinsführung die Mehrheit stellten, die auch in der NSDAP überrepräsentiert waren: Es waren vornehmlich Beamte, Ärzte, Kaufleute, Geschäftsinhaber und andere Selbstständige.[310] Vergleichbar mit der Situation beim BVB, aber auch etwa bei Schalke 04, ist der Fakt, dass es unter den Spielern der Vereine nur einige wenige Parteigenossen gab, und zwar jeweils zwei bis drei Personen.

Der vergleichende Blick auf das Geschehen bei einer ganzen Reihe von Vereinen erweitert die Erkenntnis insofern, als er deutlich macht, dass sich Unterschiede in der Entwicklung während der Jahre der NS-Herrschaft schließlich nur hinsichtlich des Tempos und der Intensität der Nazifizierung ausmachen lassen. Dennoch ist gerechtfertigt zu unterscheiden, ob sich die Führung eines Vereins aus Überzeugung, aus Opportunismus oder aus Zwang den neuen Machthabern unterwarf und wie in welchem Ausmaß Mitglieder und Funktionäre von NS-Organisationen repräsentiert waren. Betrachtet man es auf diese Weise, gab es zwar keine wesentlichen, aber doch deutliche Unterschiede zwischen Vereinen wie dem TSV 1860 München oder dem VFB Stuttgart und dem BVB.

310 Ebenda, S. 167.

Fazit

Die Haltung, das Handeln und Verhalten eines Vereins in der Zeit des Nationalsozialismus zu bewerten, also nach moralischen Kriterien einzuordnen, ist ein recht kompliziertes Unterfangen. Schon allein die Unmöglichkeit, allgemeine Aussagen zu treffen, die allen Mitgliedern gerecht werden, mag das verdeutlichen. Alle Sportvereine, die nach dem Machtantritt der Nationalsozialisten nicht verboten wurden oder sich selbst auflösten, könnten im Grunde als „Nazivereine" bezeichnet und charakterisiert werden, da sie sich den Anordnungen und Vorgaben der neuen Machthaber fügten und am Spielbetrieb weiterhin teilnahmen. Sie stärkten damit das Regime, seine Etablierung und Konsolidierung sowie seine Akzeptanz in der Bevölkerung. Die Fußballer hatten fortan vor dem Spiel den „Deutschen Gruß" zu entbieten, an den Austragungsorten wehten Hakenkreuzfahnen, auf den Trikots trugen die Spieler ein Emblem mit Hakenkreuz, an der Spitze ihres Vereins stand ein „Führer" und die jüdischen Mitglieder wurden aus der Gemeinschaft ausgeschlossen, wenn sie nicht von selbst austraten.

Handlungsspielraum gab es für die Führung jener Vereine, die ihre Existenz nicht aufgeben wollten, lediglich mit Blick auf die Entschiedenheit, mit der die Vorgaben umgesetzt wurden. Die Frage lautet also nicht, ob sich ein Verein der Diktatur und ihren Vertretern fügte oder nicht, sondern vielmehr, ob er sich widerwillig, zögernd, verhalten oder bereitwillig, freudig und entschlossen unterordnete. Die Frage lautet auch nicht, ob Juden im Verein bleiben konnten oder nicht, sondern nur, wann sie ausgeschlossen wurden und mit wie viel Nachdruck die Vereinsführung ihren Ausschluss betrieb.

Die Dichte an Mitgliedschaften in der NSDAP und ihren Formationen unter den Funktionären und Spielern eines Vereins erscheint so als einzig quantifizierbares Kriterium bezüglich der Affinität zum Nationalsozialismus. Diese Dichte war beim BVB deutlich niedriger als bei allen anderen Vereinen, für die entsprechende Zahlen vorliegen. Von 67 überprüften Spielern und Funktionären des Vereins gehörten sieben der NSDAP an, also gut 10 %. Zum Vergleich: beim FC Schalke 04 waren es 21 %,[311] bei Bayern München 35 %,[312] bei Fortuna Düsseldorf 42 %[313] und bei Alemannia Aachen 48 %.[314] Zwar liegen den Zahlen jeweils unterschiedlich umfangreiche Stichproben zugrunde, sodass sich bei gleich großen Proben die absoluten Werte ändern könnten, das Verhältnis würde aber vermutlich ähnlich beiben.

Dem BVB gehörten im Umkreis der 1. Mannschaft und unter seinen Funktionären in den Jahren 1928 bis 1933 keine jüdischen Mitglieder an. Somit blieb er vom beschämenden und folgenschwersten Vorgang der Gleichschaltung verschont: dem Ausschluss der Juden aus der Gemeinschaft der Vereine. Eventuell waren in der Jugendabteilung und als passive Mitglieder Juden vertreten, konkrete Hinweise darauf haben sich jedoch nicht finden lassen. Auch die Beteiligung einzelner Mitglieder an der „Arisierung" jüdischen Besitzes – die Übernahme von Geschäften oder Wohnhäusern – kann aufgrund der Durchsicht aller für das Viertel vorliegenden Restitutionsakten der Nachkriegszeit ausgeschlossen werden. Unter jenen Geschäftsleuten, die den Verein Mitte der 1920er-Jahre durch Schaltung von Werbeanzeigen in der Vereinszeitschrift unterstützten, befanden sich drei jüdische Familien. Mitglieder aller drei Familien wurden im Zuge des Holocaust ermordet.

Die Gleichschaltung des BVB 1933/34 geschah relativ geräuschlos und war praktisch mit der Wahl August Busses zum Vereinsführer 1934 abgeschlossen. Vielleicht war die zuvor erfolgte überraschende Wahl des als Nazigegner bekannten Egon Pentrup zum kurzzeitigen Vorsitzenden 1933 ein Versuch des leisen Widerstands. Leider bleibt das

311 Goch/Silberbach, Zwischen Blau und Weiß liegt Grau, S. 111.

312 Hofmann, Mitspieler der „Volksgemeinschaft", S. 167.

313 Stephan Vogel, Fortuna Düsseldorf im Nationalsozialismus, Hamburg 2017, S. 29.

314 Rohrkamp/Deloie, „Und Salomon spielt längst nicht mehr", S. 85.

Geschehen um seine Wahl infolge des Mangels an Quellen und exakten Daten weitgehend im Dunkeln. Mit der Einführung des Führerprinzips und der Verabschiedung der Einheitssatzung der Reichssportführung unterwarf sich jedoch auch der BVB dem neuen Regime.

Vom Tag der Machübernahme der Nationalsozialisten am 30. Januar 1933 bis zur Mitglieder-Aufnahmesperre am 1. Mai 1933 trat niemand aus der BVB-Führung in die NSDAP ein. Wie die Entwicklung bei einer Reihe anderer Vereine gezeigt hat, war dies alles andere als üblich. Von einer Phase der „ersten Gleichschaltung" der Sportvereine bis zu den Olympischen Sommerspielen 1936, die vielfach durch personelle Kontinuität und langsam fortschreitende Nazifizierung der Führungsriegen geprägt war, und der Phase einer „zweiten Gleichschaltung", die zu radikaleren Maßnahmen und oft zur Durchdringung der Vorstände mit lokalen NS-Funktionären führte, kann beim BVB nicht gesprochen werden. Diese von Nils Havemann eingeführte Periodisierung der Gleichschaltung traf auf den DFB und auf eine Reihe von Fußballvereinen zu, aber offenbar nicht auf den BVB.

Als die Nazis an der Macht waren, die Zahl der Arbeitslosen sank und die wirtschaftlichen Verhältnisse sich stabilisierten, schlossen offensichtlich auch viele Arbeiterfamilien rund um den Borsigplatz ihren Frieden mit dem Regime. Das rebellische Viertel abseits der Innenstadt war gewaltsam „befriedet" worden. Mit offenem Terror, mit Inhaftierungen, mit Misshandlungen und Morden zerschlugen Gestapo, SA und Polizei kommunistische und in geringerem Ausmaß und in der Regel weniger gewalttätig auch sozialdemokratische Gruppierungen und verbrachten viele ihrer Mitglieder mit oder ohne Kollaboration der Justiz in Konzentrationslager. Dem Widerstand schlossen sich nur wenige an, aber immerhin drei Mitglieder des BVB gehörten dazu, zwei von ihnen bezahlten das mit dem Leben.

Dass mit dem Schlosser August Busse und dem Fräser Karl Hagedorn zwei Arbeiter einen in der obersten Liga spielenden Verein durch nahezu die gesamt NS-Zeit hindurch führten, ist ohne Parallele bei allen Vereinen, für die entsprechende Studien zur NS-Zeit vorliegen. Dass nur Busse, und das auch erst sehr spät, nämlich 1940, der NSDAP beitrat, hebt die außergewöhnliche Situation beim BVB noch hervor. Die meisten der zum Vergleich herangezogenen Vereine waren allerdings im bürgerlichen Milieu heimisch, sodass Arbeiter in der Vereinsführung ohnehin so gut wie nie vertreten waren. Aber eine Chefriege aus Vereinsführer und Stellvertreter ohne Mitgliedschaft in der NSDAP bis in die Kriegszeit konnte sich in keinem dieser bürgerlichen Klubs halten.

Die Antwort auf die Frage, warum das ausgerechnet beim BVB möglich war, kommt über Vermutungen nicht hinaus. Der Hinweis von Zeitzeugen, der einzige bekennende Nationalsozialist und SA-Mann im Umkreis der Vereinsspitze, Wilhelm Röhr, habe der Vereinsführung politisch den Rücken freigehalten, scheint noch die beste Erklärung zu sein. Vor allem die im Frühjahr 1940 von August Busse dann doch noch beantragte Aufnahme in die NSDAP deutet darauf hin, denn nach dem Austritt Röhrs aus allen NS-Organisationen im Jahr 1939 war diese politische Rückendeckung durch den in der SA gut vernetzten Mann nicht mehr gegeben. Der Buchdrucker Wilhelm Röhr, in der elterlichen Druckerei in der Wambeler Straße tätig, war tatsächlich das einzige Mitglied des Vereins aus dem Umkreis der Führung, das schon vor 1933 als bekennender und überzeugter Nazi auftrat. Dass er nicht der Arbeiterschaft, sondern der sehr dünnen bürgerlichen Schicht des Viertels angehörte, war kein Zufall. Ein offizielles Amt hat er beim BVB nie innegehabt.

Karl Brettin, der spätere Dietwart des BVB, soll laut Aussagen ehemaliger Mitglieder ebenfalls der politischen Rückendeckung der parteilosen Vereinsführung gedient haben. Da auch er jedoch erst nach der Aufhebung der Aufnahmesperre 1937 der NSDAP beitrat, dürfte er in der Frühzeit der Gleichschaltung 1933/34 kaum eine Rolle gespielt haben.

Da sich in der Funktionärs- und Spielerschaft des Vereins die soziale Struktur des Viertels in deutlicher Kontur spiegelte, kann zugrunde gelegt werden, dass sich auch die politischen Verhältnisse des Viertels in der politischen Orientierung und im politischen Handeln der Funktionäre und Spieler spiegelten. Über 80 Prozent seiner Bewohner gehörten Familien an, in denen der Vater Industriearbeiter war. Das gleiche Verhältnis galt in etwa für die Berufs- und Schichtenzugehörigkeit der Funktionäre und Spieler des BVB. Die Industriearbeiter waren in hohem Maße in der Gewerkschaft organisiert und standen politisch mehrheitlich dem Lager von SPD und KPD nahe. Sie gehörten somit den Organisationen und Parteien an, die den Nationalsozialisten im politischen Kampf am heftigsten entgegentraten. Dem BVB haftete in jenen Jahren auch außerhalb des Viertels der Ruf an, ein „linker" Fußballverein zu sein. Der ehemalige Wehrmachtsoldat Heinrich Stahlschmidt, der in Dortmund aufgewachsen war und gegen Ende des Krieges zum „Retter von Bordeaux" wurde, weil er sich dem Befehl aus Berlin verweigerte, die Hafenanlagen der französischen Stadt in die Luft zu sprengen, bezeichnete Borussia Dortmund noch in einem Interview von 2001 als „Kommunistenverein", mit dem er als Nationalsozialist seinerzeit nichts zu tun haben wollte.[315]

Die Ergebnisse in den Wahllokalen des Hoesch-Viertels zeigen, dass die Nationalsozialisten dort im Vergleich zu den bürgerlichen Vierteln der Stadt bis hin zu den Märzwahlen 1933 nur wenig positive Resonanz und also wenige Wähler und Parteigänger fanden. Das Gleiche kann für die Mitglieder des BVB angenommen werden. Recherchen zur Mitgliedschaft von BVB-Spielern und Funktionären in NS-Organisationen sowie zu Entnazifizierungsverfahren bestätigten die geringe Bereitschaft, die „Bewegung" aktiv zu unterstützen. Einfach ausgedrückt: Es traten – anders als bei allen zum Vergleich herangezogenen Vereinen – nur wenige BVB-Mitglieder in NS-Organisationen ein, was vor allem hinsichtlich der Funktionäre ins Auge sticht. Die Industriearbeiterschaft war nicht nur unter den Mitgliedern der NSDAP unterrepräsentiert, für die Funktionäre und Aktivisten der Partei gilt das in noch weit stärkerem Maß: Analysiert man die soziale Zugehörigkeit der leitenden NS-Funktionäre in Dortmund, so bestätigt sich auf markante Weise, dass die frühen Wähler als Träger der braunen Diktatur in ihrer großen Mehrheit der bürgerlichen Mittel- und Oberschicht angehörten.

315 „Henri und Henriette", in: Süddeutsche Zeitung, 9. April 2001.

Es waren in erster Linie Kaufleute, Akademiker, unter ihnen vor allem Juristen und Ingenieure, Beamte und Angestellte, die die Nazis nicht nur als Wähler an die Macht brachten, sondern die als Funktionäre die Diktatur auch maßgeblich stärkten.

Die soziale Basis der NS-Machthaber in Dortmund gibt dafür ein gutes Beispiel: Die wichtigsten Nazis an der Spitze von Stadt und Partei waren Oberbürgermeister Willi Banike, ein Jurist, der Diplom-Volkswirt Hans Pagenkopf als Kämmerer und der Kaufmann Friedrich Hesseldieck als NSDAP-Kreisleiter. Von den 31 Dortmunder NS-Ortsgruppenleitern, die Mitte der 1930er-Jahre im Amt waren, gehörte fast die Hälfte der Funktionäre (15) lediglich zwei Berufsgruppen an: Kaufmann bzw. Diplom-Ingenieur. Weiter waren einige Angestellte und städtische Inspektoren vertreten, drei Bergleute, ein Architekt, ein Rechtsanwalt, ein Polizist, ein Kraftwagenfahrer.[316]

Neben dieser politischen Erklärung für die geringe Resonanz, die die Nazi-Propaganda bis 1933 bei der großen Mehrheit der Bewohner des Hoesch-Viertels fand, lassen sich auch noch eine konfessionelle und eine „ethnische“ Begründung ausmachen. Der Anteil der katholischen Bevölkerung lag im Hoesch-Viertel merklich höher als in den bürgerlichen Vierteln der Stadt. Ausschlaggebend hierfür war der hohe Anteil von Zuwanderern aus vorwiegend katholischen Gegenden der näheren Umgebung (Münsterland, Sauerland, Ostwestfalen, Rheinland, Eifel) und schließlich aus den katholisch dominierten polnischen Gebieten des Deutschen Reiches, des Habsburgerreiches und des russischen Zarenreiches. Die politische Heimat der Mehrheit der katholischen Bevölkerung war das „Zentrum“, und auch im Hoesch-Viertel war diese Partei ein bedeutender politischer Faktor, der zuweilen in einzelnen Wahllokalen sogar die relative Mehrheit der Stimmen auf sich ziehen konnte. Ins katholische Lager fand der Nationalsozialismus im

316 Die Angaben wurden den Dortmunder Adressbüchern der Jahre 1935 und 1938 entnommen, in denen im allgemeinen Teil die Namen und Berufe jener NS-Funktionäre aufgelistet sind, die an der Spitze der Stadtverwaltung, der Partei und der NS-Ortsgruppen standen.

Vergleich zum protestantischen lange Zeit kaum ideologischen Zugang. Für viele Nazis waren auch die „Schwarzen" daher ein Gegner, mit dem abgerechnet werden sollte.

Wenigstens die Hälfte der Spieler, die 1936 für den BVB den Aufstieg in die erstklassige Gauliga schafften, hatte polnische Wurzeln, gehörte der zweiten Generation der polnischen Arbeitsmigranten an, die seit den 1880er-Jahre aus den Ostgebieten des Reiches ins Viertel geströmt waren. Einige deutschten ihre Namen in den folgenden Jahrzehnten ein, um nicht schon am Namen als „Polacken" ausgemacht werden zu können, doch vor allem in der Elterngeneration blieben viele ihrer polnischen Herkunft verbunden. Dass die Polen als slawische Ethnie den Nationalsozialisten seit Mitte/Ende der 1920er-Jahre als minderwertig und schließlich als „Untermenschen" galten, musste auch den „Ruhrpolen" zu Befürchtungen und Sorge Anlass geben. Auch sie hatten in der Regel keinen Grund, die Nationalsozialisten zu wählen oder auf andere Art zu unterstützen. Und so blieb die NSDAP im Umkreis des Borsigplatzes, solange es die Republik und freie Wahlen gab, eine Minderheitenpartei, die nach KPD, SPD und Zentrum in fast allen Wahlbezirken nur als Vierte ins Ziel kam.

Dass die Dortmunder Polit- und Parteiprominenz kaum Interesse an dem führenden Fußballverein der Stadt zeigte, ist wohl in erster Linie damit zu erklären, dass der BVB sein Zentrum immer noch im eher abgelegenen Hoesch-Viertel hatte und im Rest der Stadt vergleichsweise wenig Anhänger fand. Auch wenn die 1. Mannschaft ihre Spiele im Stadion Rote Erde austrug – Funktionäre, Spieler, Mitglieder und wohl auch die meisten Zuschauer, die es regelmäßig zu den Spielen am südlichen Stadtrand zog, wohnten noch immer rund um den Borsigplatz. Das Arbeiterviertel vor den Toren des Werkes blieb in gewissem Maße eine Welt für sich, in die es Personen von außerhalb, wenn überhaupt, der Arbeit wegen zog.

In gewisser Weise hat sich diese soziale und kulturelle Distanz zwischen der Nordstadt und den bürgerlichen Stadtvierteln bis heute erhalten, auch wenn es die reinen Arbeiterquartiere und die Schwerindustrie nicht mehr gibt. Wäre die Borussia schon in den 1930er-Jahren ein

Verein mit Einzugsgebiet in der gesamten Stadt und in allen sozialen Schichten gewesen, wäre der Druck zur Nazifizierung der Führungsebene mit lokalen Parteigrößen der Sorte „Alter Kämpfer" sehr wahrscheinlich deutlich höher gewesen. Für ihre Stadt repräsentative Fußballvereine wie der TSV 1860 München, der FC Bayern, der Hamburger SV, Werder Bremen oder auch der VFB Stuttgart zogen auf Renommee bedachte und häufig auch politisch einflussreiche Parteigenossen aus Reihen des Vereins wie auch von außerhalb geradezu an. Für den Ballspielverein, der vor den Toren der eigentlichen Stadt in einem verrufenen Viertel beheimatet war und nicht einmal eine eigene Sportanlage besaß, galt das offensichtlich nicht.

In der Rückschau und mit Blick auf die Verstrickungen von Fußballvereinen in Politik und Verbrechen der Nationalsozialisten betrachtet, halfen der fehlende gesellschaftliche Glamour und der lange Schatten, den der sportliche Erfolg des Nachbarn Schalke 04 warf, dem BVB sicherlich dabei, die Zeit des Nationalsozialismus ohne über das Verlangte hinausgehende Zugeständnisse und ohne übereifrige Anbiederung hinter sich zu bringen. Aber diese beiden Faktoren haben die Entwicklung lediglich begünstigt, der ausschlaggebende Grund für die vergleichsweise geringe Affinität der Führung und der Mitglieder des Vereins zum Nationalsozialismus lag in der gesellschaftlich-politischen Herkunft und Basis des Vereins und seiner Mitglieder.

Epilog – Retuschierter Rückblick auf die eigene Geschichte

Bis in die späten 1990er-Jahre war ein Merkmal der anlässlich von Jubiläen verfassten Chroniken von Fußballvereinen, dass die Autoren die Zeit des Nationalsozialismus weitgehend ausblendeten bzw. die Darstellung auf das sportliche Geschehen reduzierten. Das Beschweigen und Verdrängen der „finsteren Zeit" des Nationalsozialismus war eine gesamtgesellschaftliche Erscheinung im Deutschland der Nachkriegszeit. Es gab zweifellos Bereiche jenseits des Sports – etwa die Politik, die Justiz oder die Polizei –, wo dieses Nachfragen nach Mitverantwortung, Verantwortung und Schuld noch dringlicher gewesen wäre. Dass selbst im vermeintlich unpolitischen Fußball das große Schweigen über das Geschehen während der Diktatur herrschte, weist darauf hin, wie allumfassend es war.

Gleich nach Kriegsende hatte die britische Besatzungsmacht die Auflösung aller Vereine verfügt, die Mitglieder des Nationalsozialistischen Reichsbundes für Leibesübungen gewesen waren, das hieß, aller noch existierenden Vereine, also auch des BVB, denn die Mitgliedschaft im NSRL war für alle Sportvereine und ihre aktiven Sportler obligatorisch. Die Alliierten und der von ihnen für den Wiederaufbau des Sports in Dortmund eingesetzte Fritz Kauermann, ein Repräsentant des 1933 zerschlagenen Arbeitersports, planten einen neuen Großverein im Dortmunder Nordosten, der sowohl als Auffangbecken für die Sportler der Borussia als auch für ehemalige Arbeitersportler gedacht war. Die Idee wurde jedoch bald fallen gelassen, da sich heftiger Widerstand der Fußballer, sowohl von unbelasteten Funktionären als auch von Spielern, gegen das Engagement in Fusionsvereinen regte.

Schon im Sommer 1945 erhielt der BVB seinen Namen zurück und einen kommissarischen Vorstand unter Leitung von Willi Bietzek, der seit 1938 als Handball-Obmann dem erweiterten Vorstand angehört hatte, sowie dem altgedienten Franz Jacobi als Schriftführer. In den Vorstand rückten in den späten 1940er-Jahren aus Reihen der Vorstandsmitglieder der 1920er-Jahre Heinrich Schwaben und der 1934 als Vereinsführer von August Busse abgelöste regimekritische Egon Pentrup, der ebenfalls im Verein verblieben war. Wie Heinrich Schwaben in seinem Abriss zur Geschichte indirekt zu verstehen gibt, arbeitete auch August Busse nach dem Krieg wieder im Vorstand mit, obwohl er ihm offiziell nicht angehörte.[317]

Sportlich ging es für Borussia Dortmund nach dem Krieg weiter bergauf. Hatte die Mannschaft während der Nazizeit den zweiten Platz in Westfalen hinter den dominierenden Schalkern erobert und gefestigt, so gelang es in der Nachkriegszeit erstmals, den blau-weißen Nachbarn aus Gelsenkirchen zu überflügeln. Der erste große nationale Erfolg war das Erreichen des Endspiels um die Deutsche Meisterschaft 1949 gegen den VFR Mannheim, das in der viel zitierten „Hitzeschlacht von Stuttgart" vor 92 000 Zuschauern zwar nach Verlängerung mit 2:3 verloren ging, aber in Dortmund erstmals in der gesamten Stadt große Begeisterung für die Mannschaft hervorrief.

Im selben Jahr feierte der BVB sein 40-jähriges Jubiläum, zu dem auch eine Festschrift erschien.[318] Im Hauptteil enthält sie einen Rückblick auf die Vereinsgeschichte aus der Feder des Vorstandsvorsitzenden Heinrich Schwaben, der dem BVB in jenem Jahr seit 37 Jahren angehörte. In der Festschrift kommt das Wort „Nationalsozialismus" nicht vor. Von den etwa 10 Seiten Text handelt nur etwas mehr als eine halbe Seite von dem Geschehen während des „Dritten Reiches".

Dennoch oder eben deshalb ist diese Broschüre eine sehr interessante Quelle mit Blick auf die Vergangenheitsbewältigung bzw. das Fehlen einer solchen in der Nachkriegszeit und in vielem ein typisches

317 40 Jahre BV Borussia 09, Dortmund 1949, S. 29.
318 Ebenda.

Dokument jener Jahre. Vier Jahre nach dem Zusammenbruch des braunen Regimes und dem Ende des Krieges kommen Begriffe wie „Diktatur“ oder „Unrecht“ in der Schrift nicht vor, stattdessen füllen Werbeanzeigen von Kaufhäusern, die einst jüdischen Familien gehörten und unter den Nazis „arisiert“ wurden, ganze Seiten. Auch der Name und das tragische Schicksal des eigenen Platzwartes Heinrich Czerkus finden keine Erwähnung. Dabei sollte man aus heutiger Sicht doch meinen, die Würdigung des Widerstandskämpfers aus den eigenen Reihen, der im Zuge der sogenannten Endphaseverbrechen kurz vor Kriegsende ermordet worden war, hätte als Beleg dafür angeführt werden können, dass man mit den Nazis nicht viel gemein hatte. Stattdessen ist inhaltlich lediglich vom Aufstieg in die Gauliga 1936 und den Opfern, die „der Krieg“ forderte, die Rede. Und vom „schweren Schlag“, der den Verein 1937 getroffen hatte: dem Verlust der eigenen Sportstätte nahe dem Borsigplatz.

Eine typische Formulierung in solchen Dokumenten der Nachkriegszeit, die das Vermeiden des Redens über die jüngere Vergangenheit, die eigene Verstrickung in das Geschehen und die Mitverantwortung dafür rechtfertigen sollte, fand der Vorsitzende auch: „Ich kann es mir versagen, auf Einzelheiten in der Kriegszeit noch besonders einzugehen, denn das würde bedeuten, dass ich alte Wunden nochmals aufreiße.“[319]

Es ging in dem Text Schwabens nur um die sportliche Geschichte und Gegenwart eines Fußballvereins. Hätte man vom Vorsitzenden erwarten können, dass er in seinem Beitrag zur Jubiläumsschrift ein Thema zur Sprache bringt, das in der Gesellschaft allgemein beschwiegen wurde? Wohl nicht, aber ein Hinweis auf das Schicksal von Heinrich Czerkus wäre wenige Monate nach Gründung der Bundesrepublik sicherlich angebracht gewesen. Zumal das Grußwort der Stadt, das der Schrift vorangestellt ist, auf zwei Sozialdemokraten einging, die selbst von den Nationalsozialisten misshandelt worden waren, im KZ gesessen

319 Ebenda, S. 23.

bzw. ins Ausland hatten fliehen müssen: Oberbürgermeister Fritz Henßler und Stadtdirektor Wilhelm Hansmann.

Es war das erste Mal, dass die politische Spitze der Stadt dem BVB offiziell zu einem Jubiläum gratulierte und nicht nur subalterne Beamte auftreten ließ. Auch nach der Rückkehr vom Endspiel in Stuttgart hatte es sich Oberbürgermeister Henßler nicht nehmen lassen, anlässlich des Empfangs der Mannschaft auf dem Hansaplatz persönlich zu erscheinen und eine Ansprache zu halten. Sowohl der Oberbürgermeister in seinem Grußwort als auch der Vereinsvorsitzende in seinem historischen Abriss merkten interessanterweise an, dass der BVB nun endlich in „Groß-Dortmund" angekommen sei. Heinrich Schwaben führte in diesem Sinn aus:

> „Es ist eine unbestrittene Tatsache, daß der Ballspielverein Borussia in 40jähriger Vereinstätigkeit mit dem Borsigplatz verbunden und daß der Borsigplatz selbst die Keimzelle des Ballspielvereins Borussia gewesen ist. Als Traditionsträger soll auch weiterhin der Borsigplatz in unserer Vereinsgeschichte gewürdigt werden. Mit dem alten Brauch, nach dem Spiel zum Borsigplatz zu fahren und dort nach einem Sieg die Ehrenrunden zu absolvieren, darf nicht gebrochen werden. Aber eins darf nicht übersehen werden: Der Ballspielverein Borussia 09 ist aus der Enge des Borsigplatzes mittlerweile herausgewachsen. […] Das macht es nun zur Pflicht, daß unsere Mitglieder sich in mancher Beziehung – unbenommen der Tradition des Borsigplatzes – auf einer höheren Ebene bewegen müssen."[320]

Nach vier Jahrzehnten Vereinsleben in einem geografisch wie sozial eng umgrenzten Arbeiterquartier vor den Toren jenes Werkes, in dem die meisten Mitglieder auch gearbeitet hatten und einige immer noch arbeiteten, ging es nun also auf eine „höhere Ebene". Das Viertel war aber nicht nur die Keimzelle und der Traditionsträger des Vereins, es war auch der Raum, in dem die meisten seiner Spieler, Funktionäre, Mit-

320 Ebenda, S. 30.

glieder und Anhänger auch während der Diktatur offensichtlich noch Werte des Miteinanders innerhalb einer sozial benachteiligten Gruppe, Prinzipien der guten Nachbarschaft unter Kollegen und der Solidarität mit Bedrängten kannten und pflegten. Das galt nicht für alle im Viertel und war nicht durchweg wirksam, es war aber bedeutend mehr, als es aus anderen Vierteln der Stadt und von vielen anderen Fußballvereinen bekannt ist. Auch wenn man sich unterschiedlichen Lagern zugehörig fühlte, scheint sowohl im Verein als auch im Viertel noch das Verbindende wirksamer gewesen sein als differente politische Ansichten.

In der Festschrift zum 60-jährigen Jubiläum im Jahr 1969 ließen die Verantwortlichen zwei historische Fotos abdrucken, auf denen das Hakenkreuz sowie auch das Emblem der Wehrmacht auf den Trikots einiger Spieler kurzerhand und recht plump entfernt bzw. übermalt worden waren.[321] Auf dem Mannschaftsfoto, das 1939 im Stadion Rote Erde aufgenommen wurde, sind im Original die beiden Hakenkreuzfahnen am Pavillon auf der Gegengeraden deutlich zu erkennen. Von den Spielern tragen August Lenz (ganz rechts) sowie August Zideller (6. von rechts) und Paul Marsiske als Angehörige der Wehrmacht deren Emblem auf der Brust, das, obwohl kaum verfänglich, vorsichtshalber gleich mit entfernt wurde. Das Logo des NSRL, das ebenfalls auf den Trikots auf der linken Brustseite der Spieler zu sehen ist, zeigte über dem Reichsadler auch ein Hakenkreuz, erschien aber auf dem Foto zu klein, um vom Betrachter erkannt zu werden.

Interessanter sind die beiden Versionen des Fotos vom Borussia-Sportplatz. In der Festschrift von 1969 ist die Übermalung des Hakenkreuzes mit dem BVB-Logo so plump ausgeführt, dass der Eingriff auf den ersten Blick zu erkennen ist. Aber auch das Hakenkreuz in der Version, die in der Nazizeit zu sehen war, ist offensichtlich nachträglich auf die Fahne aufgemalt worden. Wäre es tatsächlich auf den Stoff der wehenden Fahne aufgedruckt worden, wäre das Kreuz nicht in dieser glatten Aufsicht zu sehen gewesen. Außerdem sind die Schenkel des Hakenkreuzes, wie sich bei Vergrößerung des Ausschnitts unschwer

321 60 Jahre Ballspielverein Borussia 09 Dortmund, S. 10 und S. 12.

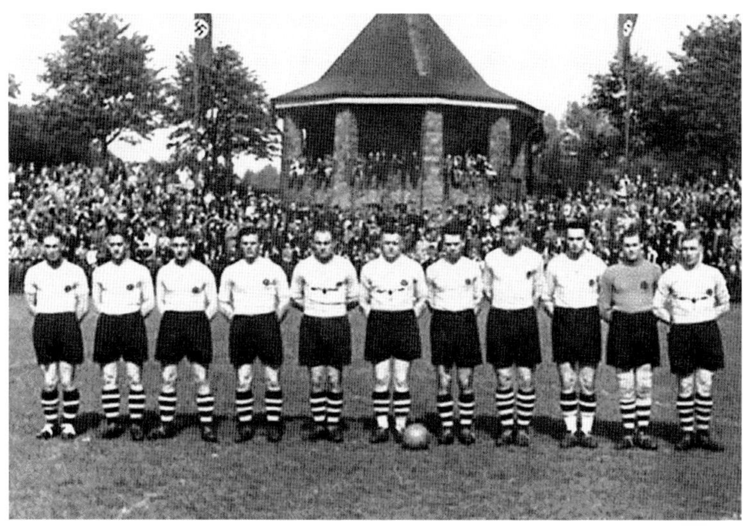

Die Mannschaft um Spielführer August Lenz im Stadion Rote Erde, 1939.
BORUSSEUM, Archiv

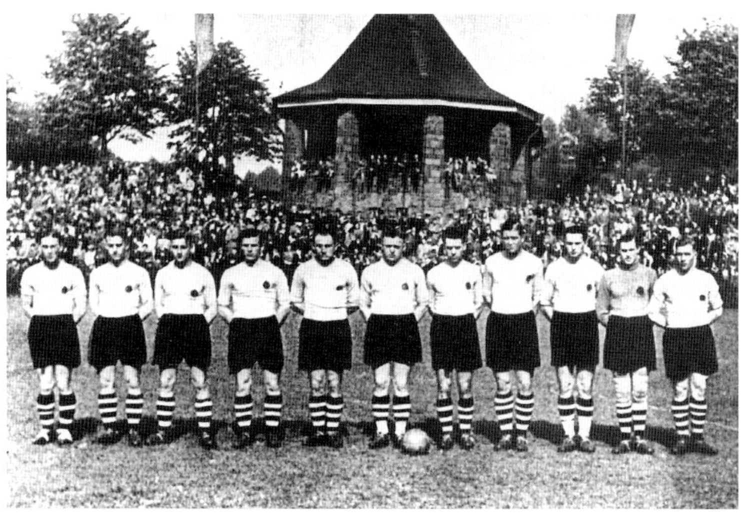

Die retuschierte Version des Fotos von 1939, die in den Festschriften von 1949 und 1969 gezeigt wurde.
BORUSSEUM, Archiv

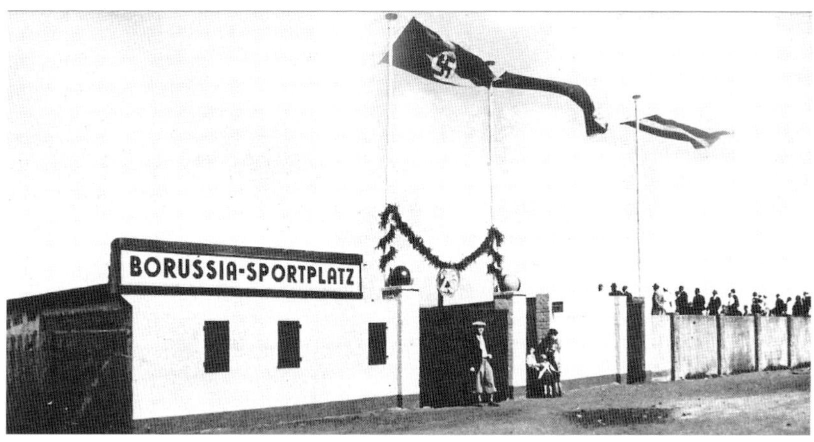

Der Borussia-Sportplatz nahe dem Hoesch-Viertel, retuschierte Version mit Hakenkreuz, 1934.
BORUSSEUM, Archiv

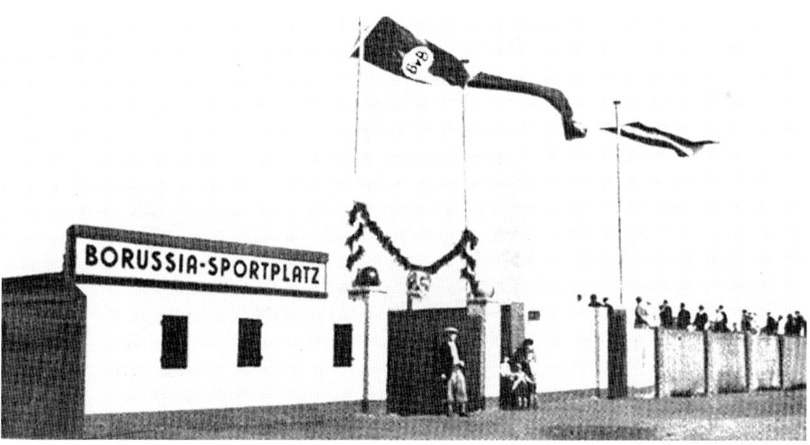

Der Borussia-Sportplatz nahe dem Hoesch-Viertel, retuschierte Version mit BVB-Logo aus der Jubiläumsschrift von 1969.
60 Jahre Ballspielverein Borussia 09 Dortmund, 1909–1969, Dortmund 1969

erkennen lässt, unterschiedlich dick aufgetragen. Das Foto ist augenscheinlich 1934 zum 25-jährigen Jubiläum des Vereins aufgenommen worden, denn diese Zahl steht auf dem runden Schild, das an der Girlande über dem Eingang hängt.

Liegt die Intention des Retuscheurs bei der Übermalung des Hakenkreuzes mit dem BVB-Logo auf der Hand, so gibt das Einfügen des bekanntesten Nazisymbols auf dem Foto von 1934 doch einige Rätsel auf. Wurde das Hakenkreuz eingefügt, um ein Bekenntnis zum Regime abzulegen, oder vielleicht nur, um die dessen Vertreter zu beruhigen? Wie es scheint, wehte im Sommer 1934 zumindest keine echte Hakenkreuzfahne am Borussia-Sportplatz. Wie bei anderen Ereignissen der BVB-Geschichte in der Nazizeit bleiben auch in dieser Frage der Zusammenhang und die Intention des Akteurs mangels weiterführender Quellen im Dunkeln.

Es vergingen nach der Festschrift von 1969 noch drei weitere Jahrzehnte, ehe sich der Vorstand des BVB als eine der ersten Chefetagen großer deutscher Fußballvereine entschloss, die Vereinsgeschichte während des Dritten Reiches aufarbeiten und in einer Schrift darstellen zu lassen. 2002 legte Gerd Kolbe sein Buch „Der BVB in der NS-Zeit" vor und gab damit der Aufarbeitung des Themas auch bei anderen Fußballvereinen einen Impuls.

Anhang
BVB-Spieler der 1. Mannschaft 1933–1945

Die Liste umfasst alle Spieler, die laut Mannschaftsaufstellungen und Spielberichten der lokalen und nationalen Sportpresse zwischen 1933 und 1945 für die 1. Mannschaft von Borussia Dortmund gespielt haben. Spielzeiten für den BVB nach 1945 sind nicht erfasst. Die Angaben in der Spalte „Zeitraum" beziehen sich auf die Nennung in Mannschaftsaufstellungen. Die Spieler können jedoch auch zu Zeiten, für die keine Aufstellungen überliefert sind, gespielt haben. In vielen Fällen konnten die Vornamen der Spieler nicht recherchiert werden.

Name	Geburtsdatum	Zeitraum	Position
Bedzinski	–	01/1940	–
Berheide, Gerd	19.6.1915	1935–1943	Stürmer
Bieletzki/Biletzki	–	1942	–
Bleier/Bleja	–	1941–1942	–
Blume, Bernhard	1919/1920	1939–1940	
Borbetzki	–	11/1942	–
Brandt	–	05/1934	–
Braun	–	09/1936	–
Brezkalla, H.	–	7/1936	–
Burzik/Burczyk, Paul	20.9.1909	1928–1940	Läufer, Stürmer
Büttner, Hans	11.2.1919	1937–1941	Läufer
Butzke/Butzka	–	11/1942	–
Cilinski	–	02/1944	–
Dunay, Wilhelm	6.11.1918	1936–1942	Linksaußen
Erdmann, Herbert	10.5.1920	1938–1944	Mittelstürmer
Erdmann (II), Werner	13.5.1926	1944	–
Eron, Karl	13.12.1928	1937–1942	Läufer

Feierabend	–	1939, 1941	–
Fersinski	–	12/1934	Torhüter
Feuerbaum	–	08/1938	–
Flötemeier	–	1942	–
Fortzki	–	3/1937	Stürmer
Frank	–	1942–1943	–
Ganarski	–	09/1938	–
Geron	–	01/1940	–
Girai	–	09/1943	–
Göbel I, Hugo	24. 2. 1908	1928–1944	Läufer, Verteidiger
Göbel II, Ewald	20. 10. 1910	1934–1944	Läufer
Göbel III, Paul	29. 6. 1914	1935–1936	Stürmer
Grube/Gruby	–	12/1935	Torhüter
Harnacke	–	1941	–
Heiner, Hugo	13. 7. 1907	1931–1939	Läufer, Verteidiger
Hetzel	–	05/1944	–
Hinz	–	02/1940	–
Hoffmann, Charles	–	1943–1944	Torhüter
Hoffmann II	–	05/1944	–
Hummel	–	01/1943	–
Ibel, Willi	12. 10. 1915	1936–1939	Torhüter
Jankowski	–	1942	Mittelstürmer
Janowski, Paul	3. 6. 1917	1934–1943	Läufer, Stürmer
Janschewski	–	08/1939	–
Jarosch	–	1943–1944	–
Jeuschede, Heinrich	28. 10. 1919	1939–1940	Torhüter
Jürgens	–	1940–1944	Stürmer, Torhüter
Kähler/Kehler	–	1934–1935	Läufer
Kano	–	1940, 1944	Stürmer
Kerker	–	1938	Torhüter
Kindel	–	03/1941	–
Kinder	–	03/1944	–
Kittlitz	–	03/1941	–
Kleineherbers	–	06/1942	Stürmer
Klimsa	–	04/1944	–
Kolodzig, Johann	14. 1. 1913	1938–1939	–
Kopacki	–	1929–1933	–
Koschmieder, Paul	10. 4. 1922	1940–1943	Läufer

Kraft	–	02/1944	–
Kronsbein, Willy	24. 8. 1915	04/1944	Torhüter
Kruse	–	01/1944	–
Lenning	–	1936	Torhüter
Lenz, August	29. 11. 1910	1930–1944	Stürmer
Leonhardt, Karl	13. 8. 1907	1937–1938	Torhüter
Leutner	–	1942–1944	–
Lietz	–	1943–1944	–
Lüdecke	–	1932–1933	–
Lukasiewicz, Josef	27. 1. 1915	1933–1940	Stürmer
Marsiske, Paul	17. 8. 1913	1938–1944	Stürmer
Michallek, Max	20. 8. 1922	1939–1944	Läufer
Möller	–	09/1943	
Müller	–	1943–1944	Läufer
Neumann	–	1931–1933	–
Oberst	–	1944	–
Orth	–	1932–1934	–
Ortlewski, Andreas	–	1927–1935	Stürmer
Petzinski/Pecinski	–	1939–1944	–
Pelka	–	08/1942	–
Quartier	–	1932–1934	Stürmer
Rabitsch	–	04/1942	–
Radzio, Heinrich	16. 9. 1908	1933/34	Torhüter
Reggert	–	02/1944	
Richard/Richardt	–	1940–1943	–
Richert	–	1942–1944	–
Rogoll	–	1943	–
Roewenig/Rövenich	–	1942	Torhüter
Roggow	–	04/1944	–
Romanowski, Max	9. 6. 1913	1934–1944	Stürmer
Romanowski II	–	10/1943	–
Rostek, Paul	–	1939–1942	Verteidiger
Ruhmhofer, Heinrich	15. 10. 1921	1941–1943	Verteidiger
Sankewitz	–	01/1935	Stürmer
Schanko, Erich	4. 10. 1919	04/1944	Läufer

Schenski	–	12/1939	–
Schilitzki	–	05/1940	–
Schimetzki, Hans	–	1940–1942	Stürmer
Schinewski	–	10/1940	–
Schlagowski	–	1939–1942	–
Schmidt	–	1936–1938	Verteidiger, Läufer
Schmigelski	–	01/1940	–
Schrieber	–	06/1934	–
Schüttner, Franz	–	1940–1943	–
Schüttner, Richard	–	1940–1943	–
Siltz, Paul	–	1936–1937	Stürmer
Simonkowski, Ludwig	–	01/1936	Stürmer
Sombetzki, Hans	–	1938–1943	Stürmer
Spanowski	–	01/1938	Verteidiger
Stachorra I, Emil	26. 8. 1914	1935–1944	Läufer
Stachorra II	–	1938–1942	Stürmer
Stachorra III	–	1940–1942	Stürmer
Stachorra IV, Hermann	3. 6. 1922	1939–1940	–
Stobeck	–	1942	–
Tesch	–	10/1943	–
Tillmann	–	1942	
Trapp, Erich	1921	1943–1944	Stürmer
Trawinski	–	10/1943	–
Tregel, Paul	13. 3. 1922	1939–1942	Stürmer
Ufer	–	1938–1939	Torhüter
Uhlig/Ulich	–	1941–1944	Stürmer
Ullrich	–	01/1944	–
Umhöfer	–	09/1943	–
Waldendorf	–	04/1944	–
Wasikowski	–	12/1942	–
Wolfewitz, Joseph	–	03/1937	Stürmer
Wolff	–	1924–1935	Verteidiger
Zideller, August	5. 9. 1913	1934–1944	Stürmer

Quellen- und Literaturverzeichnis

Archive

Arolsen Archives

BORUSSEUM – Das Borussia Dortmund-Museum, Archiv, Dortmund

Feldpostbrief

Vereins-Zeitung des BV. Borussia 09 e. V., Einzelexemplare der Jahrgänge 1925, 1926.

Harthan, Wilfried, Drei Borussen im Widerstand, Dortmund o. J.

Bundesarchiv (BArch)

NSDAP-Zentralkartei

BArch, R 9361-IX-KARTEI, 5330219, August Busse

BArch, R 9361-IX-KARTEI, 4440345, Karl Brettin

BArch, R 9361-IX-KARTEI, 21261068, Karl Knipprath

BArch, R 9361-IX-KARTEI, 13021313, Otto Hagedorn

BArch, R 9361-IX-KARTEI, 25510496, August Lenz

BArch, R 9361-IX-KARTEI, 25560577, Karl Leonhardt

NSDAP-Gaukartei

BArch, R 9361-VIII-KARTEI, 3950552, Karl Brettin

BArch, R 9361-VIII-KARTEI, 4901486, August Busse

BArch, Pers 11 WstB I (Wehrstammbücher)

August Lenz, Herbert Erdmann, Ewald Göbel, Paul Göbel, Josef Lukasiewicz, Johann Piotrowicz, Wilhelm Röhr, Heinrich Ruhmhofer, Erich Schanko, Emil Stachorra, Hermann Stachorra

BArch, Kartei B 563-1 Kartei
Herbert Erdmann, Paul Burcyk, Josef Lukasiewicz, Johann Piotrowicz, August Zideller, Wilhelm Kronsbein, Paul Göbel, Hugo Göbel, Ewald Göbel, Paul Ibel, August Lenz, Hermann Stachorra, Emil Stachorra, Erich Schanko, Wilhelm Röhr

BArch, NS 22/929 (Amtliche Anordnungen zur Dietarbeit)
BArch, R 43 II-728 (Erlass zur Bildung des Nationalsozialistischen Reichsbundes für Leichtathletik (NSRL)
BArch, R 3017/1251(Generalstaatsanwaltschaft Hamm, Ermittlungsbericht zum Prozess gegen Franz Hippler u. a.)

Hessisches Hauptstaatsarchiv Wiesbaden (HHStAW)
Abt. 520/FH (Betroffene) A–Z, Röhr, Wilhelm (R 4713 K 269)

Fritz-Hüser-Institut für Literatur und Kultur der Arbeitswelt, Dortmund
Otto Nöthling, Der Arbeitersport im Widerstand, unveröffentlichtes Manuskript, ohne Ort, ohne Jahr.

Landesarchiv Nordrhein-Westfalen (LAV NRW), Abteilung Rheinland, Duisburg
NW 1097 – Entnazifizierungsakten

Landesarchiv Nordrhein-Westfalen (LAV NRW), Abteilung Westfalen, Münster
Q 211a, Generalstaatsanwaltschaft Hamm
Q 223, Staatsanwaltschaft Dortmund
K104, Regierung Arnsberg, Wiedergutmachungen

Leo Baeck Institute, New York
Appel, Marta, Memoirs, 1940/41

Stadtarchiv Dortmund
Bestand 450, Gestapo-Ermittlungsbericht

Bestand 3-3218, Borsigplatz
Bestand 3-3267, Bereitstellung von Sport- und Spielplätzen
Bestand 647, Nachlass Junge
Dortmunder Juden. Familien- und Personendossiers

Thyssenkrupp AG, Duisburg, Konzernarchiv
Werkzeitschriften Hoesch
Material zum Hoesch-Park

Zeitungen und Zeitschriften

Dortmunder Zeitung, 1928–1944
Generalanzeiger für Dortmund, 1928–1933
Westfälische Landeszeitung – Rote Erde, 1933–1945
Westfälische Volkszeitung, 1930–1932
Westfälischer Kämpfer, 1930–1932

Fußball – Illustrierte Sportzeitung, 1933–1939
Fußball und Leichtathletik, 1933
Der Kicker. Die deutsche Fußball-Illustrierte, 1933–1944
Sport vom Sonntag 1933–1939, Beilage der Tageszeitung Tremonia

Gedruckte Quellen und Literatur

30 Jahre B.V. Borussia e. V. Dortmund. Festbuch zur Feier des 30-jährigen Bestehens, Dortmund 1939.

40 Jahre BV Borussia 09, Dortmund 1949.

60 Jahre Ballspielverein Borussia 09 Dortmund, 1909–1969, Dortmund 1969.

Adressbuch der Stadt Dortmund, Jahrgänge: 1925, 1928, 1932, 1936, 1938, 1941.

Bahro, Berno, Die Einführung des „Arierparagraphen" in Berliner und Brandenburger Sport- und Turnvereinen, in: Markwart Herzog (Hrsg.),

Die „Gleichschaltung“ des Fußballsports im nationalsozialistischen Deutschland, Stuttgart 2016, S. 115–136.

Benz, Wolfgang, Im Widerstand. Größe und Scheitern der Opposition gegen Hitler, München 2019.

Bergmann, Gretel, „Ich war die große jüdische Hoffnung“. Erinnerungen einer außergewöhnlichen Sportlerin. Aus dem Amerikanischen von Irmgard Hölscher. Hrsg. vom Haus der Geschichte Baden-Württemberg, Karlsruhe 2003.

Bernett, Hajo, Der Weg des Sports in die nationalsozialistische Diktatur. Die Entstehung des Deutschen (Nationalsozialistischen) Reichsbundes für Leibesübungen, Schorndorf 1983.

Bormann, Patrick/Schnutz, Nina, Der BVB in der NS-Zeit – eine Spurensuche, in: Gregor Schnittker/Dietrich Schulze-Marmeling, BVB 09: Die Chronik, Göttingen 2019, S. 69–73.

Brändle, Fabian, Kriegshelden oder „D-Day Dodgers“? Englischer „Wartime Football“, in: Markwart Herzog/ders. (Hrsg.), Europäischer Fußball im Zweiten Weltkrieg, Stuttgart 2015

Der Widerstand der Sozialdemokratischen Partei Deutschlands (SPD), in: Günther Högl (Hrsg.), Widerstand und Verfolgung in Dortmund 1933–1945, 2. überarb. Aufl., Dortmund 2002, S. 167 ff.

„Die gelbe Gefahr vom Borsigplatz.“ 50 Jahre Ballspielverein Borussia, in: Westfalenhütte (1959), S. 463–467.

Dusik, Bärbel (Hrsg.), Hitler. Reden, Schriften, Anordnungen, Februar 1925 bis Januar 1933, Bd. II, Teil 1: Juli 1926–Juli 1927, München/London/New York/Paris 1992.

Eisenberg, Christine, Fußball in Deutschland, 1890–1914, in: Geschichte und Gesellschaft 20 (1994), S. 181–210.

Falter, Jürgen W., Hitlers Parteigenossen. Die Mitglieder der NSDAP 1919–1945, Frankfurt a. M. 2020.

– /Hänisch, Dirk, Die Anfälligkeit von Arbeitern gegenüber der NSDAP bei den Reichstagswahlen 1928–1933 [1986], in: Historical Social Research/Historische Sozialforschung. Supplement 25 (2013): Zur Soziographie des Nationalsozialismus. Studien zu den Wählern und Mitgliedern der NSDAP, S. 145–193.

Fischer, Rolf, DOGEWO21. 100 Jahre Wohnen in Dortmund, Dortmund 2018.

– Verfolgung und Vernichtung. Die Dortmunder Opfer der Shoah. Gedenkbuch, Essen 2015.

Frei, Norbert, Vergangenheitspolitik. Die Anfänge der Bundesrepublik und die NS-Vergangenheit, Neuausgabe, München 2012.

Friedländer, Saul, Das Deutsche Reich und die Juden. Die Jahre der Verfolgung 1933–1939, Die Jahre der Vernichtung 1939–1945. Aus dem Englischen von Martin Pfeiffer, München 2008.

Gladen, Albin, Die „Soziale Frage" im Prozeß der Industrialisierung Dortmunds, in: Gustav Luntowski/Norbert Reimann (Hrsg.), Dortmund. 1100 Jahre Stadtgeschichte. Hrsg. im Auftrag der Stadt Dortmund, Dortmund 1982, S. 249–270.

Goch, Stefan, Immer Ärger mit der polnischen Verwandtschaft, in: Glückauf Polonia. Nordrhein-Westfalen & Polen. Die Menschen, der Fußball, die Geschichte, Essen 2012.

– FC Schalke 04. Vorzeigefußballer im Mainstream, in: Lorenz Peiffer/Dietrich Schulze-Marmeling (Hrsg.), Hakenkreuz und rundes Leder. Fußball im Nationalsozialismus, Göttingen 2008, S. 404–414.

– /Silberbach, Norbert, Zwischen Blau und Weiß liegt Grau. Der FC Schalke 04 in der Zeit des Nationalsozialismus, Essen 2005.

Graf, Hans, Die Entwicklung der Wahlen und politischen Parteien in Gross-Dortmund, Hannover/Frankfurt a. M. 1958.

Grüne, Hardy, Verboten. Das Ende des Arbeitersports, in: sh:z, 25.2.2013, https://www.shz.de/97023 [14.11.2023].

Grütter, Heinrich Theodor/Mühlhofer, Stefan/Grebe, Stefan/Zupancic, Andrea (Hrsg.), Erich Grisar. Ruhrgebietsfotografien 1928–1933, Essen 2016.

Günnewig, Markus, „Die Betreffenden sind zu vernichten." Gestapoverbrechen in der Endphase des Zweiten Weltkrieges, Köln 2024.

Harthan, Wilfried, Drei Borussen im Widerstand. Heinrich Czerkus – Franz Hippler – Fritz Weller, in: Gregor Schnittker/Dietrich Schulze-Marmeling, BVB 09: Die Chronik, Göttingen 2019, S. 66–68.

Hauser, Heinrich, Schwarzes Revier, Berlin 1930. Neuaufl. hrsg. von Barbara Weidle. Mit einem Nachwort von Andreas Rossmann, Bonn 2010.

Havemann, Nils, Fußball unterm Hakenkreuz. Der DFB zwischen Sport, Politik und Kommerz, Frankfurt a. M./New York 2005.

Heinrich, Arthur, Der Deutsche Fußballbund. Eine politische Geschichte, Köln 2000.

– Deutscher Fußball-Bund und Nationalsozialismus, in: Lorenz Peiffer/ Dietrich Schulze-Marmeling (Hrsg.), Hakenkreuz und rundes Leder. Fußball im Nationalsozialismus, Göttingen 2008, S. 58–80.

Hellgrewe, Henny, Dortmund als Industrie- und Arbeiterstadt. Eine Untersuchung der wirtschaftlichen und sozialen Entwicklung der Stadt, Dortmund 1951.

Hering, Hartmut (Hrsg.), Im Land der tausend Derbys. Die Fußball-Geschichte des Ruhrgebiets, vollständig überarb. und aktual. Neuausgabe, Göttingen 2017.

Herzog, Markwart, Die drei „Arierparagraphen“ des FC Bayern München. Opportunismus und Antisemitismus in den Satzungen des bayerischen Traditionsvereins, in: ders. (Hrsg.), Die „Gleichschaltung“ des Fußballsports im nationalsozialistischen Deutschland, Stuttgart 2016, S. 75–113.

– 1. FC Kaiserslautern: Sport, Politik und Ideologie auf dem Betzenberg, in: Lorenz Peiffer/Dietrich Schulze-Marmeling (Hrsg.), Hakenkreuz und rundes Leder. Fußball im Nationalsozialismus, Göttingen 2008, S. 396–403.

– (Hrsg.), Die „Gleichschaltung“ des Fußballsports im nationalsozialistischen Deutschland, Stuttgart 2016.

– (Hrsg.), Fußball zur Zeit des Nationalsozialismus. Alltag – Medien – Künste – Stars, Stuttgart 2008.

– /Brändle, Fabian (Hrsg.), Europäischer Fußball im Zweiten Weltkrieg, Stuttgart 2015.

– (Hrsg.), Memorialkultur im Fußballsport. Medien, Rituale und Praktiken des Erinnerns, Gedenkens und Vergessens, Stuttgart 2013.

Hofmann, Gregor, Der VfB Stuttgart und der Nationalsozialismus, Schorndorf 2018.

– Mitspieler der „Volksgemeinschaft“. Der FC Bayern und der Nationalsozialismus, Göttingen 2022.

Högl, Günther (Hrsg.), Widerstand und Verfolgung in Dortmund 1933–1945. Katalog zur ständigen Ausstellung des Stadtarchivs Dortmund in der Mahn- und Gedenkstätte Steinwache/erstellt im Auftrag des Rates der Stadt Dortmund, 2. überarb. Aufl., Dortmund 2002.

Koerfer, Daniel, Hertha unter dem Hakenkreuz. Ein Berliner Fußballclub im Dritten Reich, Göttingen 2009.

Köllmann, Wolfgang, Die Bevölkerung Dortmunds im 19. Jahrhundert, in: Gustav Luntowski/Norbert Reimann (Hrsg.), Dortmund. 1100 Jahre Stadtgeschichte. Hrsg. im Auftrag der Stadt Dortmund, Dortmund 1982, S. 231–248.

Kolbe, Gerd, Der BVB in der NS-Zeit, Göttingen 2002.

Löffelmeier, Anton, Die „Löwen" unterm Hakenkreuz. Der TSV München von 1860 im Nationalsozialismus, Göttingen 2009.

Luntowski, Gustav/Reimann, Norbert (Hrsg.), Dortmund. 1100 Jahre Stadtgeschichte. Hrsg. im Auftrag der Stadt Dortmund, Dortmund 1982.

Mau, Andreas, Die „Gleichschaltung" der Spielvereinigung Fürth im Jahr 1933, in: Markwart Herzog (Hrsg.), Die „Gleichschaltung" des Fußballsports im nationalsozialistischen Deutschland, Stuttgart 2016, S. 35–50.

Menzel, Erich, Sport dient dem totalen Einsatz, in: Kicker, 23. Februar 1943.

Mittag, Jürgen/Wendland, Diana, Arbeiter und Sport im Spannungsfeld von Solidar-, Betriebs- und „Volksgemeinschaft". Politische Aufladungen und Brüche des Arbeiter- und Werkssports in den 1930er Jahren, in: Markwart Herzog (Hrsg.), Die „Gleichschaltung" des Fußballsports im nationalsozialistischen Deutschland, Stuttgart 2016, S. 211–241.

Morrison, Toni, Selbstachtung. Ausgewählte Essays, Hamburg 2020.

Müller, Wolfgang, SA-Truppführer Wagner übernimmt das Kommando, in: ders., Dortmunder Fußballgeschichte (1999) 12: Die Nazi-Zeit, Heft I (1933–1945).

Murzynowska, Krystyna, Die polnischen Erwerbsauswanderer im Ruhrgebiet während der Jahre 1880–1914. Aus dem Polnischen von Clara Bedürftig, Dortmund 1979.

Nürck, Stefan, Sport und Recht. Die Leibesübungen in Gesetzgebung und Rechtsprechung. Hrsg. im Auftrag des Reichssportführers, Berlin 1936.

Osses, Dietmar (Hrsg.), Von Kuzorra bis Özil. Die Geschichte von Fußball und Migration im Ruhrgebiet. Hrsg. vom LWL-Industriemuseum und von Westfälischen Landesmuseum für Industriekultur, Essen 2015.

Peiffer, Lorenz/Schulze-Marmeling, Dietrich (Hrsg.), Hakenkreuz und rundes Leder. Fußball im Nationalsozialismus, Göttingen 2008.

– „‚Schulfeind' Fußball hat gesiegt". Die Einführung des Fußballs an den Schulen zur Zeit des Nationalsozialismus, in: Markwart Herzog (Hrsg.), Fußball zur Zeit des Nationalsozialismus. Alltag – Medien – Künste – Stars, Stuttgart 2008, S. 51–64.

– /Wahlig, Henry, Jüdischer Sport und Sport der Juden in Deutschland: Eine kommentierte Bibliografie, 2., aktual. und erw. Aufl., Göttingen 2020.

– /Wahlig, Henry, Jüdische Fußballvereine im nationalsozialistischen Deutschland. Eine Spurensuche, Göttingen 2015.

– /Wahlig, Henry (Hrsg.), „Einig. Furchtlos. Treu." Der *kicker* im Nationalsozialismus – eine Aufarbeitung, Bielefeld 2022.

Reichelt, Bernd, Inszenierte Erinnerung. Der elsässische Fußball und seine Auseinandersetzung mit der nationalsozialistischen Vergangenheit 1945–1950, in: Markwart Herzog (Hrsg.), Memorialkultur im Fußballsport. Medien, Rituale und Praktiken des Erinnerns, Gedenkens und Vergessens, Stuttgart 2013, S. 367–386.

Rohrkamp, René/Deloie, Ingo, „Und Salomon spielt längst nicht mehr." Alemannia Aachen im Dritten Reich, Göttingen 2017.

Schmidt, Daniel, Die Straße beherrschen, die Stadt beherrschen. Sozialraumstrategien und politische Gewalt im Ruhrgebiet 1929–1933, in: Alf Lüdtke/Herbert Reinke/Michael Sturm (Hrsg.), Polizei, Gewalt und Staat im 20. Jahrhundert, Wiesbaden 2011, S. 225–248.

– Schützen und Dienen. Polizisten im Ruhrgebiet in Demokratie und Diktatur 1919–1939, Essen 2008.

– Terror und Terrainkämpfe. Sozialprofil und soziale Praxis der SA in Dortmund 1925–1933, in: Beiträge zur Geschichte Dortmunds und der Grafschaft Mark 96/97 (2005/2006), S. 251–292.

– „Soldaten der Bewegung". Gewaltpraxis und Gewaltkult in der SA während der nationalsozialistischen „Kampfzeit", in: Jan Schedler/

Alexander Häusler (Hrsg.), Autonome Nationalisten. Neonazismus in Bewegung, Wiesbaden 2011, S. 263–272.

Schnittker, Gregor/Schulze-Marmeling, Dietrich, BVB 09: Die Chronik, Göttingen 2019.

Schulze-Marmeling, Dietrich, Der FC Bayern, seine Juden und die Nazis, 3., erw. Aufl., Göttingen 2017.

– TSV 1860 und FC Bayern: Zwei Wege in die Gleichschaltung, in: Lorenz Peiffer/ders. (Hrsg.), Hakenkreuz und rundes Leder. Fußball im Nationalsozialismus, Göttingen 2008, S. 374–385.

– Der Ruhm, der Traum und die Leidenschaft. Die Geschichte von Borussia Dortmund. Aktualis. Aufl., Göttingen 2015.

– Von Neuberger bis Zwanziger – Der lange Marsch des DFB, in: Lorenz Peiffer/ders. (Hrsg.), Hakenkreuz und rundes Leder. Fußball im Nationalsozialismus, Göttingen 2008, S. 558–592.

– /Kolbe, Gerd, Ein Jahrhundert Borussia Dortmund 1909–2009, Göttingen 2009.

Schumacher, Martin, M.d.R. – Die Reichstagsabgeordneten der Weimarer Republik in der Zeit des Nationalsozialismus. Politische Verfolgung, Emigration und Ausbürgerung 1933–1945, Düsseldorf 1991.

Siegler, Bernd, 1. FC Nürnberg: Der Rekordmeister und die neuen Machthaber, in: Lorenz Peiffer/Dietrich Schulze-Marmeling (Hrsg.), Hakenkreuz und rundes Leder. Fußball im Nationalsozialismus, Göttingen 2008, S. 363–373.

Skrentny, Werner, Arbeitersportvereine, in: Hartmut Hering (Hrsg.), Im Land der tausend Derbys. Die Fußball-Geschichte des Ruhrgebiets, vollständig überarb. und aktual. Neuausgabe, Göttingen 2017, S. 113–119.

– Hamburger SV: „Ein leichtes Einordnen in den neuen Staat“, in: Lorenz Peiffer/Dietrich Schulze-Marmeling (Hrsg.), Hakenkreuz und rundes Leder. Fußball im Nationalsozialismus, Göttingen 2008, S. 342–353.

– Julius Hirsch. Nationalspieler. Ermordet. Biografie eines jüdischen Fußballers, Göttingen 2016.

Spiegel, Marga, Bauern als Retter. Wie eine jüdische Familie überlebte, Berlin/Münster 2009.

Statistisches Amt der Stadt Dortmund (Hrsg.), Wirtschaftslage und Arbeitslosigkeit seit 1929, Dortmund 1933.

Süper, Peter, Stadtentwicklung und Industriewachstum. Dargestellt am Beispiel des Hoeschviertels in Dortmund, Dortmund 1973.

Taylor, Matthew, Soccer and the City: Urban Development, Identity and the Rise of Football, in: Informationen zur modernen Stadtgeschichte 1 (2006): Themenschwerpunkt: Stadt und Fußball, S. 54–69.

Thoma, Matthias, Spiele in der „Sahara" – aber nur mit Stempel. Das Zusammenspiel von Hitlerjugend und Vereinen am Beispiel Eintracht Frankfurt, in: Markwart Herzog (Hrsg.), Fußball zur Zeit des Nationalsozialismus. Alltag – Medien – Künste – Stars, Stuttgart 2008, S. 39–49.

– „Wir waren die Juddebube". Eintracht Frankfurt in der NS-Zeit, 2. Aufl., Göttingen 2009.

Tschammer und Osten, Hans von, Sport und Leibesübungen im nationalsozialistischen Staat, Berlin 1936.

Vogel, Stephan, Fortuna Düsseldorf im Nationalsozialismus, Hamburg 2017.

Wachowiak, Stanisław, Die Polen in Rheinland-Westfalen, Borna-Leipzig 1916.

Wahlig, Henry, Sport im Abseits. Die Geschichte der jüdischen Sportbewegung im nationalsozialistischen Deutschland, Göttingen 2015.

Wilson, Jonathan, Revolutionen auf dem Rasen. Eine Geschichte der Fußballtaktik, 4., überarb. und erw. Aufl., Göttingen 2015.

Wojatzek, Katharina, Liberale, Orthodoxe, Zionisten. Demografische Entwicklung der jüdischen Bevölkerung Dortmunds 1806–1933, in: Historischer Verein für Dortmund und die Grafschaft Mark e. V. unter Mitwirkung des Stadtarchivs (Hrsg.), Jüdische Heimat Dortmund. Stadtgeschichte in Bildern und Berichten, Bd. 2, Münster 2021, S. 27–31.

– Abgeschoben, deportiert, ermordet. Demografische Entwicklung der jüdischen Bevölkerung in Dortmund, 1933–1945, in: Historischer Verein für Dortmund und die Grafschaft Mark e. V. unter Mitwirkung des Stadtarchivs (Hrsg.), Jüdische Heimat Dortmund. Stadtgeschichte in Bildern und Berichten, Bd. 2, Münster 2021, S. 52–56.

Personenverzeichnis

A

Appel, Ernst 93
Appel, Marta 93

B

Bahro, Berno 115
Ballmann, Friedrich 183
Ballmann, Hans 183
Banike, Willi 41, 118, 228
Becker (Gauführer) 52
Bedzinski 239
Bergmann, Gretel 34 f.
Berheide, Gerd 181, 184, 194, 239
Bieletzki (Biletzki) 239
Bietzek, Willi 232
Bleier (Bleja) 239
Blume, Bernhard 239
Borbetzki 239
Bormann, Patrick 14
Brandt 239
Braun, August 176, 178, 239
Brettin, Karl 100, 105–108, 121, 123–126, 128, 148 f., 226
Brezkalla, H. 71, 181, 183 f., 194, 239
Brock, Josef 99, 102
Büttner, Hans 151, 155, 194, 198, 239
Burzik (Burczyk), Paul 71, 155, 181, 184, 194, 239
Busse, August 99–101, 104, 106–109, 116, 119 f., 124, 126–128, 130, 138, 148, 150, 154, 165–167, 182, 215, 224–226, 232
Busse, Gerhard 104, 107, 131, 165, 173
Butzke (Butzka) 239

C

Cilinski 239
Czerkus, Heinrich 7, 41, 92, 137, 161–168, 172, 179, 233

D

Dunay, Wilhelm 151, 155, 184, 193 f., 239
Dutz (Kreisdietwart) 120

E

Eichengrün, Paul 215
Eichhoff, Ernst 41, 92
Elisko, Peter Paul 104, 107, 133 f.
Elkan, Benno 22
Eppenhoff, Hermann 195
Erdmann, Herbert 198–200, 239
Erdmann, Werner 239
Eron, Karl 151, 155, 194, 198, 239

F

Feierabend 198, 240
Ferres, Veronica 136
Fersinski 240
Feuerbaum 240
Fliedner, Theodor 92
Flötemeier 240
Fortzki 240
Frank 240
Fuchs, Gottfried 206

G

Ganarski 240
Geron 240
Girai 240
Goebbels, Joseph 38

Göbel, Ewald 181, 183, 194, 240
Göbel, Hugo 183, 194, 240
Göbel, Paul 132, 155 f., 158, 184, 199, 201, 240
Goldschmidt, Salomon 81
Grisar, Erich 29, 74 f., 78–80
Grube (Gruby) 240

H

Hagedorn, Karl 106, 119, 148, 150, 154, 215, 225
Hagedorn, Otto 148
Hallermann, Georg 127
Hammerschlag (Fotoatelier) 141
Hammerschlag, Gustav 146
Hansmann, Wilhelm 234
Harder, Otto Fritz „Tull“ 219
Harnacke 240
Hauser, Heinrich 75
Havemann, Nils 9–12, 60 f., 210, 212, 215, 217, 225
Heiner, Hugo 181, 183, 194, 240
Heinrich, Arthur 61
Henßler, Fritz 89, 234
Herberger, Sepp 130, 159, 188, 200
Herzog, Markwart 9, 210
Heß, Rudolf 53
Hesseldieck, Friedrich 228
Hetzel 240
Heuser, Emil 129
Hindenburg, Paul von 39
Hinz 240
Hippler, Franz 137, 161 f., 164, 167–174, 179
Hippler, Sophie 172, 174
Hirsch, Julius 10, 206
Hitler, Adolf 33, 35, 39, 53, 62–65, 94, 108, 118, 120, 133 f., 147, 208, 214
Hoffmann, Charles (Karl) 37, 153, 201–203, 240
Hofmann, Gregor 212, 221
Horwitz, Hermann 220
Hummel 240

I

Ibel, Paul 155
Ibel, Willi 148, 184, 194, 240

J

Jacobi, Franz 29, 107, 232
Jankowski 240
Janowski, Paul 71 f., 76, 151, 181, 184, 193 f., 240
Janschewski 240
Jarosch 240
Jersch, Constans 56
Jeuschede, Hans 194, 240
Jürgens 199, 240

K

Kähler (Kehler) 240
Kampmann, Heinrich 166
Kano 240
Kanwischer 167
Kauermann, Fritz 231
Kerker 240
Kiener, Hans 213
Kindel 240
Kinder 240
Kistner, Irmbert 125, 132, 134, 137
Kittlitz 240
Klein, Josef 54–57, 102 f.
Kleineherbers 240
Klimsa 240
Knipprath, Karl 147
Kolbe, Gerd 12 f., 16, 100, 130, 238
Kolodzig, Johann 194, 240
König, Heinrich 89
Konrad, Jenö 209
Kopacki 240
Koschmieder, Paul 199, 240
Kraft 241
Kronsbein, Willy 241

Kruse 241
Kuno 198
Kuzorra, Ernst 73, 182 f., 189, 200, 216 f.

L

Landauer, Kurt 10, 206, 209
Leidecker 63
Lenning 241
Lenz, August 72, 76, 101, 108, 117, 128, 148–153, 155–159, 181 f., 184–194, 197 f., 201 f., 217, 235 f., 241
Lenz, Reinhold 190
Leonhardt, Karl 148, 151, 194, 241
Lepper, Theodor 134
Leutner 241
Levis (Familie) 140
Lietz 241
Linnemann, Felix 58, 60 f.
Littmann (Familie) 141–144
Littmann, Bernhard 142, 144
Littmann, Sara 142, 144
Littmann, Wolf 142, 144
Lüdecke 241
Lukasiewicz, Josef 71 f., 76, 155, 181, 184, 192, 194, 241

M

Mainusch 167
Marsiske, Paul 151, 194, 235, 241
Menzel, Erich 36, 38
Michallek (Michalski), Max 129, 199 f., 241
Möller 241
Mordka, Israel 140
Mordka, Max 140
Morrison, Toni 11
Müller (Außenläufer) 201, 241
Müller, Kurt 189
Müller, Wolfgang 46
Müller, Wolkgang 46

N

Nerz, Otto 188 f.
Neumann 241
Niesel, Fritz 99, 102
Nöthling, Otto 176, 178
Nöthling, Toni, verh. Weller 176

O

Oberst 241
Orlean (Familie) 141 f., 144–146
Orlean, David 144
Orlean, Paula, geb. Stern 144–146
Orth 241
Ortlewski, Andreas 241

P

Pagenkopf, Hans 228
Peiffer, Lorenz 9, 211
Pelka 241
Pentrup, Egon 99–105, 107, 114, 130, 138, 224, 232
Petzinski (Pecinski) 241
Pfeiffer, Hans 220
Piotrowicz, Johann 155 f.

Q

Quartier 241

R

Rabitsch 241
Radzio, Heinrich 194, 241
Reggert 241
Rekittke, Fritz 99, 102
Richard (Richardt) 241
Richert 201, 241
Röhr, Willi 105–110, 118, 127 f., 130 f., 133, 137, 147, 150 f., 174, 226
Roewenig (Rövenich) 241
Roggow 241
Rogoll 202, 241
Rohde, Armin 136
Romanowski, Max 71 f., 181, 184, 241
Rostek, Paul 199, 241

Ruhmhofer, Heinrich 201, 241

S

Salomon, Max 219
Sankewitz 241
Sanß, Walter 24 f.
Schanko, Erich 73, 241
Schenski 242
Schepmann, Wilhelm 41
Schilitzki 242
Schimetzki, Johann 155, 199 f., 242
Schinewski 242
Schirach, Baldur von 62
Schlagowski 198, 242
Schmidt 242
Schmigelski 242
Schnutz, Nina 14
Schrieber 242
Schüler, Bruno 41, 44
Schüttner, Franz 201, 242
Schulze-Marmeling, Dietrich 9, 12
Schumann (Standartenführer) 111
Schüttner, Richard 242
Schwaben, Heinrich 99, 232–234
Schwarz, Karl 167
Sefzik, Willi 197
Siltz, Paul 242
Simonkowski, Ludwig 242
Sombetzki, Hans 155, 199, 242
Spanowski 242
Spiegel (Familie) 135–137
Spiegel, Marga 135 f.
Spiegel, Siegmund 136 f.
Stachorra, Emil 71, 73, 151, 157, 181, 183, 194 f., 198 f., 201 f., 242
Stachorra, Hermann 155, 242
Stahlberg, Richard 96
Stahlschmidt, Heinrich 227
Stobeck 242
Swatosch, Ferdinand 196 f.
Szepan, Fritz 73, 216 f.

T

Tesch 242
Thelen, Fritz 182 f., 196 f., 200
Tillmann 242
Trapp, Erich 125, 202, 242
Trautmann, Hedwig 77, 125, 132, 134–136, 144
Trawinski 242
Tregel, Paul 129, 155, 199 f., 242
Tschammer und Osten, Hans von 53, 58–60, 120, 188, 191, 197
Tschenscher, Heinrich 216

U

Ufer 242
Uhlig (Ulich) 242
Ullrich 242
Umhöfer 242
Unkel, Fritz 103, 216

V

Verhoofstad, Jan 204

W

Wagner, Paul 44, 46, 52–54, 111
Wahlig, Henry 211
Waldendorf 242
Wasikowski 242
Weber, Max 138
Wehram, Willy 150
Weller, Fritz 48, 175–179
Wernicke, Wilhelm 220
Wessel, Horst 55, 111
Wessel, Wilhelm 127 f.
Wolfewitz, Joseph 242
Wolff 242

Z

Zideller, August 181, 184, 194, 199, 201, 235, 242
Zimmermann, Max 48, 175–178

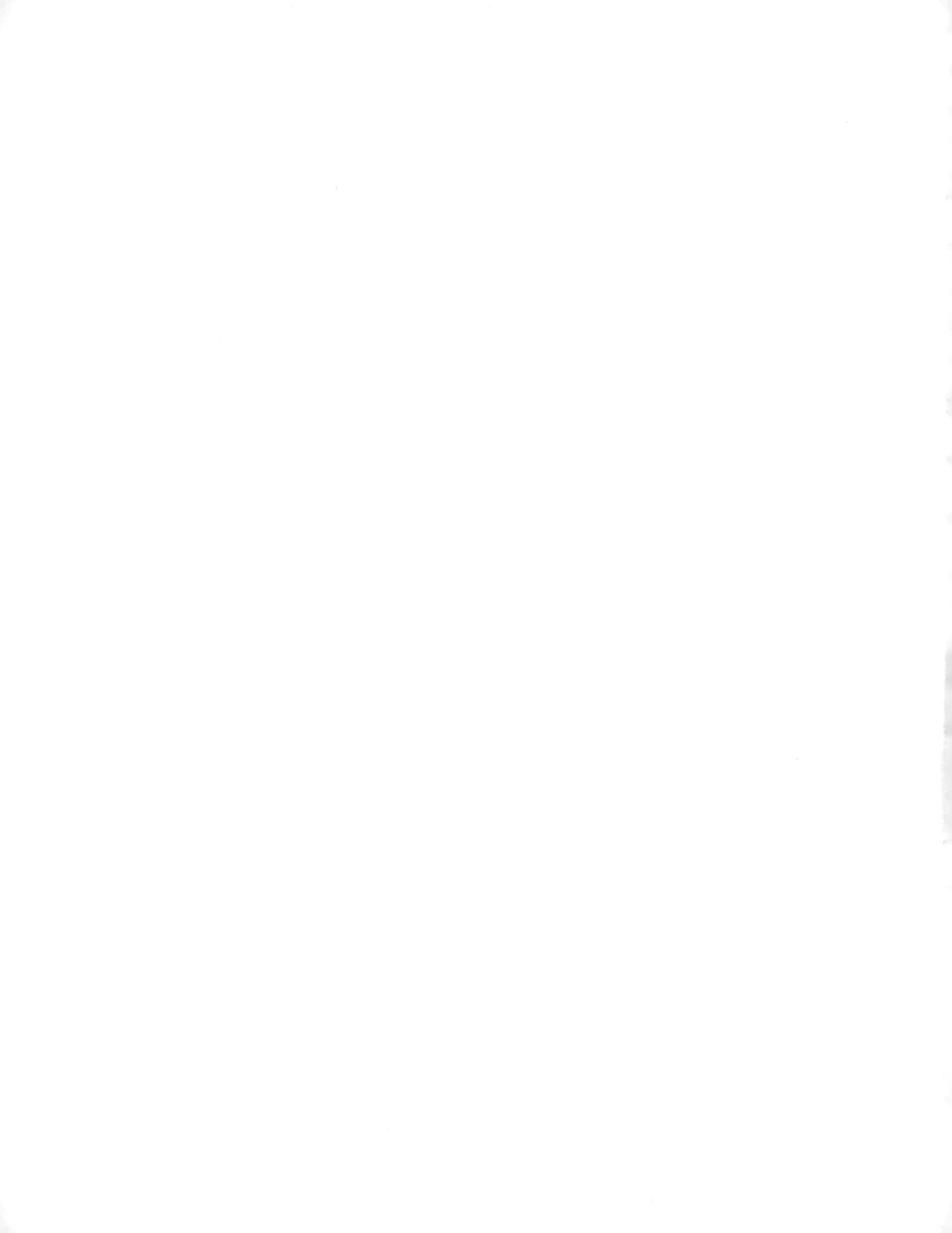